ULLSTEIN

Das Buch

Zusammen mit ihrem Mann reist Annette Bokpê in sein Heimatland Benin in Westafrika, das die Wiege des Voodoo genannt wird. Eine geheime Weissagung hat bei Maurice' Geburt bestimmt: eines Tages wird er König sein. Tatsächlich wird das Ehepaar am Hof des Königs von Allada eingeführt. Mit einflussreichen Voodoo-Priestern an seiner Seite regiert er über sein kleines, aber sehr angesehenes Reich im Süden von Benin. Der König hat Maurice zum Prinzen ausersehen. Im Beisein seiner Frau Annette wird er während einer spektakulären Krönungszeremonie in den Voodoo-Kult eingeweiht. Trotz all ihrer Skepsis kann Annette Bokpê sich nun der Welt des Voodoo nicht mehr entziehen. Das ganze Land ist geprägt von dieser geheimnisvollen Magie und sie muss erkennen, dass sie sich auf ein gefährliches Leben eingelassen hat – denn die Kraft des Voodoo kann sich auch gegen sie wenden …

Die Autorin

Annette Bokpê wurde 1959 in Gotha geboren. Nach ihrer Ausbildung zur Finanzkauffrau widmete sie sich dem Studium der Theaterwissenschaften in Berlin. Heute repräsentiert sie zusammen mit ihrem Mann als Prinz und Prinzessin das Königreich von Allada in Europa: Sie arbeitet für den Ausbau der Handelsbeziehungen zwischen Deutschland und der Republik Benin und unterstützt mit sozialen Projekten das Land, das ihr zur zweiten Heimat wurde. Mehr über die Autorin erfahren Sie unter www.annette-bokpe.de

Annette Bokpê

Der Kuss des Voodoo

Mein Leben als afrikanische Prinzessin

Ullstein

Besuchen Sie uns im Internet:
www.ullstein-taschenbuch.de

Umwelthinweis:
Dieses Buch wurde auf chlor- und säurefreiem Papier gedruckt.

Ullstein Verlag
Ullstein ist ein Verlag der Ullstein Buchverlage GmbH.
1. Auflage März 2004

Sämtliche Fotos stammen aus dem Privatarchiv der Autorin
(S. 10: Geschenk von H. Wenzel; S. 8 u.: Hans-Peter Gaul)
Annette Bokpê hat ihre Geschichte in Zusammenarbeit
mit Peter Hilliges aufgezeichnet.
Redaktion: Angela Troni, München
Umschlaggestaltung: Nele Schütz Design, München
Titelabbildung: Corbis, Düsseldorf/Tom Brakefield; Privatfoto der Autorin
Satz: Franzis print & media GmbH, München
Druck und Bindearbeiten: Ebner & Spiegel, Ulm
Printed in Germany
ISBN 3-548-36489-6

Für Anna-Micheline und Ina-Josephine

Eine fremde Kultur wirklich ergründen zu wollen, ist wie der Versuch, den Horizont zu erreichen:

Wann immer man meint, ein großes Stück zurückgelegt zu haben, ist doch das Ziel noch genauso weit entfernt wie zuvor.

Irgendwann steht man dann wieder an dem Punkt, wo man seine Wanderung begonnen hat.

Doch der Blick zum Horizont ist ein anderer.

Berlin, im Juli 2002 Annette Bokpê

Inhalt

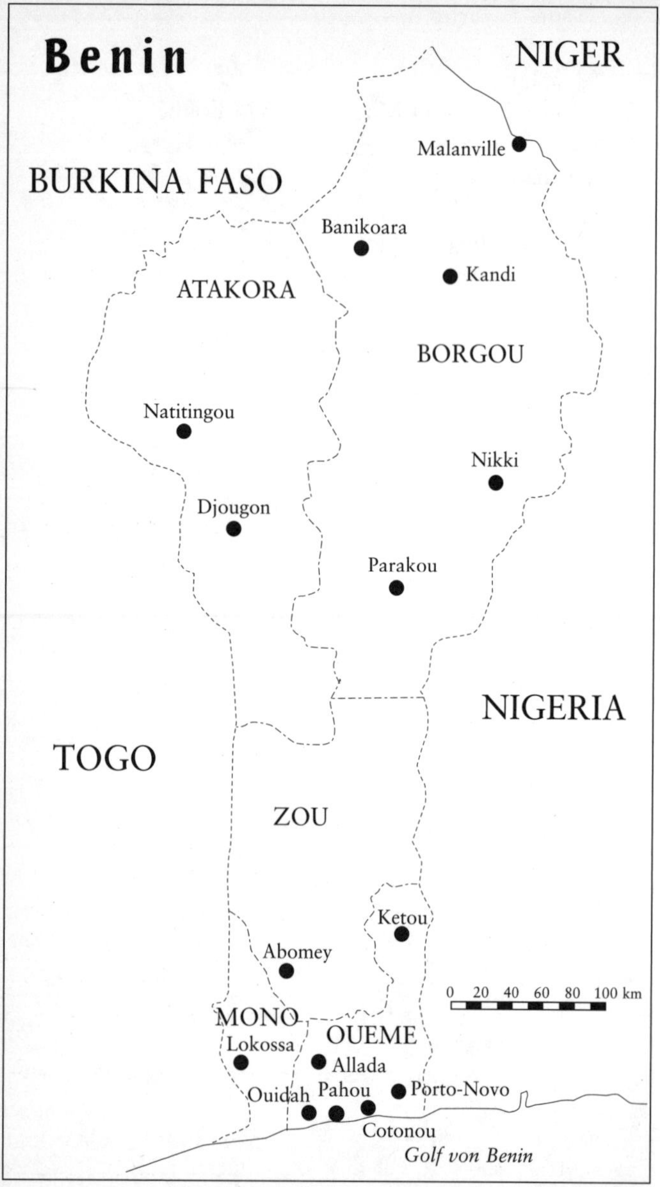
Benin
NIGER
Malanville
BURKINA FASO
Banikoara
Kandi
ATAKORA
BORGOU
Natitingou
Nikki
Djougon
Parakou
NIGERIA
TOGO
ZOU
Ketou
Abomey
0 20 40 60 80 100 km
MONO
OUEME
Lokossa
Allada
Ouidah
Pahou
Porto-Novo
Cotonou
Golf von Benin

Der Duft Afrikas

Mitternacht ist schon vorbei, als das Telefon läutet. Seitdem ich mit Maurice verheiratet bin, gerate ich wegen nächtlicher Anrufe nicht mehr in Panik. Die letzten 16 Jahre haben meine Nerven auf wesentlich härtere Proben gestellt!

Ich hebe ab und höre Rauschen.

Afrika, denke ich und melde mich gleich auf Französisch.

»Hallo, Annette, hörst du mich? Ich bin's, Odette. Ich bin in Cotonou!«, ruft eine aufgeregte Stimme in mein Ohr.

Odette ist nicht nur die Cousine meines Mannes. Sie ist meine Freundin. Ach, eigentlich ist sie viel mehr als das – sie ist im Laufe meiner Ehe mit Maurice eine Vertraute geworden, die mir Mut zusprach, wenn mich die Wirrnisse des Voodoo mal wieder verzweifeln ließen. Odette ist eine Eingeweihte, eine *houssi*, sozusagen eine Hohe Priesterin des Voodoo. Zuletzt haben wir viel zu selten voneinander gehört und so schlägt mein Herz schneller vor lauter Freude über ihren Anruf. Ich bestürme sie mit Fragen, doch ich spüre rasch, dass Odette nicht in der Stimmung ist, alte Zeiten aufleben zu lassen.

»Oma Akouavi ist heute gestorben«, nennt sie mir schließlich den Grund ihres Anrufs.

Während Odette mir erzählt, dass Oma Akouavi friedlich eingeschlafen sei, sehe ich die Großmutter meines Mannes vor mir. Ihre aufrechte, stolze Haltung. Ihre dunklen Augen, ruhig und weise im ebenmäßigen Gesicht. Ihre sprechenden Hände, die sie immer zu Hilfe nahm, um mir etwas zu erklären. Wenn wir uns unterhielten, bemühten wir stets alle uns zu Gebote stehenden Sprachen und Dialekte ...

Die alte Frau war mir seit meinem ersten Besuch in Benin ans Herz gewachsen. Durch sie bekam ich hilfreiche Einblicke in die Familiengeschichte meines Mannes, ihres Enkels. Behutsam hat sie mich mit Traditionen vertraut gemacht, die mir fremd waren und die Maurice einst so strikt abgelehnt hatte. Oft war ich verwirrt gewesen nach den Gesprächen mit Oma. Nie hat sie mir gesagt, wie ich mich zu verhalten hätte. Immer gab sie mir Rätsel mit, die mir halfen, selbst einen Weg durch das Labyrinth der Ereignisse zu finden.

Nur einmal sprach sie ganz deutlich aus, was sie über die Beziehung ihres Enkels zu mir dachte: »Maurice hat seine Wurzeln verloren. Er hält sich an dir fest.« Dieser Satz erklärte so vieles, das ich an seiner Seite durchgemacht hatte, und gab mir neues Selbstvertrauen, wenn Maurice wieder einmal scheinbar vergessen hatte, dass wir zusammengehören.

»Annette, bist du noch da?«, fragt Odette tausende von Kilometern entfernt in Benin.

»Verzeih«, antworte ich zerstreut, »Omas Tod nimmt mich doch ziemlich mit.«

»Das verstehe ich gut«, sagt Odette, »ruf mich bitte an, damit wir darüber sprechen können, wann du und Maurice nach Hause kommen. Wir werden warten, bis ihr hier seid. Ohne euch werden wir Oma Akouavi nicht bestatten.«

»Danke«, sage ich, ohne über die Konsequenzen nachzudenken. Erst, als wir beide aufgelegt haben, wird mir bewusst, dass ich gemeinsam mit meinem Mann in den nächsten Tagen wieder nach Afrika reisen muss. Zurück nach Benin, in das Land seiner Vorfahren. Ein, verglichen mit den Riesenreichen des afrikanischen Kontinents, winziges Stückchen Erde, eingezwängt zwischen dem übermächtigen Nigeria im Osten, dem ebenso kleinen Togo und Burkina Faso im Westen sowie Niger im Norden.

Aber nicht die Größe ist entscheidend: Benin mit seinen gerade mal sechs Millionen Einwohnern ist in der ganzen Welt bekannt als »die Wiege des Voodoo«. Jener von einer Vielzahl an Mythen und Legenden umrankten Naturreligion, deren Name im Grunde nichts anderes als »Gott« bedeutet.

Ich rufe Maurice an, um die Todesnachricht gemeinsam mit ihm zu verarbeiten; mein Mann ist geschäftlich unterwegs, doch die Mailbox seines Handys vertröstet mich. An Schlaf ist nicht zu denken. Während unsere Töchter Anna und Ina im oberen Stockwerk ihrem nächsten Schultag entgegenschlummern, tigere ich unruhig in der Wohnung umher. Seit langem schon steht die Flasche *sodabi* in einem Regal, gemeinsam mit anderen Mitbringseln aus Benin. Irgendwie scheint sie in Vergessenheit geraten zu sein, oder es gab nie den richtigen Anlass, sie zu öffnen.

»Die hat mir Oma Akouavi für dich mitgegeben«, hatte Maurice nach der Rückkehr von seiner letzten Benin-Reise gesagt.

Gedankenschwer mache ich mich an dem verkorkten Verschluss zu schaffen, um mir ein Gläschen des Palmweinschnapses einzugießen. Ich bin nicht ganz bei der Sache und verschütte etwas *sodabi*, so dass sich auf dem Boden eine kleine Pfütze bildet.

»Für die Ahnen«, höre ich im Geist die Stimme von Maurice sagen. Denn es ist auch bei uns in Berlin längst Sitte geworden, dass mein Mann einen Schluck kostbarer Getränke auf den Boden gießt, bevor wir sie genießen. Da unter unseren Berliner Fußböden ein geisterfeindliches Fundament schlummert, dürfte es für Maurice' Vorfahren nicht einfach sein, unserer bescheidenen Gabe habhaft zu werden. Doch solche Feinheiten zählen nicht wirklich, wenn man begonnen hat, afrikanisch zu denken ...

Wie eine Deutsche, die ich nun einmal bin, hebe ich das halb gefüllte Glas und proste in Gedanken der an diesem

Tag von uns gegangenen Spenderin zu. Noch bevor ich getrunken habe, trägt der fruchtig scharfe Duft des Palmweinschnapses meine Gedanken fort. Sie wandern zu Oma und ihrem Haus. Ich habe immer sehr gern gemeinsam mit ihr im hinteren Zimmer ihres bescheidenen Häuschens gesessen. Nie vergaß sie, mir ein Schnäpschen anzubieten, dessen Geruch sich mit dem nach Naturseife von ihrem Körper und dem etwas modrigen der Gegenstände des Zimmers vermengte. Diesen Geruch habe ich von Anfang an geliebt, weil er zu Oma gehörte.

Es mag wohl an dem leichten Tränenschleier liegen, dass ich die Luft unter der heißen Sonne Afrikas flimmern sehe. Über mein Gesicht wehen der erdige Hauch der weiten Landschaft im Norden des Benin und der Duft des trockenen Grases, welches den roten Boden dort nur spärlich bedeckt. Von weitem sehe ich einige Frauen, die beladen mit großen Wasserschüsseln den langen Weg vom Brunnen in ihre Höfe zurücklaufen. In der sengenden Hitze verschwimmen sie zu Elfen, die über sandige Wege schweben. Dann wieder atme ich den satten, feuchten Duft der wundersamen tropischen Pflanzen rings um die kleinen Wasserfälle des Atakora-Gebirges ein, an denen ich mich nach den anstrengenden Fahrten über die staubigen Pisten so oft erfrischt habe.

All die mir einst so fremden Gerüche blättern sich vor mir auf, ziehen die Erinnerungen aus allen Ecken meines Gehirns und entführen mich schließlich nach Cotonou, der eigentlichen Hauptstadt Benins. Meine Freunde lächeln immer, wenn ich sage, dass ich mein eigenes Lexikon der Gerüche führe. Cotonou nimmt darin einen ganz besonderen Platz ein. Obwohl Maurice dort geboren wurde, ist es »meine« Stadt …

Ich liebe ihr unvergleichliches Aroma – die salzige, nach Fisch riechende Luft am Hafen; den verlockenden Duft des kräftigen, leckeren Essens aus den Garküchen; die feine Würze der frischen Kräuter am Verkaufsstand meiner Schwiegermutter Micheline. Darunter mischt sich eine Wolke aus Abgasen, von denen jene der *semidjans*, der Motorradtaxis, mein Fernweh am meisten beflügeln. Ich sehe sie sich voll beladen mit Einkäufen oder Lieferungen durch das Verkehrsgewühl schieben. Ihre Hupen geben schrille, kurze Signaltöne von sich, die von den Bässen der Lastautos beantwortet werden.

Dann ist da noch der süßliche Gestank unter freiem Himmel verbrannten Mülls, der für diese Stadt, die auf dem Drahtseil zwischen Werden und Vergehen zu balancieren scheint, so typisch ist. Die modrige Ausdünstung der Fetischmärkte, der größten ganz Afrikas, fehlt ebenso wenig wie der Schweiß der Händlerinnen, denen ich saftige, reife Früchte abkaufe und helfe, ihre riesigen Tabletts wieder auf den Kopf zu hieven. Die Märkte, auf denen sich Gerüche, Gefühle und Geräusche konzentrieren, sind für mich wie brodelnde Suppentöpfe, in denen alle Zutaten des Daseins bunt gemischt kochen.

Das unüberschaubare Verkehrsgewühl drückt für mich den übermächtigen Wunsch der Menschen aus, in einem Chaos vorwärts zu kommen, das lediglich dem Ordnung liebenden Europäer als ein solches erscheint. In Wirklichkeit ist es ein enges Miteinander, das eigenen Gesetzen gehorcht. Dazu gehören die fliegenden Händler, die an roten Ampeln wartende Autofahrer belagern, ebenso wie die verkrüppelten Bettler, die auf eine milde Gabe hoffen. Leben, so scheint es mir immer, wird in Afrika so viel intensiver gefühlt als in unserer in Regeln erstarrten Ordentlichkeit. Da wird der Freude mit herzhaftem Lachen Ausdruck verliehen und der Ärger mit hitzigen Bewegungen hinausgeschrien.

Wie sehr hat mich diese Stadt damals glücklich gemacht und wie sehr mir zugesetzt! Alles gleich in den ersten Stunden, die ich dort verbrachte. Schon nach zwei Tagen war ich hautnah mit beiden Extremen des afrikanischen Lebens in Berührung gekommen – dem sahnedicken, strahlenden Lachen und dem finsteren Abgrund schwarzer Magie. Diese Erlebnisse sind in mein Gedächtnis eingraviert wie Schmucknarben in die afrikanische Haut.

Der Fächer meiner Erinnerung gleitet vor meinen Augen

auseinander. Ich denke zurück an den Tag, an dem Maurice nach einem Besessenheitsanfall von weiß verhüllten Gestalten fortgeführt wurde, und höre plötzlich wieder, wie man ihn hinter verschlossener Tür einer Tortur aussetzte. Er wurde erlöst. Oder glaubte zumindest, dass der Voodoo-Fluch, mit dem sein Onkel Théodore ihn einst belegt hatte, gebannt wäre. Doch es sollte noch viel schlimmer kommen – und unsere kleinen Töchter mussten alles mit ansehen.

Ich habe geweint und gelacht in dieser Stadt, ich habe geliebt und manchmal auch gehasst. Sie hat mich ganz nah an meinen Mann herangeführt und ihn mir doch auch so sehr entfremdet, dass ich ihn im Augenblick tiefster Verzweiflung fürchtete. Cotonou und Benin, die Stadt und das Land, sie lassen mich nicht gleichgültig.

Als ich meinen Mann 1986 kennen lernte, hatte Voodoo für ihn keine Bedeutung. Vier Jahre später besuchten wir zum ersten Mal gemeinsam sein Land – und ich wähnte mich mit einem Fuß in der Hölle. Weitere acht Jahre vergingen, und der gleiche Mann stand in der glühenden Hitze eines Königshofs und wurde nach dem geheimen Ritus des Voodoo ein Prinz.

Der gleiche Mann? Nein, unmöglich ... Die Bilder verwischen sich: Ich sehe sowohl die Panik von früher als auch das selige Lächeln, als er im innersten Zirkel des Kults aufgenommen wurde. Ich denke an den Moment zurück, als meine Schwiegermutter sich vor meinem Mann in den Staub warf, um ihm zu huldigen. Damals stand ich nur stumm daneben, fassungslos, schwitzend. Ich war plötzlich Prinzessin, eine in 40 Grad heißer Luft frisch gebackene.

War dies ein Märchen? Ich bin Theaterwissenschaftlerin. Vielleicht sehe ich deshalb alles mit anderen Augen.

Für mich war das damals ein Schauspiel, eine grandiose Inszenierung, bei der ich weder Regisseurin noch Kritikerin war, sondern Hauptdarstellerin. Allerdings eine, die in der Aufregung ihren Text vergessen hat.

Während die Flut meiner Erinnerungen mich hinfort zu schwemmen droht, meldet sich die Stimme von Oma Akouavi: »Dein Mann wird irgendwann begreifen, wo seine Wurzeln sind. Er braucht dich für diesen Weg. Er hat eine Aufgabe.«

Mich? Wie kann eine Frau aus Thüringen einem Westafrikaner beistehen auf dem Weg zu sich selbst? Ja, ich hatte viel zu lernen gehabt in den vergangenen 16 Jahren …

Noch einmal hebe ich das Glas zu Ehren von Maurice' Großmutter. Sie hat mit ihrer Prophezeiung, das weiß ich heute, ins Schwarze getroffen. Nur in einem Punkt irrte sie sich. Als sie sagte: »Die Geister des Voodoo kommen nicht zu euch übers Meer nach *djamma*.« Oma ist zwar fast hundert Jahre alt geworden, aber mit einem Flugzeug ist sie nie gereist. Die Geister hingegen gehen mit der Zeit. Die benutzen moderne Verkehrsmittel. Sie sind hier, auch bei mir in Berlin. Aber ich habe keine Angst vor ihnen. Ich habe da so meine Tricks.

Die von Odettes Anruf ausgelöste Lawine an Gefühlen und Gedanken hat mich fortgetragen. Doch ich stehe immer noch am gleichen Fleck vor dem Regal mit den Mitbringseln aus Benin. In der einen Hand Omas *sodabi*-Schnaps, in der anderen das nicht angerührte Glas. Ich blicke auf den Boden – die kleine Lache Alkohol, die ich verschüttet habe, ist verschwunden. So, als hätte sich die Ahnfrau meines Mannes doch noch ihr Quäntchen Schnaps abgeholt.

In diesem Augenblick kommt Anna, unsere Älteste, die Treppe hinunter. »Was machst du denn da, Mama?«, fragt die 13-Jährige verwundert. »Hast du denn gar nicht geschlafen?«

Ich fühle mich frisch und munter, bereite meinen Töchtern das Frühstück und beginne mich auf meine Arbeit zu konzentrieren. Allerdings will es mir an diesem Morgen nicht so recht gelingen. Immer wieder meldet sich die Stimme der verstorbenen Ahnin: »Die Geister kommen nicht übers Meer.« Jetzt, wo Oma tot ist, scheint sie es besser zu wissen und einen Weg gefunden zu haben. Zu mir. Es ist, als ob meine Erinnerung Oma Akouavi an der Hand nähme und ihr die Stationen jenes Lebens zeigte, das Maurice und ich die zurückliegenden 16 Jahre geführt haben. Gemeinsam unternehmen wir eine Reise in die Vergangenheit und ich vergesse die Welt um mich herum.

Eine lange Reise beginnt

Cotonou ist eine vibrierende Millionenstadt, Tabarz dagegen ein gemütlicher Kurort im Herzen des Thüringer Waldes. Maurice wurde in Benin geboren und ich in Gotha. So gesehen waren die Chancen, dass wir beide uns mal über den Weg laufen würden, ziemlich gering. Doch das ist ein grober Irrtum, der nur bei oberflächlicher Betrachtung entsteht.

Denn zwischen Benin und der DDR des Frühjahrs 1986, in dem unsere gemeinsame Geschichte ihren Ausgang nahm, gab es eine Gemeinsamkeit: den Sozialismus. Ich – damals 26 Jahre alt – hasste ihn, weil er meinem unstillbaren Fernweh als Betonmauer im Weg stand. Der 23-jährige Maurice hingegen war ihm dankbar, denn die politische Situation erlaubte dem Afrikaner das Studium in Deutschland. Die DDR und die Volksrepublik Benin, zu jenem Zeitpunkt noch nicht wissend, dass Michail Gorbatschows Perestroika schon bald die von mir und meinen Freunden ersehnte Wende bringen würde, waren im Zeichen von Hammer und Sichel sozusagen »Bruderstaaten«.

Das Wochenende bei meiner Familie in Tabarz war vorüber, und ich war von Gotha aus auf dem Rückweg nach Ostberlin, wo ich Theaterwissenschaften studierte und am Internationalen Theaterinstitut arbeitete. Das war genau der

Job, den ich brauchte. Ich betreute interessante Menschen aus der ganzen Welt: Schauspieler, Regisseure, Kritiker, Bühnenbildner, Wissenschaftler und Autoren. Die Kontakte mit ihnen glichen dem Spähen durch das einzige Loch in einem meterhohen Zaun. Allen Träumen von der weiten Welt zum Trotz hatte ich nicht vergessen, woher ich kam. In meinem prall gefüllten Rucksack buckelte ich Würste, Eingewecktes, Brot vom Bäcker Schulz, Westkaffee aus Oma Annas Reserven, frische Wäsche. Meine Wochenration Thüringer Bodenständigkeit kontrastierte mit meiner Aufmachung aus Jeans, Blazer, streng zurückgekämmten Haaren und knallroten Fingernägeln.

So stand ich im restlos überfüllten Zug vor dem einzigen noch freien Abteil – jenem des Zugbegleiters. Doch darin saß nicht mein Freund Helmut aus Gotha, sondern ein Afrikaner. Aber was für einer! Ein Gentleman in grauem Anzug, Schlips und Kragen. Als er aufstand, um mich zu begrüßen, bemerkte ich zwar, dass seine Hosen eindeutig »Hochwasser« hatten, aber das trübte das Bild nur minimal. Mich faszinierten vielmehr sein klarer Blick, das breite Lächeln und seine makellosen Zähne.

»Kann ich Ihnen behilflich sein?«, flötete er mir in fabelhaftem Deutsch entgegen. Mein verblüfftes Gesicht verleitete ihn zu einer Erklärung: »Helmut kommt gleich zurück.«

Das tat er dann auch und die beiden wirkten auf mich wie gute Freunde. Als wir wenig später in Erfurt umsteigen mussten, setzte sich das wundersame Spiel fort. Wieder kannte mein exotischer Begleiter die Bahnangestellten mit Namen, was uns diesmal sogar einen Platz in der ersten Klasse einbrachte. Nun hatte ich Gelegenheit, meinen Bekannten verstohlen zu mustern. Er war so groß wie ich, aber sehr schmal gebaut. Doch das Bemerkenswerteste an ihm war seine Tasche – ein Diplomatenkoffer.

Wenn ich heute über die sich anschließende Fahrt von Erfurt nach Ostberlin nachdenke, erkenne ich natürlich das Symbolische daran: eine Frau und ein Mann, vorsichtig flirtend, unterwegs im Zug. So begann die Reise in unser gemeinsames Leben, was wir damals selbstverständlich noch nicht ahnen konnten. Oder doch? Maurice zückte eine Kamera und fotografierte mich. Auf dem Schwarzweißabzug blicke ich nicht gerade euphorisch drein, eher etwas skeptisch …

Als wir uns nach vier Stunden in Berlin-Schönefeld trennten, war die Zeit mit Gesprächen über unsere Familien und Kindheit nur so verflogen: Eigentlich hatte Maurice Medizin studieren wollen. Doch das war ihm nur in Kuba möglich gewesen; er hingegen wollte nach Deutschland. Als er dann – Politik war offensichtlich nicht seine Stärke – in der DDR ankam, staunte er nicht schlecht. Der Preis für ein Leben in Europa bedeutete eine Neuausrichtung seiner Ziele: Maurice studierte in Gotha Ingenieurswesen, Schwerpunkt Eisenbahnbetriebstechnologie, was mir nun auch erklärte, weshalb die DDR-Reichsbahn sein zweites Zuhause war.

Feuer gefangen hatte ich bei unserer ersten Begegnung nicht, aber die Intelligenz und perfekten Umgangsformen des ungewöhnlichen Afrikaners gingen mir nicht aus dem Kopf. Mit allem anderen waren wir beide bestens versorgt: er mit einer Freundin in Potsdam, ich mit einem Freund in Prag. Wir trafen uns im folgenden halben Jahr gelegentlich in überfüllten Cafés oder gingen auch mal abends in eine Diskothek, wenn Maurice zu Besuch in die Hauptstadt der DDR kam.

Schließlich lud er mich zu einem opulenten Abendessen ins Restaurant des Sowjetischen Hauses für Wissenschaft und Kultur in der Friedrichstraße ein. Als ich nach dem Grund fragte, erfuhr ich: Es war sein 24. Geburtstag, der 10. September. Wir aßen und zechten unbeschwert und beendeten den Abend in meiner Wohnung. Ich erwachte mit einem Filmriss und der Gewissheit, dass Maurice sich ein nettes Geburtstagsgeschenk gemacht hatte – mich. Ich grollte! Doch er wies mich darauf hin, dass es umgekehrt gewesen war: Die Initiative sei von mir ausgegangen. Hoppla! Hatte ich da vielleicht etwas verdrängen wollen?

Allmählich fiel der Schleier von meinen Augen und ich sah Maurice als Mann. Wie oft hatte ich ihm gegenübergesessen, ihn beobachtet, ihm zugehört. Ganz anders nahm ich nun seine Bewegungen wahr, sah elektrisiert auf seine schönen, schlanken Hände und wünschte plötzlich nichts sehnlicher, als von ihnen berührt zu werden. Ich versank förmlich in seinen dunklen, gütigen Augen, spürte seinen Atem, seine sanften Lippen und starken Arme. Seine Haut, die wie matter Satin schimmerte, fühlte sich außergewöhnlich weich an. Meine hellen Hände mit den rot lackierten, langen Fingernägeln auf seiner dunklen Haut ließen mich an Schokoladenpudding mit Vanillesauce und Himbeersirup denken. Ich schlemmte genussvoll und ließ mich in einen Rausch von Glückseligkeit hineinfallen …

Außer seiner Sinnlichkeit faszinierten mich vor allem Maurice' Erzählungen von seiner Heimat Benin. Mit offenem Mund lauschte ich, wenn er von schwarzer Magie sprach, von der Fähigkeit bestimmter Menschen, andere zu behexen, in ihre Gewalt zu bringen, sie sogar von ferne zu töten.

»Früher wollte ich Prediger werden«, berichtete er mir, »um die Menschen zu Gott zu bringen, weg vom Einfluss dunkler Mächte.«

Zauber, Magie und Voodoo? Du meine Güte! Die einzige dunkle Macht, die ich bis dahin kennen gelernt hatte, war die Staatssicherheit der DDR. Die Jungs von der Stasi konnten einem ordentlich Angst einjagen, aber meist gingen sie unglaublich plump vor: Indem sie beispielsweise Vasen umwarfen, wenn sie in meiner Abwesenheit meine Wohnung in der Mauerstraße durchschnüffelten. Die Unsichtbaren, von denen Maurice erzählte, waren mir viel zu abstrakt – und er mir so nah! Was gingen mich die Geister des Voodoo an?

Die Reise in unser gemeinsames Leben lief gerade auf vollen Touren, als Maurice den ersten Stopp einlegen musste. Nach Jahren konnte er zum ersten Mal nach Hause fahren, nach Cotonou. Ich brachte ihn zum Flughafen und nahm anschließend die S-Bahn zurück zum Bahnhof Friedrichstraße. »Endstation, alle aussteigen!«, plärrte es aus dem Lautsprecher. Erst da wurde mir wirklich bewusst, wie oft ich in der DDR an Grenzen stieß.

Drei Wochen blieb Maurice fort, ohne einen Brief. Der konnte natürlich auch auf einem Schreibtisch im Ministerium für Staatssicherheit gelandet sein anstatt in meinem Postkasten, aber irgendwie glaubte ich nicht daran. Ich hatte so ein seltsames Gefühl. Als das ersehnte Lebenszeichen einen Tag vor Maurice' geplanter Rückkehr eintraf, stand darin etwas von einer Krankheit, die er nicht näher erklärte. Allerdings behauptete er, sie habe ihn davon abgehalten, mir zu schreiben. Knapp 24 Stunden später schloss ich meinen Geliebten wieder in die Arme. Er war geschniegelt und gebügelt wie immer und trug natürlich auch den Diplomatenkoffer mit sich.

In meiner Wohnung holte er dann aus seinem Gepäck zwei Gewänder aus identischen gebatikten Stoffen hervor, die türkis, dunkelblau, rot und gelb gemustert waren. Maurice überreichte mir eines davon und sagte mit feierlicher Miene: »Diesen Stoff hat meine Familie zu wichtigen Anlässen und Zeremonien getragen. Deshalb habe ich daraus für uns beide Gewänder fertigen lassen.«

Nicht nur einer jungen Frau aus der DDR schmeichelte solch ein Geschenk: vom Liebsten ein Stück Familiengeschichte auf der Haut zu tragen!

»Woher hast du denn gewusst, welche Größe die richtige ist?«, fragte ich, sobald meine Füße nach einem kurzen Höhenflug wieder den Boden berührten.

»Meine Mutter hat sich dein Foto angesehen und wusste Bescheid«, erklärte Maurice.

Die exotischen Stoffe hüllten mich zum ersten Mal in jenen leicht erdigen Geruch, den ich seitdem mit Afrika verbinde. Ich stellte mir vor, wie ich, angetan mit Maurice' Familienrobe, durch Palmhaine unter der strahlenden Sonne Afrikas spazieren ging. Hand in Hand mit Maurice. Wir aber befanden uns im zweiten Stock in der Mauerstraße ...

»Was war das eigentlich für eine Krankheit, die dich in Benin befallen hatte?«, fragte ich, während der Morgen schon dämmerte.

»Als ich in Cotonou am Flugplatz ankam, hat mir mein Onkel etwas ins Ohr geflüstert«, antwortete Maurice.

»Ein Geheimnis?«, rätselte ich und erkannte überhaupt keinen Zusammenhang zwischen Erkrankung und Flüstern.

Maurice' Antwort verwirrte mich: »Wenn dir jemand etwas leise ins Ohr sagt, das du nicht verstehst, darfst du niemals nachfragen! Geh einfach weg, als wäre nichts! Sag bloß nicht ›Wie bitte?‹ oder ›Was?‹, ignoriere es einfach!«

Ich lachte ihn aus. »So ein Unsinn! Natürlich fragt man nach, wenn man etwas nicht verstanden hat. Es könnte doch wichtig sein.«

»Wichtige Dinge erfährt man schon«, entgegnete der Afrikaner in meinem Bett. Während er nun begann, mir die Zusammenhänge zu erklären, erkannte ich allmählich, dass Maurice sich selbst nicht an das gehalten hatte, was er mir nun als Voodoo-Weisheit darlegte. »Wenn du nachfragst, nachdem dir jemand was ins Ohr geflüstert hat, nimmst du den Zauber an.«

»Welchen Zauber denn?«, hakte ich nach.

Maurice setzte sich brüsk auf. Meine Skepsis schien ihn zu beleidigen. »Es war ein Fluch. Mein Onkel hat mich damit krank gemacht, schwer krank.«

»Wie kann man denn mit Worten krank machen?«, fragte ich und begriff immer noch nicht, wie ernst Maurice die Sache war.

»Du siehst doch, dass es mir passiert ist«, beschied er mich.

Was ich aus jenem Gespräch heraushörte, handelte von eben jenem Onkel Théodore, einem Bruder von Maurice' verstorbenem Vater. Der hatte das wohl nicht unbeträchtliche Erbe des seligen Joseph Bokpê durchgebracht. Den Rest konnte ich mir nur zusammenreimen: Fürchtete der böse Onkel, dass sein Neffe ihn dafür zur Rechenschaft zog, und belegte ihn deshalb mit diesem ominösen Fluch?

Maurice blieb mir die Antworten schuldig; ich kam einfach nicht an ihn heran. Vielleicht, so genau kann ich das heute nicht mehr sagen, wollte ich es auch gar nicht. Wir schrieben das Jahr 1987, befanden uns unter der Käseglocke DDR, und ich hatte wahrhaftig nichts mit schwarzer Magie am Hut! Die Wirren der folgenden Monate und Jahre ließen das Thema vollends unbedeutend werden.

Denn Maurice' Studienzeit in der DDR war zu Ende und er hätte zurück nach Hause gemusst. Einen Container mit seinen wichtigsten Habseligkeiten hatte er sogar schon nach Cotonou geschickt. Doch inzwischen war unsere Liebe so tief, dass er nach einem Weg suchte, um in Deutschland bleiben zu können. Schließlich gab es ja zwei davon!

Maurice zog nach Westberlin, aber näher war er mir deshalb noch lange nicht. Obwohl wir nun in derselben Stadt wohnten, lebte er in einer anderen Welt: Zwangsumtausch, Ausreise bis Mitternacht, strenge Kontrollen – der ganze Irrsinn. Im Sommer 1987 schloss ich meine Diplomarbeit ab und trat in der Nähe von Schwerin, am Theater in Parchim, eine Stelle an, die ich mir lange vor seiner Übersiedelung gesucht hatte. Die Realität staatlich gelenkter Kulturpolitik traf mich völlig unvorbereitet und ausgerechnet zu dem Zeitpunkt, als wir an »Kabale und Liebe« arbeiteten. Auch in mein privates Glück versuchte der Staat hineinzuregieren. Wenn Maurice mich dort anrief, hatte ich ein Formular auszufüllen, in dem ich das Gespräch meldete. Für einen Freiheit liebenden Geist wie mich war das eine Qual, die mein Körper mit einer schmerzhaften Gürtelrose beantwortete.

Einer der Schauspieler riet mir, mich von einer alten Frau behandeln zu lassen. »Die püstert dir deine Gürtelrose fort«, meinte er. Das erinnerte mich urplötzlich an meinen geliebten Maurice. Magie in der DDR? Ja, die gab es. Und sie wirkte! Ebenso wie in Afrika – über Nacht.

Dennoch: Ich wollte raus aus meinem Heimatland. Im selben Jahr, 1987 unter dem Weihnachtsbaum meiner Eltern in Tabarz, verlobten Maurice und ich uns. Wir trugen die exotischen Stoffe, die mein künftiger Ehemann mitgebracht hatte. So war seine Familie auf diesem Umweg wenigstens symbolisch anwesend. Unser Verlobungsfoto dokumentiert den Zusammenprall der Kulturen anschaulich: Wir stehen vor der Anbauwand im Wohnzimmer meiner Eltern – Eiche rustikal – und sehen aus wie ein höchst ungleiches Zwillingspaar.

Meine Familie war von meiner Wahl sofort begeistert, besonders Oma Anna. »Was hat Maurice für feine Manieren!«, rief sie begeistert. Wie wahr! Irgendwie schien in ihm wirklich ein Prinz zu schlummern. Damals war er allerdings nur der meines Herzens, was mir völlig ausreichte ...

Ziemlich genau neun Monate später, am 17. September 1988, hielt ich unsere Tochter im Kreißsaal des Krankenhauses Friedrichroda im Arm. Wir nannten sie Anna-Micheline. Anna, nach meiner Großmutter, Micheline nach Maurice' Mutter. Die freute sich riesig über das Foto, das wir nach Afrika schickten, und antwortete mit einem überschwänglichen Brief.

Was nun noch fehlte, war unser Zusammenleben als Familie. Wofür Anna und ich die uns damals noch trennende deutsch-deutsche Mauer überwinden und den entsprechenden Behördenkrieg bestehen mussten. Nach einer kurzen Station im Auffanglager begann mein Start im Westen in Maurice' Studentenwohnheim im Westberliner Stadtteil Lichterfelde. Ganze zwölf Quadratmeter hatten wir zur Verfügung! Aber wir waren glücklich und besiegelten das fast auf den Tag genau ein Jahr nach unserer Verlobung auf dem Standesamt mit unserer Hochzeit, sozusagen als Weihnachtsgeschenk; es war der 23. Dezember 1988.

Der Ernst des Lebens im Westen traf mich wie ein nasser Lappen ins Gesicht. Ihr Mann ist Afrikaner? Sie haben ein kleines Kind? Sie kommen gerade aus der DDR? Sie wollen eine Wohnung? Sie wollen Arbeit?

Die Türen schlossen sich vor meiner Nase schneller, als ich gucken konnte. Niemand schien uns gebrauchen zu können. Jetzt erst sollte ich meinen Maurice richtig kennen lernen: Er kämpfte! Da uns niemand helfen wollte, beschloss er, die Sache selbst in die Hand zu nehmen. Wie besessen büffelte er für einen Taxischein, während ich unermüdlich nach einer größeren Wohnung suchte und schließlich auch eine fand. Denn inzwischen war ich wieder schwanger. Unsere Ina-Josephine kam im Oktober 1989 auf die Welt, die 14 Tage später den Fall der Mauer bejubelte. In unserer neuen Wohnung bekam ich vor lauter Kinderhüten davon jedoch nur wenig mit und auch Maurice sah ich kaum noch. Tag und Nacht fuhr er Taxi. Das Geld sparten wir eisern für unsere erste eigene Droschke.

Diese fast preußische Disziplin war die eine Seite unseres Lebens, die andere war von unseren Träumen beherrscht. Maurice nahm Kontakte nach Benin auf und bald darauf vertraten wir sein Land mit einem eigenen Stand auf der alljährlichen Berliner Tourismusmesse. Wohin dieses Engagement führen sollte, war mir damals noch nicht klar. Ich spürte nur die Auswirkungen. In unserer kleinen Wohnung in Neukölln saßen mal der Botschafter von Benin, mal der Tourismusbeauftragte des Landes und ich bekochte sie alle. Und zwar afrikanisch. *Eba, moyo* und *ma* konnte ich nicht nur perfekt zubereiten, ich liebte diese Speisen, die mein immer noch unerfülltes Fernweh stillen halfen. Manches Mal ging meine Kochleidenschaft auch mit mir durch und die tägliche *moyo*-Zubereitung brachte mir als Quittung dafür eine Gelenkentzündung ein. Denn ich tat es *à la africaine* mit Holzmörser und Maurice' großer *moyo*-Tonschüssel.

Zumindest was das Kochen anging, wurde ich zur Afrikanerin. Allerdings war ich eher die blasse Ausgabe einer Küchenfee, der eines Abends der *moyo*-Mörser aus der Hand fiel, als ihr Mann nach Hause kam und Worte sagte, die sie kaum glauben mochte: »Annette, wir fliegen nach Benin.«

»Was denn? Mit dem Taxi?«, konterte ich trocken. Maurice war nämlich inzwischen selbst zum Auto geworden. Und nun dieser Sinneswandel! Ein Spruch aus meiner Kindheit kam mir in den Sinn: »Auf saure Wochen folgen frohe Feste.« Es ist wohl doch etwas dran, an den alten Volksweisheiten. Allerdings hatte ich wegen Anna und Ina – die eine ein Jahr, die andere gerade mal drei Monate alt – große Bedenken.

»Na, hör mal«, meinte mein Mann, »deine Mutter ist noch jung und in Afrika wachsen Kinder ohnehin häufig bei der Großmutter auf.« Wir blieben vor unserer Abreise trotzdem so lange bei meinen Eltern in Tabarz, bis die beiden Mädchen nicht mehr fremdelten.

Als wir uns verabschiedeten, mahnte meine Mutter: »Hoffentlich passiert euch nichts!«

»Was soll uns schon geschehen?«, tönte ich salopp.

Seit Maurice' letzter Rückkehr aus Benin waren drei überaus hektische Jahre vergangen. In dieser Zeit hatte ich Onkel Théodores Fluch völlig vergessen. So flogen mein Mann und ich Ende Januar 1990 zum ersten Mal gemeinsam nach Benin. Voller froher Erwartungen ...

Willkommen an der Wiege des Voodoo

Es war der 30. Januar 1990. Das Flugzeug setzte auf der Rollbahn des Flughafens von Accra auf, der Hauptstadt Ghanas. Hinter Maurice und mir lag ein 36-Stunden-Superbilligtrip der *Aeroflot* mit Zwischenstationen in Moskau und auf Malta.

Ich sah, wie der Wind die Palmen bog, und zog meine Jacke an. Kaum hatte ich die Gangway erreicht, empfing mich ein 50 000-Watt-Heißluftgebläse, das keineswegs von den Turbinen der sowjetischen *Tupolew* herrührte. Das war Afrika! Das war aber auch die Zeit des Harmattan, des Backofenwindes aus der Sahara. Augenblicklich schoss mir der Schweiß in Sturzbächen aus allen Poren und das dunstige Treibhaus klebte mir die Lungenflügel zusammen. In der Transithalle, in der wir auf den Weiterflug nach Cotonou warteten, herrschte dichtes Gedränge. Der Ventilator an der Decke hielt leider nicht, was er mit lautem Rattern versprach.

Ausgerechnet jetzt brach Maurice in Panik aus. »Mein Pass! Ich habe ihn verloren! Das ist kein gutes Zeichen«, stöhnte er. Gemeinsam durchsuchten wir alle verfügbaren Taschen.

Ich fand schließlich das Dokument und beruhigte ihn: »Wir sind nur völlig übermüdet.«

Mein Mann sortierte seine Siebensachen und schien erst

jetzt das lautstarke Palaver der zahlreichen Mitreisenden wahrzunehmen: »Hier sind unglaublich viele Afrikaner«, sagte er.

»Ist das nicht normal, in Afrika?«, flachste ich. Das lebensfrohe Miteinander der bunt gekleideten Menschen stimmte mich euphorisch. Für das, was gerade in meinem Mann vorging, hatte ich überhaupt keine Antenne. Nicht nur, dass ich endlich afrikanischen Boden unter meinen Füßen wusste. Meine wenigen Reisen hatten mich bisher nie aus dem sowjetischen Kosmos hinausgeführt: Prag und – als höchster Luxus – das Schwarze Meer in Bulgarien. Froh, die ungekannte Sinnlichkeit Afrikas erleben zu dürfen, nahm ich die drückende Hitze gern in Kauf, vergaß sie sogar!

Auf dem kurzen Flug nach Cotonou wurde Maurice immer schweigsamer, und mich überkam das seltsame Gefühl, dass er vor etwas Angst hatte. Bei der Ankunft in seiner Heimatstadt steigerte sich seine Unruhe in eine angespannte Nervosität. Ständig zischte er mir Verhaltensmaßregeln ins Ohr, dabei kam mir das alles sehr bekannt vor. Genau wie Ostdeutschland war der frisch aus Moskaus erstickender Umarmung entlassene »sozialistische Bruderstaat« Benin noch fest im Griff sowjetischer Bürokratie-Herrlichkeit. Ich begegnete der gleichen Miesepetrigkeit und Kontrollwut wie in meinem alten Zuhause. Mit dem ungebrochenen Vorsatz, nur die schönen Seiten des Landes sehen zu wollen, ignorierte ich tapfer alle Schikanen.

Während wir uns durch Spaliere ausgestreckter Hände arbeiteten, ertönten immer wieder drängende Rufe: »*Cadeau, Madame.*«

Ich dachte mir nichts dabei, bis Maurice maulte: »Die Leute wollen alle ein Geschenk. Die halten uns für reich.« Diese Erfahrung war für ihn neu. Mit der Weißen an seiner Seite, der *yovo*, stach er aus der Masse seiner Landsleute heraus. Ich sah ihm an, wie unwohl er sich fühlte und mit welcher Missbilligung er uns die Taxifahrer vom Leib hielt.

»Ist denn niemand von deiner Familie gekommen, um uns abzuholen?«, fragte ich.

»Die müssen nicht wissen, wann ich ankomme«, sagte mein Mann nur.

»Seltsam«, meinte ich, »stimmen denn meine Klischees vom großen afrikanischen Clan nicht, der Heimkehrer mit Überschwänglichkeit in seinem Schoß aufnimmt?«

»Glaub mir, so ist es besser«, setzte Maurice nach.

Heute weiß ich natürlich, dass er aus seiner letzten Benin-Reise gelernt hatte. Damals war genau solch ein Willkommen der Anfang der Katastrophe gewesen, doch daran erinnerte mein Gemahl mich jetzt nicht. Er wollte mich nicht beunruhigen, während ich auf der Fahrt durch seine Heimatstadt in den ersten Eindrücken schwelgte. Was ich sah, ließ mich mein Deutschland vergessen, in dem die Menschen zumeist mit verkniffenen Gesichtern herumliefen.

Ich bewunderte die unglaubliche Belastbarkeit der in grellbunte Stoffe gehüllten Frauen, die gleichzeitig ein Baby auf dem Rücken trugen und auf dem Kopf geschickt riesige Tabletts voller Bananen und Mangos, Körbe voller Brote oder dicke Stoffballen balancierten. Ihre freien Hände untermalten gestikulierend, was sie mit lachenden Mündern ihren Freundinnen erzählten. Weinte ein Kind, wurde es mit flinken Handgriffen an die Brust manövriert, wobei die Mutter ihr Gespräch nicht eine Sekunde unterbrach.

Je weiter wir in die Stadt kamen, umso dichter wurde das Gewimmel. Die Straßen waren gesäumt von Verkaufsständen, fliegende Händler stürmten auf die im stockenden Verkehr festsitzenden Autos zu. Da mein Fenster sich nicht schließen ließ, lagen ständig Uhren, Verlängerungskabel, Handtücher, Masken, Kerzen, Spielzeug und Kassetten auf meinem Schoß. Alles sollte ich kaufen …

»Vielen Dank, ich brauche das nicht«, wehrte ich pausenlos auf Deutsch ab und amüsierte mich köstlich über diese Art des Einzelhandels.

Dann lachten die Händler und riefen: »*Yovo, cadeau*« oder »*Djamma yovo*«, während Maurice unnötigerweise versuchte, mich vor diesen Anstürmen zu schützen. Ich spürte, dass Afrika mich längst erobert hatte.

Unser Hotel lag tatsächlich direkt am Meer und die warme, dunstige Luft schmeckte nach Salz. Genau so hatte ich mir das immer gewünscht! Dass das *Hôtel de la Plage* ein alter Kolonialbau war, von dem überall schon der Putz abbröckelte, fand ich enorm romantisch.

Im Foyer, das spartanisch mit ein paar Rattanmöbeln eingerichtet war, hatte ich mein erstes Déjà-vu-Erlebnis. Dort hing das gleiche Plakat, mit dem wir unseren Stand auf der Berliner Tourismusmesse geschmückt hatten: *Benin, die Wiege des Voodoo*. Offensichtlich war das die einzige Werbung für das Land.

Unser Zimmer war von der Klimaanlage eisgekühlt und roch wenig anheimelnd nach Insektenspray – aber der Blick über Palmen, Strand und Meer verschlug mir die Sprache. Maurice hatte mir bereits mit der Auswahl unserer Unterkunft einen großen Wunsch erfüllt.

»Willkommen in Benin«, sagte er und nahm mich in die Arme. Ich legte mein Gesicht in seine Halsbeuge und genoss den Geruch seines Körpers, der so völlig anders war als zu Hause in Deutschland. Ich fühlte mich geborgen und glücklich.

Am Abend pulsierte das Leben auf den Straßen rings um unser Hotel. Im Schein winziger Öllämpchen verkauften Frauen an Ständen Waren, ihre Kinder schlummerten unbekümmert neben ihnen auf dem Boden. Irgendwann erreichten wir einen Stand, an dem eine ältere Frau verführerisch duftendes Essen zubereitete. Mehrere Schüsseln und Töpfe standen vor ihr auf Holzkohlefeuerstellen, hinter ihr befand sich eine kleine Bretterbude mit Holztischen und -bänken. Alles, was sie anbot, sah köstlich aus. Ich wählte *ma* und *eba*. Wir setzten uns auf eine der Holzbänke, wuschen unsere Hände mit dem blauen Pulver, welches auf den Tischen in kleinen Plastikschälchen stand, und dem in Aluminiumkannen bereitgestellten Wasser. Ein junges Mädchen brachte uns Löffel, die wir jedoch verschmähten. Schon in Deutschland aßen wir den *eba*-Brei gelegentlich mit der Hand. In dieser Umgebung schmeckte es sogar noch besser, da wir so richtig zulangen und auf unsere deutschen Benimmregeln pfeifen durften.

Die alte Dame, der jener Stand gehörte, lächelte Maurice viel sagend an und sagte etwas in Fon. Mein Mann übersetzte mir leise. »Sie sagt: ›Schaut euch mal die Weiße an, wie ihr mein Essen schmeckt.‹« Ich legte die Hand auf meinen Bauch, um ihre Kochkunst demonstrativ zu loben.

Während sie nun einen Dialog mit meinem Mann begann, bei dem sie mich nicht einmal ansah, betrachtete ich unsere Meisterköchin. Mit buntem Kopftuch, T-Shirt, fröhlich gemustertem Wickelrock und Badelatschen wirkte sie ebenso bodenständig wie meine Oma Anna daheim in Thüringen. Aber der Ausdruck in ihren Augen irritierte mich; ein seltsamer Stolz lag in ihrem Blick. Je länger ich die ungewöhnliche Frau musterte, desto mehr verschob sich der Eindruck, den ich von ihr gewann. Irgendwie wirkte sie erhaben, gar nicht wie eine Garköchin.

Aus dem Gespräch, das sie mit Maurice führte, hörte ich heraus, dass sie sich nach meiner Herkunft erkundigte. Mein Mann antwortete und sie wollte wissen: »Was kocht deine Weiße für dich in Deutschland?«

»Grieß, *ma*, *eba* und *moyo*«, erklärte Maurice wahrheitsgemäß. Da gab mir die alte Frau mit einem einzigen Blick zu verstehen, dass sie mich in ihr Herz geschlossen hatte.

»Wir sollten bald wieder zu ihr zum Essen gehen«, schlug ich vor, als wir aufbrachen.

»Das hat Maman Poste auch gesagt«, erwiderte Maurice wie selbstverständlich. Maman Poste, dachte ich, was für ein trefflicher Name für eine Garköchin. Das erinnerte an den guten deutschen »Gasthof zur Post« …

Die Eindrücke des ersten Tages, das gute Essen, die warme Luft, die Musik, die von irgendwoher kam, die warmherzigen Augen der alten Maman Poste, mein gut gelaunter Mann … all das versetzte mich in einen regelrechten Glücksrausch. Ich war überzeugt, dass ein Traum wahr geworden sei.

Am nächsten Morgen brachen wir bereits sehr früh zu meiner Schwiegermutter auf. Wohnen konnten wir bei Maman Micheline und Maurice' sieben Brüdern nämlich nicht. »Das Haus meiner Mutter ist zu klein«, lautete die Begründung meines Mannes, »dort ist kein Platz für uns zum Schlafen.«

»In Berlin sind wir in deinem Studentenwohnheim zu dritt mit zwölf Quadratmetern zurechtgekommen«, erinnerte ich ihn an unsere Anspruchslosigkeit.

»Bei *maman* kann man nicht einfach die Tür zumachen und sagen: ›Ich will jetzt meine Ruhe haben.‹ Ständig kommen Leute und wollen etwas von einem«, schob er das nächste Mal als Begründung vor.

Ein klappriges Taxi schüttelte uns durch ausgefahrene Nebenstraßen. Stundenlang. »Ist Cotonou denn so groß?«, fragte ich und sah überall winzige Häuschen aus Brettern und Wellblech. Große Kinderaugen staunten ihrerseits die schwitzende Weiße an und bettelnde Händchen streckten sich mir entgegen. Maurice sprach immer wieder mit dem Fahrer, der mehrmals wendete und einen neuen Weg einschlug. Mein Mann schien verlegen zu sein. Und plötzlich ging mir ein Licht auf. Er wusste nicht, wo sich das Haus seiner Mutter befand!

»Aber, hör mal«, entrüstete ich mich, »du hast mir doch selbst erzählt, dass du bereits als 14-Jähriger einen Zaun um euer Grundstück gezogen hast, den du von deinem selbst verdienten Geld bezahlt hast. Wie kannst du vergessen, wo das ist?«

»In dieser Gegend gibt es immer wieder Hochwasser. Und hinterher erkennt man nichts wieder«, entschuldigte Maurice unsere Odyssee.

Cotonou liegt zwischen dem Nokoué-See und dem Meer. Das damalige Familiengrundstück der Bokpês, preiswert erworben, befand sich in einem von Menschenhand geschaffenen Überschwemmungsgebiet. Ein Landdurchstoß zwischen See und Meer lieferte sie der Gewalt der Natur schutzlos aus; der Bau der notwendigen Schleuse wurde nicht in Angriff genommen. Nachdem mein Mann mir das erklärt hatte, empfand ich Mitleid mit den Menschen, die dieser Politschlamperei hilflos ausgeliefert waren.

Irgendwann schlug der Taxifahrer einen Fußmarsch vor, der uns endlich – dank vieler Kinder, die uns begleiteten – zum Haus von Ablawa Micheline Bokpê führte. Es war ein schlichter, aus soliden Zementsteinen errichteter Bau.

»Ich darf da auf keinen Fall rein«, hörte ich Maurice plötzlich sagen.

Mich nahm die ganze Situation viel zu sehr gefangen, daher reagierte ich kaum. »Was hast du gesagt?«

»Wenn meine Mutter rauskommt, dann nehmen wir sie mit, gehen mit ihr essen oder sonst was. Hauptsache, ich setze keinen Fuß in ihr Haus.«

Ich achtete nicht weiter auf seine Worte, denn an der Tür erschien eine kleine, zierliche Frau. Als *maman* Maurice erkannte, riss sie sich das Tuch vom Kopf und stürzte auf ihn zu. Seine Mutter umschlang ihn und tanzte, lachte, weinte, sprach Worte, die ich nicht verstand. Dann zerrte sie ihn voller Freude ins Haus. Dort umarmte sie mich auf die gleiche überschwängliche Weise, tanzte auch mit mir und rief mit Tränen in den Augen: »*Kwabo, kwabo.*« Willkommen!

Die schmächtige Person hob mich sogar hoch und sprang mit mir herum. Solch eine Begrüßung hatte ich noch nie erlebt! Ich umarmte den hageren, kleinen Körper meiner Schwiegermutter, die ich um einen halben Kopf überragte, und wir küssten uns gegenseitig die Gesichter ab. In Benin bin ich zwar später ständig Opfer derartiger Kussattacken geworden, in Michelines Fall jedoch wertete ich diesen Überschwang als Zeichen dafür, ihr als Schwiegertochter willkommen zu sein.

Schwiegermama fasste mich an den Oberarmen und betrachtete mich eingehend. Ich tat das Gleiche. Sie musste Maurice als sehr junge Frau bekommen haben. Ich rechnete und kombinierte: *Maman* dürfte höchstens Anfang bis Mitte 40 gewesen sein. Mein Mann war bei diesem Besuch 28 Jahre alt, aber seine Mutter schien kaum älter als er selbst zu sein. Ihr Gesicht war fast faltenfrei. Obwohl sie schon seit zwölf Jahren Witwe war, wirkte sie nicht etwa verhärmt und vom Überlebenskampf als Mutter von acht Söhnen gezeichnet.

Aus ihren leicht schräg geschnittenen Augen blickte sie mich warmherzig an. Plötzlich ließ sie mich los, als würde ihr etwas Wichtiges einfallen, drehte sich um und nahm hektisch ein Bild von der Wand. Es zeigte Maurice mit seiner Potsdamer Freundin …

Bevor ich mich in dem karg eingerichteten Raum auf einen der drei oder vier Holzstühle setzen durfte, wischte Schwiegermama mit ihrem Kopftuch über einen Stuhl. Erst dann bot sie ihn mir zum Sitzen an. Nanu, ein Putzfimmel?, dachte ich verwundert.

Zum weiteren Nachdenken blieb jedoch keine Gelegenheit. Binnen Minuten füllte sich das Haus mit Menschen, die den Heimkehrer und seine Frau begrüßten. Nach und nach erschienen die Brüder von Maurice. Geradezu ehrfürchtig reichten sie uns die Hände und sprachen ihren ältesten Bruder mit »Sie« an. Auch Maurice blieb seltsam distanziert, fast förmlich-steif, während ich den kleinsten – Georges – auf den Schoß nahm.

Als *maman* uns Wasser brachte, sagte Maurice leise zu mir: »Trink es nicht, tu nur so. Und schütte vorher ein bisschen auf den Boden. Für die Ahnen.«

Ich folgte seinen Anweisungen, denn ich nahm an, dass er Krankheitserreger im Trinkwasser befürchtete. Obgleich ich gern einen Schluck zu mir genommen hätte.

Meine Schwiegermutter fragte uns über unsere Töchter aus und zeigte dabei auf meine Brust. Maurice übersetzte: »Sie fragt, wovon Ina jetzt lebt, wenn sie nicht bei dir trinken kann.«

Ich erwähnte, dass ich nach einer schweren Brustentzündung nicht mehr stillen könne.

»Da lässt sich doch was machen«, war die mir damals unerklärliche Antwort, die Maurice an mich weiterreichte. Den darauf folgenden Wortschwall wollte er mir jedoch nicht eindeutschen. Meine Nachfragen ergaben, dass die afrikanische Oma ihre deutschen Enkelinnen zu gern kennen gelernt hätte. Nun bedauerte ich meinen Entschluss, der eigentlich mehr der meines Mannes gewesen war.

Kurz darauf wollte ich die Gelegenheit für ein paar Fotos nutzen. Während ich durch den Sucher blickte, wunderte ich mich, dass Maurice einen seltsam entrückten Eindruck machte, außerdem gähnte er immerzu. Dennoch dachte ich mir nichts dabei und schob es auf die Klima-Umstellung.

»Guck doch nicht so komisch«, forderte ich ihn auf, aber er reagierte gar nicht und drängte wenig später zum Aufbruch.

Mich hatte die Begegnung mit seiner Familie sehr aufgewühlt. Was waren das für herzliche Menschen! Maurice schien meine ausgelassene Stimmung nicht teilen zu können. Verschlossen wie eine Auster hockte er im Taxi. Nur hin und wieder gähnte er. Irgendetwas stimmte nicht mit ihm. Im *Hôtel de la Plage* ließ er sich aufs Bett fallen und schlief Sekunden später ein. Ich sah auf die Uhr; es war gerade Mittag. Ich war endlich im Land meiner Träume – und meinem Mann fiel nichts Besseres ein, als mir die Ohren voll zu schnarchen.

Ich kuschelte mich an ihn und piekte ihn aufgekratzt in die Rippen. »Schlafmütze!«

Keine Reaktion.

Draußen rauschte das Meer, die Palmen wiegten sich im Wind. Ein Bad im Pool, den Schatten spendende Palmen umstanden, hätte mir jetzt sicher gut getan. Inzwischen atmete Maurice tief und regelmäßig. Mit diesem Mann war nichts mehr anzufangen.

Später einmal sagte er mir über diesen Augenblick, der mir so harmlos und langweilig erschien, dass er zu dem Zeitpunkt bereits seinen Körper verlassen hatte und sich von außen sah. Ich bekam nichts mit vom Beginn seines Trips in eine andere Dimension, die ich nie kennen gelernt habe. In die ich auch nicht eintreten will. Um keinen Preis der Welt …

Nur Mut, weiße Frau!

Vom Balkon unseres Hotelzimmers aus schickte ich sehnsüchtige Blicke zum rötlichen Sand des Strandes, auf dem die Brecher der mannshohen Wellen des Atlantischen Ozeans schäumend ausliefen. Der feine Gischtnebel hüllte die sich sanft wiegenden Palmkronen in eine Atmosphäre von geradezu unwirklicher Schönheit. Ich sehnte mich nach dem blau leuchtenden Hotelpool. Da musste ich rein! Sofort!

Mein spontaner Entschluss kollidierte heftig mit unseren herumstehenden Hartschalenkoffern, die mir den Weg versperrten. Ich stolperte und knallte mit dem Kopf gegen einen Schrank. Mit einem nicht gerade leisen Schrei ließ ich mich aufs Bett fallen und rieb die Beule an meiner Stirn.

Maurice lag direkt neben mir, Arme und Beine steif von sich gestreckt. Er hatte von meinem Malheur nichts mitbekommen. Im Bad kühlte ich meine Stirn und legte mich neben meinen Mann, der immer noch schlief. Insgeheim hoffte ich, dass er mich ein bisschen tröstete.

»Wach auf, Schatz, lass uns in den Pool springen«, sagte ich, als er sich nicht rührte, und gab ihm einen dicken Kuss.

Maurice' Oberkörper fuhr senkrecht hoch, als wäre er eine Puppe ohne Knochen. Erschrocken wich ich zurück. Da drehte er ruckartig den Kopf zu mir um und starrte mich aus weit aufgerissenen Augen an. Glasig und blutunterlaufen stierten sie ins Leere.

»Was ist denn mit dir los?«, fragte ich verblüfft. »Hast du schlecht geträumt?«

Keine Antwort. Nur dieser seltsame Blick, der anscheinend gar nicht mir galt.

»Maurice«, sagte ich sanft, »ich wollte mit dir schwimmen gehen. Kommst du mit?«

Er lachte verächtlich. »Wir können doch nicht mitten in der Nacht schwimmen gehen!«

Ich glaubte, er sei noch nicht richtig wach, gab ihm einen weiteren Kuss und rief aufmunternd: »Schatz, die Sonne scheint, es ist Mittag!«

»Es ist Nacht«, beharrte er in einer befremdlich monotonen Stimmlage.

Jetzt erst bemerkte ich die Schweißperlen auf seiner Stirn und tupfte sie mit dem Waschlappen ab, mit dem ich meine Beule gekühlt hatte. Ich spürte, wie mir mulmig zu Mute wurde, glaubte aber nach wie vor, Maurice sei im Halbschlaf. Vielleicht hatte ich ihn nicht lange genug ruhen lassen. Ich bereute mein Ungestüm und griff nach seiner Hand. »Maurice, Schatz, es ist gleich ein Uhr mittags. Lass uns schwimmen gehen.«

»Es ist Nacht.«

Sein irrer Blick ließ mich nicht eine Sekunde länger glauben, dass er mit mir einen bösen Scherz trieb. Maurice ist ein sehr ernsthafter Mensch, dachte ich, er würde mir nie einen solchen Schrecken einjagen. Dennoch konnte ich mir seinen seltsamen Zustand nicht erklären. Als ich ihn an der Hand auf den Balkon führte, wusste ich plötzlich, woran er mich erinnerte – an einen Schlafwandler, einen Menschen ohne eigenen Willen. Das grelle Licht der Mittagssonne zwang mich zu blinzeln, während Maurice mit weit aufgerissenen Augen direkt hineinstarrte.

Das war doch nicht möglich! »Maurice, siehst du denn nichts?«, rief ich verzweifelt.

Er reagierte nicht. Wie leblos stand er da. Ich befürchtete, dieser starre Blick in die Sonne könnte seinen Augen schaden, und führte ihn behutsam zurück ins Zimmer.

In dem Moment packte er meine Oberarme so fest, dass es mir wehtat. »Du bist meine Frau, Annette Bokpê, du bist meine Frau«, wiederholte er.

Das war mir zwar seit genau zwei Jahren durchaus bekannt, aber ich war schon froh, dass er überhaupt etwas von sich gab, das stimmte. »Ja, Schatz, das bin«, pflichtete ich ihm bei. »Aber, warum bist du so ...«

»Du bist meine Frau«, unterbrach er meinen angefangenen Satz. Jetzt nahm er mich in die Arme. Nicht etwa liebevoll, so, als wollte er mir über den Schrecken hinweghelfen, den er mir gerade eingejagt hatte, sondern wie jemand, der sich auf hoher See an der letzten Bohle seines untergegangenen Schiffs festklammert. Dabei leierte er ständig dieselben Worte vor sich hin: »Du bist meine Frau.« Gleichzeitig übten seine Arme die Kraft eines Schraubstocks aus. Ich bekam kaum noch Luft. Vergeblich versuchte ich mich zu befreien, was ihn jedoch nur dazu veranlasste, mich noch fester zu umschlingen. Dabei spulte sein Mund stets die gleichen vier Wörter ab, als hätte er ein Tonband verschluckt.

»Maurice, hör auf damit, ich weiß, dass ich deine Frau bin!«, schrie ich ihn schließlich an.

Panik erfasste mich. Das hatte weder mit überreizten Nerven noch mit Schlafwandeln zu tun! Das war ... Ich hatte keine Ahnung, welcher Film gerade in Maurice' Kopf ablief. Er reagierte weder auf meine Stimme noch auf meine Abwehrversuche, sondern brabbelte wieder und wieder denselben Satz. Pausenlos.

»Was ist los mit dir, Maurice? Was ist passiert?«

Die Frage prallte an ihm ab. Offenkundig hörte und sah er mich nicht, obwohl er meine Anwesenheit wahrnahm, mit irgendeinem Teil seines Bewusstseins. Ich verstand gar nichts mehr.

Aber was wusste ich denn damals in diesem entsetzlichen Augenblick schon von Voodoo? Eigentlich gar nichts!

Höchstens ein paar vereinzelte Schlagworte! Dem, was sich damals in jenem Zimmer abspielte, stand ich mit völliger Ohnmacht gegenüber – psychisch und physisch. Maurice ist ja nun wirklich kein Herkules, doch was er urplötzlich an Kräften entwickelte, war unglaublich. Und das alles, um nichts anderes zu tun, als mich zu umklammern.

Instinktiv blickte ich zu Boden, denn ich hatte das Gefühl, Maurice würde in der nächsten Sekunde darin verschwinden. Mit einem Mal, trotz meiner Panik, überkam mich die Erkenntnis: Er hält sich wirklich an mir fest, weil er sonst verloren geht! Nicht körperlich, sondern geistig. Ich war sein Rettungsanker.

Okay, dachte ich, beruhige dich jetzt wieder, Annette. Das geht vorüber. Ist wohl eine Art Anfall. Maurice kommt sicher gleich wieder zu sich. »Tief einatmen«, versuchte ich ihn zur Besinnung zu bringen, »atme tief und gleichmäßig.«

Meine Taktik schien zu funktionieren. Maurice fand tatsächlich den Ausschaltknopf für sein eingebautes Tonband. Doch er gab mich nicht frei. Wie erstarrt standen wir vor der geöffneten Balkontür. Ich ließ meinen Kopf auf seine Schulter sinken und schaute hinaus aufs Meer. Mit stets gleicher Kraft brandeten die Wogen auf den Strand.

Ich hatte einen Traum gehabt. Eigentlich war es nur ein kleiner Traum, nicht wahr? Gemessen jedenfalls an den großen Hoffnungen, die andere Menschen umtreiben. Ich wollte nach Afrika, in die Heimat des Mannes, den ich liebte. Jetzt war dieser Traum wahr geworden. Aber diese Wirklichkeit war von meinen Vorstellungen so weit entfernt wie der Mann, mit dem ich hierher gekommen war, von jenem Menschen, der sich gerade wie ein Ertrinkender an mir festhielt. Was war zwischen Traum und Realität getreten? Für meine eigenen Gefühle konnte ich die Antwort geben: leere Ohnmacht.

Aber welches Erlebnis hatte Maurice derart aus dem Gleichgewicht gebracht? Unser Besuch im Haus seiner Mutter? »Ich darf da nicht rein«, hatte er gesagt, doch meine Schwiegermutter hatte ihn einfach hineingezerrt. Da war kein Onkel gewesen, der ihn verflucht hatte. Oder, korrigierte ich mich, habe ich nicht richtig aufgepasst? War vielleicht was mit den Brüdern gewesen? Unsinn, die waren alle so förmlich gewesen.

Ich fand keine Erklärung und ging noch einmal in Gedanken seine Erzählungen von früher durch. »Wenn ich in Benin jemanden besuche, setze ich mich nie auf den Stuhl, der mir hingestellt wird. Ich tausche ihn immer aus. Du weißt nie, ob sie was an dem Stuhl gemacht haben«, ertönte die Stimme von Maurice in meinem Kopf.

Jetzt fiel mir der vermeintliche Putzfimmel meiner Schwiegermutter wieder ein, die mit ihrem Kopftuch meinen Stuhl abgewischt hatte.

Maurice hatte sich einfach so irgendwo hingesetzt ...

Mir wurde schwindlig, aber mein Mann hielt mich nach wie vor mit Bärenkräften umklammert.

»Warum tun die das?«, hatte ich Maurice Jahre zuvor in Berlin gefragt, als er mir von den Flüchen berichtet hatte, und erinnerte mich nun haarklein an die Geschichte von Onkel Théodores Verwünschungen.

»Es ist nie genug, was du gibst. Mit Magie versuchen sie, mehr zu bekommen oder dich zu zerstören«, hatte er geantwortet.

Was denn, Neid als Quelle allen Übels?, dachte ich jetzt. Das konnte es ja wohl nicht sein. Auf meinen Vorschlag hin hatte mein Mann sich sogar bereit erklärt, für seinen jüngsten Bruder, den damals 13-jährigen Georges, das jährliche Schulgeld zu zahlen. Immerhin 600 Mark. Für unsere bescheidenen Verhältnisse ein ziemlicher Batzen und in der zu jener Zeit in Benin gültigen Währung war das sogar ein sechsstelliger Betrag! Na gut, die anderen hatten Maurice auch um Geld angegangen und einmal schien er richtig sauer geworden zu sein. Er hatte Fon mit seinen Verwandten gesprochen – ich hatte mich aufs Raten verlegen müssen.

Hatte jemand irgendeinen magischen Zauber angewandt, der mir unbemerkt geblieben war? Heute, so viele Jahre später, könnte ich es genauso wenig sagen wie damals. Es geht um Laute, die wir Weißen niemals verstehen werden. Nicht mal das Erlernen dieser Sprache hilft. Die Magie des Wortes erfordert ein langes Studium in den so genannten Klöstern, fest umgrenzten Anlagen, die nicht einmal die engsten Verwandten der Initiierten betreten dürfen. Was sie sich dort an Wissen über den Voodoo aneignen, werden sie keinem Uneingeweihten verraten. Dies ist die Quelle ihrer dunklen Macht. Und Maurice war jetzt das Opfer.

»Leute werden verhext, zu Werkzeugen fremden Willens gemacht. Ist ein Mensch erst besessen, kann ihm kaum einer helfen.« So hatte ich Maurice' Worte im Ohr. Doch ich bin ein durch und durch pragmatischer Mensch. Der unbedingte Wille zum Handeln erfordert eine entscheidende Voraussetzung: den Optimismus, dass Agieren eine Lösung schafft.

Kaum einer könne helfen, hatte Maurice gesagt. Kaum einer – nicht niemand! Diese Voodoo-Heinis sollten Annette Kraus aus Tabarz kennen lernen, Mutter zweier bildhübscher, noch kleiner Töchter, die auf die Rückkehr ihrer Eltern warteten. Ihrer gesunden Eltern!

Mein Blick glitt hinüber zur Hafenmole, auf der einige Frauen unterwegs waren. Sie trugen schwere Lasten auf dem Kopf und bewegten sich dennoch anmutig, geradezu schwingend leicht. Alles, was an Alltag, an normales Leben erinnerte, gab mir Kraft, an dem Geisterhaften hier im Zimmer nicht zu verzweifeln. Unter unserem Balkon befand sich die Hotelterrasse; Stimmen fröhlicher Menschen drangen an mein Ohr. Da fasste ich einen Entschluss: Ich würde hinuntergehen und sie um Hilfe bitten.

»Maurice, bitte, lass mich los, ich ersticke«, sagte ich ganz dicht an seinem Ohr und sehr eindringlich.

Erschrocken wich er zurück und sah mich von oben bis unten an, als wollte er sich davon überzeugen, dass ich noch lebte. »Entschuldige, ich wollte dir nicht wehtun.« Ein Zittern lag in seiner Stimme. Er schien zwar noch immer verwirrt zu sein, sich aber wieder gefangen zu haben.

Ich atmete auf. Kein Voodoo! Nur eine Art Unpässlichkeit ...

»Willst du lieber noch ein bisschen schlafen oder sollen wir schwimmen gehen?«, schlug ich vorsichtig vor. Er war noch nicht ganz der Alte. Sein Blick flackerte ...

»Nein, geh nicht mitten in der Nacht raus! Du bist meine Frau, bleib hier!«, flehte er fast und griff erneut nach meinem Arm. Wieder hielt er mich fest, stand schweigend und abwesend vor mir. Sein Hemd klebte ihm am Körper. Über sein schweißnasses Gesicht huschte ein merkwürdiges Lächeln von fast kindlicher Glückseligkeit, vermischt mit dem Grinsen des Wahnsinns.

Schluss mit Optimismus, Pragmatismus und sämtlichen Haltegriffen, an denen ich mein Leben ausrichtete. Nun überkam mich endgültig die nackte Angst. Während ich über den Voodoo nachgegrübelt hatte, hatte Maurice ein völlig neues Stadium erreicht. Ich konnte es nicht benennen, aber es hatte Züge von Schizophrenie.

Als er mich erneut anflehte, schrie ich außer mir: »Maurice, bitte! Hör auf!«

Dann gab ich ihm eine Ohrfeige. So etwas hatte ich niemals in meinem ganzen Leben zuvor gemacht und es tat mir im selben Augenblick furchtbar Leid, aber ich wusste keinen Ausweg. Dieses unbegreifliche Etwas, das von ihm Besitz ergriffen hatte, musste raus aus dem Körper meines Mannes.

Das Gegenteil trat ein. Maurice' Blick wurde abrupt finster, noch härter, starrer, kantiger wurden seine Züge, sein Griff fester. »Du bist meine Frau!«, ertönte es nun wie ein Befehl. Seine Hände krallten sich erneut wie Schraubstöcke um meine Arme. Entsetzt sah ich, wie seine Augen hervortraten und die Adern an Stirn und Hals pulsierten. Sein Körper war angespannt wie der eines Leoparden vor dem Sprung auf die Beute. Und das war ich – entsprechend fühlte ich mich: Ich fürchtete mich zu Tode, glaubte, dass er mir im nächsten Augenblick etwas antun würde.

Wie sollte ich mich jetzt verhalten? Auf Aggression reagierte er offensichtlich allergisch. Ausharren? Wie lange mochte so ein Anfall – konnte man das überhaupt so nennen? – dauern?

Du musst ihn irgendwie überrumpeln, dachte ich und war verblüfft, dass ich überhaupt noch klare Gedanken zuwege brachte. Er war doch schließlich mein Mann – ein zärtlicher, kluger, einfühlsamer, durchsetzungsfähiger und flexibler Mensch.

Wohin, zum Teufel, war der entschwunden? Am Ende tatsächlich zum Teufel? Wie konnte ich ihn dann aus der Hölle befreien?

Mithilfe seiner Mutter, dachte ich. Aber wie sollte ich die finden? Das hatte Maurice ja selbst kaum geschafft und er sprach wenigstens Fon, war in dieser Stadt aufgewachsen. Selbst wenn ich *maman* fände – war das die Lösung?

Ich darf nicht ins Haus meiner Mutter …

Du bist Deutsche, Annette, dachte ich, wende dich an die Botschaft. Die sollen dir helfen, deinen Mann nach Berlin zu schaffen. Auch Unsinn, folgerte ich dann, er muss erst mal »enthext« werden.

Aber wer kannte sich mit so was aus? Also doch die deutsche Botschaft! Dort sollten sie mir einen Arzt oder sonst wen besorgen. Es wäre vielleicht nicht das erste Mal, dass jemand im Land des Voodoo in Begleitung eines Besessenen an die Pforte klopfte. Ich konnte nur hoffen, dass die sich auch öffnete.

»Maurice«, sagte ich unendlich sanft, »wir fahren zur deutschen Botschaft. Lass mich los, damit wir gehen können.« Ich hatte keine Ahnung, wie er reagieren würde.

Nichts geschah. Nur meine Arme schmerzten und meine Hände waren inzwischen rot geschwollen. Also riss ich mich mit einem Ruck von ihm los. Seinem eben noch angespannten Körper entwich schlagartig jede Energie und er sank regelrecht in sich zusammen. Speichel floss aus seinem Mund. So schwach und erbärmlich hatte ich selten einen Menschen erlebt.

»Annette, bist du hier?«, fragte er und sein leerer Blick gab mir jetzt wirklich das Gefühl: Es ist Nacht um ihn herum.

»Ich bin bei dir, Maurice. Wir fahren jetzt zur Botschaft.«

Mein Mann reagierte nicht. Ich wischte ihm mit dem Bettlaken den Schweiß vom Gesicht und zog ihm ein frisches Hemd an. Während ich es zuknöpfte, lehnte Maurice sich an mich. Er konnte sich nicht mehr allein aufrecht halten.

»Mach jetzt bloß nicht schlapp«, sagte ich zu ihm. Doch es kann gut sein, dass ich damit auch mich selbst meinte. Immerhin hatte ich keine Angst mehr um mein Leben. Ich glaubte, verstanden zu haben, dass mir nichts geschah, solange ich ihn sanft behandelte. Zum ersten Mal kam mir der Gedanke, dass Maurice an dieser merkwürdigen Krankheit vielleicht sterben könnte.

Während ich hilflos an seiner Kleidung herumfingerte, nahmen mir meine Tränen die Sicht. Ich war drauf und dran, selbst die Kontrolle zu verlieren.

Rasch stopfte ich das Bündel Scheine, welches wir am Morgen umgetauscht hatten, in meine Handtasche. Ich wusste nicht, wie viel das war, kannte nicht einmal den Umrechnungskurs. Ich hatte mich völlig auf meinen ortskundigen Mann verlassen …

»Maurice, lass uns gehen!« Ich musste ihn vom Bett hochziehen und am Arm zur Tür führen. Willenlos ließ mein Mann sich von mir aus dem Zimmer und über die Treppe nach unten ins Foyer steuern. Ein Hotelangestellter lümmelte gelangweilt am Empfang. Als er den Kopf für einen freundlichen Gruß hob, sah er meine Tränen und eilte herbei.

Noch bevor er ein Wort sagen konnte, brüllte Maurice auf Deutsch los: »Geh weg, lass mich!«

Der Angestellte verstand meinen Mann natürlich nicht und berührte ihn am Arm, um ihn zu beruhigen. Maurice stieß den Rezeptionisten so heftig von sich fort, dass er gegen den Tresen fiel. Der Krach lockte einige Kellner aus dem Restaurant neben der Empfangshalle herbei. Ich bat sie auf Deutsch, nicht einzugreifen, da ich das Schlimmste befürchtete.

Doch genau das geschah: Sieben oder acht Männer ergriffen Maurice gleichzeitig, der daraufhin laut schreiend um sich schlug. Mit Schaum vor dem Mund wehrte er sich gegen die Männer, die ihn festhielten, auf ihn einredeten und ihn zu beruhigen versuchten. Mit dieser unglaublichen Kraft, die ich schon im Zimmer zu fürchten gelernt hatte, brachte Maurice es fertig, dieses Knäuel von Menschen, die alle an ihm hingen, in Schach zu halten. Immer mehr Leute kamen in die Halle und Maurice brüllte laut meinen Namen. In diesem Moment stürzten drei der Männer und die anderen sprangen ängstlich zur Seite. Mein schmächtiger Mann hatte sich doch tatsächlich gegen eine Übermacht behauptet. Wenn ich nicht vor Schreck, Entsetzen und Verzweiflung wie erstarrt gewesen wäre, hätte ich ihn für Superman gehalten.

Seine Verwandlung erfolgte prompt. Kaum hatte der gerade eben noch Rasende mich erreicht, klammerte er sich wieder an mir fest, taumelnd und aller Kräfte beraubt, die er nun von mir einzufordern schien. Er zitterte wie unter dem hohen Fieber eines Malaria-Anfalls.

Jemand brachte ein Glas Wasser, das ich Maurice vorsichtshalber selbst reichte. Er leerte es in einem Zug. Dann bugsierte ich meinen Mann in einen der Rattansessel der Empfangshalle und befahl ihm: »Warte hier. Ich besorge uns ein Auto.«

Doch Maurice folgte mir ins Freie wie ein Schatten. Ich war froh, den neugierigen Blicken der Angestellten und Gäste zu entkommen – doch nirgendwo war ein Taxi zu sehen.

»Ich habe Hunger«, meldete sich Maurice erschöpft zu Wort. Daraus schloss ich, dass mein Mann in seinen Normalzustand zurückgefunden habe. Leider war die Küche des Hotelrestaurants bereits geschlossen, aber wenigstens ein Tisch auf der Terrasse war unbesetzt.

Auf der gegenüberliegenden Straßenseite balancierte eine Frau auf ihrem Kopf ein großes Tablett voller in Palmblätter gewickelten Grieß und aufgehäuften kleinen Fleischspießen. Die kommt ja wie gerufen, dachte ich und wollte schon zu ihr hinübergehen.

Stattdessen rief mein Mann gellend laut: »Komm her!«

Natürlich fühlte ich mich angesprochen, denn er redete

Deutsch. Anhand seiner wilden Gesten erkannte ich jedoch, dass er die Imbissverkäuferin meinte und die kam auch tatsächlich herüber.

»Gib mir von deinem Essen«, befahl Maurice weiter. Die Frau zeigte ein breites Lachen und sah mich fragend an. Mit meiner Hilfe nahm sie ihr schwer beladenes Tablett vom Kopf und wir platzierten es gemeinsam auf dem Tisch. Maurice zeigte auf die Speisen und sprach mich auf Fon an. Seinem Gestus konnte ich entnehmen, dass er mich aufforderte, etwas auszusuchen. Ich deutete auf den eingewickelten Grieß. Die Frau legte zwei Portionen und zwei Fleischspieße auf den Tisch.

»Wie viel willst du dafür haben?«, redete Maurice sie abermals auf Deutsch an.

»Schatz, sie versteht dich nicht, sprich ihre Sprache!«

Doch Maurice verhandelte weiterhin in Deutsch mit der Frau und sprach Fon mit mir.

»Seit wann verstehst du kein Deutsch?«, herrschte er die Händlerin an.

Die warf mir erneut einen fragenden Blick zu, den ich mit einem Schulterzucken beantwortete. Sie öffnete die rechte Hand, um ihr Geld zu kassieren. Ich gab ihr einen der Scheine, die ich in meiner Tasche hatte, doch sie verzog das Gesicht und schüttelte den Kopf. Sie konnte nicht herausgeben. Ein Kellner, der das Geschehen neugierig verfolgt hatte, löste das Problem für mich. Maurice hatte sich inzwischen schon über sein Essen hergemacht. Er schlang das Fleisch gierig herunter und machte sich gleichzeitig mit der rechten Hand am Grieß zu schaffen. Immer wieder stopfte er sich große Brocken davon in den schon vollen Mund und der Saft des Fleischs tropfte auf sein Hemd. Fassungslos starrte ich meinen Mann an.

Die Verkäuferin stieß mich an und bat mich, ihr behilflich zu sein, das Tablett wieder auf den Kopf zu hieven.

Bevor sie auffallend rasch verschwand, sagte sie zu mir: »*Yovo, courage.*« Nur Mut, weiße Frau!

Ich sah auf meinen einstmals gepflegten, eleganten, gut

aussehenden Mann, der wie ein Tier futterte, und dachte: Prost Mahlzeit!

Doch davon war längst nichts mehr übrig. Maurice hatte alles verschlungen, aber mir war ohnehin nicht nach Essen zumute. Beistand suchend blickte ich mich um. Der hilfsbereite Kellner hatte die ganze Misere nicht nur begafft, sondern mitgedacht und brachte aus dem Restaurant eine Schale mit Wasser, zum Händewaschen. Völlig verdreht, wie Maurice jetzt funktionierte, wischte er sich die Hände an seiner Hose ab, schüttete etwas Wasser auf den Boden und rief so laut auf Deutsch, dass man es überall deutlich hören konnte: »Für die Ahnen!« Dann trank er das Waschwasser. Irgendwoher hatte Maurice einen Zahnstocher, mit dem er in seinem weit geöffneten Mund herumfuhrwerkte.

Nein, sein Zustand hatte sich nicht verbessert, nur verändert, doch außer mich schien das kaum jemanden wirklich aufzuregen. Die Menschen wirkten auf mich eher so, als ob sie Ähnliches schon mehr als einmal erlebt hätten ...

Endlich fuhr ein Taxi in die Einfahrt und gleichzeitig erkannte ich Antoine, den Direktor des *Hôtel de la Plage*, im Eingang. Mir fielen gleich mehrere Steine vom Herzen: Mochte mich die »Wiege des Voodoo« auch fürchterlich durchschütteln, noch war ich nicht herausgepurzelt.

»Antoine«, rief ich, »bitte, Sie müssen uns begleiten!« Ich hatte den Mann am Vortag nur flüchtig kennen gelernt, doch er willigte ein, ohne auch nur eine Sekunde zu zögern.

»Maurice, lass uns losfahren!«, bat ich dann – eine Stimmlage tiefer – meinen Mann.

»Jawoll!«, antwortete er überraschenderweise auf Deutsch, dafür aber im Tonfall eines stramm stehenden Soldaten. Ich stutzte einen Augenblick: Was ging nur in seinem Kopf vor?

Der freundliche Hoteldirektor Antoine wollte sich neben Maurice in den Fond des Wagens setzen, doch der wurde sofort handgreiflich. »Weg, weg, lasst mich, geht weg! Annette, wo bist du?«, schrie er aufgeregt, obwohl ich direkt neben ihm war.

Also nahm Antoine vorn neben dem Fahrer Platz und ich hinten bei meinem Mann, doch Maurice versuchte Antoine auch vom Beifahrersitz zu schieben. Geistesgegenwärtig gab der Chauffeur Gas und Maurice wurde in den Sitz gedrückt.

Wir rasten durch die am frühen Nachmittag noch ziemlich leeren Straßen. Ich und drei Männer, genau genommen drei mir völlig fremde Männer. In einer Stadt, die ich nicht kannte, in der die Menschen Französisch und Fon sprachen, Geld benutzten, dessen Wert mir fremd war, und an etwas glaubten, dessen Existenz ich bis zum späten Vormittag dieses denkwürdigen Tages komplett verdrängt hatte: Voodoo.

Aber das war ja alles ein Klacks – schließlich hatte ich ein klares Ziel: meinen Mann vom deutschen Botschafter erretten zu lassen …

Ich hätte heulen können und dachte an die Imbissverkäuferin und ihr »*Yovo, courage!*«. Zu diesem Zeitpunkt hatte ich noch keine Ahnung, dass mich dieses *courage!* noch so manches Mal begleiten sollte. Wie eine Durchhalteparole für alle, die in der Voodoo-Wiege seekrank wurden.

Halleluja hilft immer

Was nun folgte, war ein Wechselbad zwischen Bangen und Hoffen. Die Botschaft war noch bis 17.00 Uhr geschlossen – so lange wollte ich nicht warten. Unser Fahrer kannte zum Glück den Weg zur Residenz. Prima!, dachte ich, aber der Repräsentant unseres Landes war wegen Krankheit nicht anwesend. Wir trafen nur auf seinen Koch Jacques, der uns riet, es beim Stellvertreter des Botschafters zu versuchen. So weit reichten die Ortskenntnisse unseres Chauffeurs allerdings nun auch wieder nicht! Nur nicht aufgeben, Annette, ermahnte ich mich und flehte den Koch an, uns zum Vize des obersten Deutschen zu begleiten.

»*Pas de problème, Madame!*«, kein Problem, meinte Jacques zuvorkommend und wollte sich zu meinem Mann und mir auf die Rückbank gesellen.

»Weg mit ihm, was will er von mir? Schick ihn weg!«, protestierte Maurice.

Diesmal war ich schneller als er und schlang die Arme um ihn, so dass er sich nicht mehr bewegen konnte. Ich ließ ihn nicht wieder los, während wir durch die Stadt kurvten, die etwa die Größe von Ostberlin haben mag. Am Ziel redete Jacques auf den Torwächter ein, der Maurice und mich schließlich passieren ließ, während unsere drei Begleiter es sich am Straßenrand unter einem Baum bequem machten.

Ich hatte kein Auge für die Umgebung, sondern schob Panik, dass mein Mann wieder aus der Rolle fallen würde.

»Maurice, bitte, du musst dich jetzt benehmen. Dann kann uns der Vize-Botschafter auch helfen«, flehte ich inständig.

Er ordnete seine Kleidung und stolzierte geradewegs in den Garten des Diplomaten. Der Wächter, der uns begleiten wollte, war zunächst verblüfft. Dann trabten wir beide brav hinter meinem Mann her, gewissermaßen die Begleitdelegation des selbst ernannten Botschafters Bokpê. Der setzte sich dann auch unaufgefordert an den Tisch im Schatten neben den Zeitung lesenden Vize-Botschafter und nahm sich dessen halb gefülltes Cola-Glas.

»Maurice«, zischte ich streng, »das ist nicht dein Glas.«

Der Vize-Botschafter, den ich hier mal Herrn Pospiech nenne, blieb erstaunlich gelassen. »Ach, lassen Sie ruhig. Der junge Mann hat offensichtlich Durst.«

Ich spürte, wie meine Ohren vor Scham glühten. »Entschuldigen Sie bitte, aber meinem Mann ist etwas Schreckliches passiert ...«

»Setz dich doch, willst du etwas trinken?«, fiel Maurice mir ins Wort und reichte mir Pospiechs Glas. Unter Tränen versuchte ich dem kühlen Deutschen, der mir gelangweilt gegenübersaß, zu erzählen, dass mein Mann von allen guten Geistern verlassen sei und stattdessen Besuch von den bösen habe.

Maurice lümmelte sich an den Tisch und quatschte ständig dazwischen. »Wir haben Geld«, sagte er mit einer Arroganz, die mich schaudern ließ. »Ich bin schon seit 15 Jahren in Deutschland und habe eine Menge guter Connections. Wir wollen hier Geschäfte machen.«

Die letzte Aussage stimmte sogar, annähernd jedenfalls. Denn davon träumten wir beide seit 1986 und hatten auch schon die ersten zaghaften Schritte in diese Richtung unternommen. Doch so, wie die Dinge jetzt standen, konnte ich mir das komplett aus dem Kopf schlagen.

»Bitte, glauben Sie mir, Herr Pospiech, mein Mann hat

sich noch nie so benommen, jemand hat ihn mit einem Fluch belegt. Ich bin zum ersten Mal in Afrika und …«

»Kommen Sie aus dem Osten?«, unterbrach mich der Vize-Oberdeutsche.

»Ja, aber ich bin 1988 ausgereist«, antwortete ich und fragte mich im selben Augenblick, was das überhaupt mit Maurice' Unglück zu tun hatte. Herr Pospiech musterte mich, als wäre ich eine Abgesandte des VEB-Kombinats Chemie Bitterfeld. Ich erinnerte mein Gegenüber an den Zweck unseres Besuchs. »Könnte Ihr Botschaftsarzt meinem Mann eventuell helfen?«

Und das war offensichtlich wirklich dringend nötig! »Annette, wollen wir das hier kaufen?«, fragte Maurice mich und lehnte sich noch selbstgefälliger als Meister Pospiech im Sessel zurück. Dabei schweifte sein Blick abschätzend über das – nun bemerkte ich es auch – in der Tat imposante Grundstück.

»Was willst du denn kaufen, Maurice?«, fragte ich genervt.

Eine ausladende Bewegung seiner schmalen, schönen Hände schien das gesamte Anwesen zu umfassen: »Na, das hier.«

Hilfe suchend wandte ich mich an Herrn Pospiech: »Das ist nicht mein Mann, den Sie hier erleben. Wir brauchen dringend einen Arzt, der ihm ein Gegenmittel gibt. Wo finde ich denn einen?«

Doch der einzige Deutsche, den ich in Cotonou, so viele tausend Kilometer von zu Hause entfernt, kannte, blickte mich mit dem maskenhaften Ausdruck des absolut desinteressierten Diplomaten an. »Er wird einen Tropenkoller haben. Fliegen Sie mit ihm zurück nach Deutschland und gehen Sie mit ihm zum Psychiater.« Mit einem demonstrativen Blick auf seine Armbanduhr signalisierte mir der hoch bezahlte Mann, dass wir ihn von der Arbeit abhielten.

»Vielen Dank, dass Sie sich Zeit für uns genommen haben«, sagte ich höflich und stand auf.

Auch Herr Pospiech erhob sich und reichte mir freundlich lächelnd die Hand. »Dafür sind wir doch da. Ich wünsche Ihnen alles Gute.«

Maurice dagegen blieb einfach auf seinem Stuhl sitzen, als gehörte er nicht zu mir. Der Vize-Botschafter reichte auch ihm die Hand. Mein Mann sagte sehr freundlich »Auf Wiedersehen« – und blieb sitzen. Also nahm ich seine Hand und forderte ihn eindringlich auf, jetzt endlich zu gehen. Mein verhexter Mann lächelte wieder in dieser merkwürdigen Art, die etwas von kindlicher Naivität und Wahnsinn hatte. Dann stand er endlich auf, schien aber nicht so recht zu verstehen, warum er jetzt zu gehen hatte.

Herr Pospiech rief nach seinem Diener und bat ihn, uns zum Ausgang zu begleiten. Er selbst setzte sich wieder und nahm die Zeitung zur Hand. Ich hatte nicht die Kraft, mich über diesen Vize-Oberdeutschen zu ärgern, aber heute bin ich überzeugt, dass er keine Ahnung hatte, was Voodoo eigentlich ist. Vielleicht wusste er nicht mal, dass er sich in Benin befand. Er hatte ja einen schönen Garten mit hohen Mauern drum herum …

Meine Hoffnung auf botschafterliche Unterstützung hatte sich leider als veritabler Flop entpuppt. Und nun? Ich zermarterte mir das Hirn und ging noch einmal gedanklich durch, was Maurice mir von seinem letzten Horrortrip durch die Abgründe des Voodoo erzählt hatte. Dumpf erinnerte ich mich, dass er gegen des bösen Onkels Fluch Hilfe in einer Kirche gefunden hatte. Mehr als dies eine Wort hatte ich nicht.

»Kirche, ja, Kirche«, stammelte mein Mann.

Er schien mich also zu verstehen! »Welche, Maurice? Wo ist sie, diese Kirche?«, fragte ich.

Doch er schwebte ganz woanders. Außer dem mehrfach wiederholten Wort »Kirche«, das von diesem irren und glücklichen Lächeln begleitet wurde, erhielt ich keine Antwort. Jede hartnäckige Frage lief ins Leere, und dennoch spürte ich, dass ich auf der richtigen Spur war. Nur, wie sollte ich diese Fährte aufnehmen?

Der Fahrer Antoine und Jacques dösten an dem Platz, wo

wir sie zurückgelassen hatten. Der Hotelchef, des Englischen mächtig, hörte sich meine Pläne an und auch der Koch erkannte den Ernst der Lage und lauschte gebannt. Dann redete Jacques auf den Hotelboss ein.

»Er glaubt, dass er weiß, welche Kirche dein Mann meint«, übersetzte Antoine das Französisch des Kochs. Unser gemeinsamer Kampf gegen den Voodoo hatte uns zum brüderlichen »du« wechseln lassen.

»Nichts wie hin!«, rief ich erleichtert. Ich hatte ja nichts als meine Hoffnung, Maurice aus diesem Alptraum zu befreien, der ihn gefangen hielt. Aber so einfach war das nicht, die Rushhour in Cotonou erfordert unendlich viel Geduld. Doch woher die nehmen, wenn alles an einem klebt: der durch die geöffneten Fenster dringende Staub an meinem Gesicht, mein Kleid am schweißnassen Körper, Maurice an mir und die Bettler am Autofenster. Wenn hier nicht schon einer verrückt gewesen wäre – ich hätte es glatt werden können.

Endlich erreichten wir das Ziel unserer scheinbar endlosen Fahrt durch ausgefahrene Buckelpisten: *die* Kirche! Ich bin zwar in der DDR aufgewachsen, aber meine Eltern hatten mich sehr wohl zum Religionsunterricht geschickt. Dort hatte ich unter anderem gelernt, dass früher (!) Menschen dadurch vor dem Teufel gerettet worden waren, dass man sie vor das Kreuz Jesu Christi schleifte. Ich hatte mir selbstverständlich nicht vorstellen können, dass so was möglich wäre. Aber man lernt ja nie aus …

Ich erblickte eine unverputzte Mauer in einer schmalen, sandigen Nebenstraße, ein Tor, einen Mann im weißen, langen Kleid.

»Halleluja!«, sagte der Weißgewandete zur Begrüßung.

Na ja, dachte ich, viel Grund zum Jubeln gibt es nicht gerade.

Maurice aber reagierte offenkundig richtig: »Halleluja!«, ertönte es aus seinem Mund. Und fortan trat mein Mann in die nächste Phase ein, die Halleluja-Singerei.

Radebrechend versuchte ich dem Priester zu erzählen, was

passiert war. Das war aber gar nicht nötig, er schien sofort Bescheid zu wissen. Ein Gespräch war ohnehin kaum möglich, da Maurice mit seiner Singerei jedes meiner Worte übertönte. So konnte ich also nicht fragen, auf welche Weise mein Mann auf den Boden der Wirklichkeit zurückgeholt werden sollte und vor allem, mit welcher Sorte Kirche ich es überhaupt zu tun hatte. Vielleicht war mir das in jenem Moment auch einerlei. Für mich zählte nur, dass mir die Verantwortung für meinen Ehemann von einem Experten abgenommen wurde. Einem schönen Mann – groß und schlank. Das Bild perfekter Durchgeistigung wurde nicht unerheblich durch die Tatsache beeinträchtigt, dass er ausgiebig Kaugummi kaute. Wenn es ihm half …

Eine Frau brachte mir ein Tuch für den Kopf und bat mich, die Schuhe auszuziehen, bevor ich die Pforte passieren durfte – barfuß, bedeckten Hauptes, heulend. Ich fand mich in einem Raum wieder, der mehr einer Zelle als einer Kirche glich: nackter Zementboden, keine Fenster, eine flackernde Neonröhre an der Decke. Maurice hatte nur wenig Orientierungsprobleme. Er kniete sofort singend nieder, während ich mich auf eine Holzbank setzte. Meine Aufgabe war die Finanzierung und die bestand zunächst einmal im Kauf von langen, weißen Kerzen. Der Kaugummi-Priester hielt sie in Kreuzform über den Kopf meines Mannes: »Halleluja!«

Während die beiden ihr Lieblingswort tausende Male ekstatisch wiederholten, betraten zahlreiche weiß gekleidete Frauen den Raum, die Haare unter Mützen verborgen. Sie wirkten auf mich wie Köchinnen. Ein weiterer Priester veranlasste mich dazu, immer mehr weiße Kerzen zu erstehen, von denen jedoch keine einzige angezündet wurde. Sie verschwanden und tauchten wieder auf – Recycling im Reich des Gegen-Voodoo. Mir war das alles egal; ich war mit Heulen und Zahlen hinreichend beschäftigt.

Jemand klopfte mir auf die Schulter und flüsterte: »*Courage!*« Das wenigstens verstand ich, der Rest blieb mir ein Rätsel; die Kirchenleute sprachen nämlich Gun. Antoine und

Jacques hatten mich zum Glück nicht allein gelassen. Im Verbund erklärten die beiden mir nun in groben Zügen das Geschehen.

Zum Beispiel die Rolle der zahlreichen Frauen. Die weiß gekleideten Damen verfielen von Zeit zu Zeit in merkwürdige Zuckungen, warfen die Köpfe in den Nacken und verdrehten ihre Augen, als wollten sie sich etwas im Inneren ihres Kopfes ansehen. Sobald eine von ihnen zu sich kam, wandte sie sich an einen der beiden Priester, um ihm etwas mitzuteilen. Der notierte die »Visionen« und las sie dann laut vor. Eine Zeit lang konnte ich das überhaupt nicht ernst nehmen, ja, meine Verzweiflung nahm sogar die Züge einer leisen Hysterie an, die sich in unkontrolliertem Lachen entlud. Die Begleitumstände der »Visionen« erinnerten mich an Orgasmen.

Dann jedoch erregte etwas meine Aufmerksamkeit: Der Priester sprach über die Familie von Maurice, über Onkel Théodore und darüber, dass wir besser nicht mehr in das Haus der Mutter gehen sollten. Dort hänge nämlich ein Bild, welches der Onkel präpariert habe. Dabei schaute der Mann mich eindringlich an.

Nur zögernd übersetzte Antoine seine Worte. »Es ist ein Fluch. Er sollte dich und deinen Mann töten.«

Töten? Maurice *und* mich? Wieso? Weder kannte Onkel Théodore mich noch ich ihn!

Wohl diese Überlegung verhinderte, dass ich in Panik ausbrach, verbunden mit der Erkenntnis, dass ich weder tot noch verrückt geworden war. Ich versuchte klar zu denken. Die Geschichte mit dem Fluch kannte ich hinlänglich, aber woher wussten die Kirchenleute davon? Von Maurice konnten sie nichts anderes erfahren als »Halleluja«. Es mussten also die »Visionen« der verzückten weißen Frauen sein, die tatsächlich solche Erkenntnisse lieferten. Ausgesprochen lebendig erinnerte ich mich daran, wie *maman* eilig das Foto von Maurice und seiner längst abgelegten Potsdamer Freundin von der Wand genommen hatte, nachdem sie mich so intensiv angesehen hatte.

Jetzt machte es bei mir »klick«: Onkel Théodore hatte – vorausgesetzt die »Visionen« trafen zu – seinen Fluch gegen die falsche Frau gerichtet. Der konnte nichts geschehen; sie war weit weg. Nicht auszudenken jedoch, ich wäre die Frau auf dem Bild gewesen. Dieser Gedanke jagte mir dann doch einen eiskalten Schauer des Entsetzens über den Rücken.

Ich begann zu verstehen, dass Voodoo tatsächlich wirkte.

Benommen blätterte ich mehrere Geldscheine in die Hände der Priester, als kaufte ich mich damit von jedem Zweifel an ihrer Tätigkeit frei. Ich lehnte mich schwer atmend gegen die Wand und dachte: Es hat beim letzten Mal funktioniert, also wird es auch diesmal klappen. Die Antwort auf die Magie des Voodoo hieß Glaube an Gott.

»Was ist das eigentlich für eine Kirche, in der wir hier sind?«, fragte ich Antoine.

»*Christianisme Celeste*«, antwortete der hilfreiche Hotelboss und übersetzte das frei mit »Himmlische Kirche«. »Ihre Rituale zerstören den Voodoo«, erklärte Antoine mir weiter, was Jacques ihm sagte.

Von dieser Sekte weiß ich heute, dass sie Ableger in ganz Westafrika hat. Der Koch war ein Mitglied dieser Gemeinde. Er, der Angestellte des deutschen Botschafters. Ob der wusste, wer ihn da beköstigte …?

Inzwischen führten sie Maurice in einen Nebenraum. Ich sprang auf und wollte hinterher, doch Jacques hielt mich zurück.

Antoine beruhigte mich in unerschütterlichem Gottvertrauen. »Es wird alles gut.«

Das hörte sich aber gar nicht so an: Nebenan, getrennt durch eine dünne Wand, hörte ich Maurice jammern. Und ich vernahm Schläge, die wie jene einer Peitsche klangen. Mein Mann stöhnte wie unter Schmerzen.

Was taten die mit ihm? Schlugen sie ihn wirklich?

Meinen verängstigten Blick beantwortete eine der Frauen mit Lachen und einem alles akzeptierenden Kopfnicken. War die Behandlung Besessener hier nichts als Routine?

Plötzlich setzte nebenan lautes Stimmengewirr ein. Ich versuchte, verständliche Worte zu vernehmen, und erkannte lediglich einen festen Rhythmus, nach dem die stets gleichen Silben skandiert wurden. So, als würde jemand oder etwas beschworen. Die Peitsche gab den Takt dazu an und Maurice stöhnte! In meinem Kopf formten sich die entsetzlichsten Phantasien von Horrorfilmen, während ich wie ein Häufchen Unglück auf der harten, schmalen Bank hockte und vor meinen Augen alles in einem Tränensee versank. Ich selbst war machtlos, fühlte mich unendlich leer, und irgendwann hatte ich auch keine Tränen mehr.

»Von allen guten Geistern verlassen« – nun wusste ich, was damit wirklich gemeint war.

Ich kann heute nicht mehr sagen, wie viel Zeit verstrichen war, als es endlich so still wurde, dass ich ein Surren hörte. Erst jetzt bemerkte ich den Ventilator an der Decke. Endlich tat sich die Tür zum Nebenraum wieder auf und mein Mann erschien. Er war nass geschwitzt und sah völlig erschöpft aus.

Maurice ging auf mich zu und sagte: »So, nun ist alles vorbei. Ich bin wieder hier.«

Der erste Satz seit Stunden, der wieder an ihn erinnerte. Wir fielen uns in die Arme und meine Tränen vergoss ich diesmal aus Erleichterung und Glück. Ich stellte keine Fragen und wollte nichts wissen, ich wollte nur noch weg.

Der gut aussehende Priester sagte mir zum Abschied: »Dein Mann liebt dich sehr, sonst hätte er diese Situation nicht überleben können. Deshalb hat er sich auch so an dir festgeklammert. Die Liebe zu dir hat ihn gerettet.« Außerdem legte der Mann uns ans Herz: »Maurice sollte seiner Mutter ein neues Haus bauen. Dann wird ihm auch nichts mehr passieren.«

Dieser Vorschlag kam mir geradezu irrwitzig vor, schließlich hatten wir kaum genug Geld für uns. Doch das war jetzt einerlei, ich wollte mit meinem Mann nur noch weg von diesem Ort. Dankbar drückte ich noch einmal die Hand des nun wieder Kaugummi kauenden Priesters und bestieg mit

Maurice und meiner Anti-Voodoo-Einheit das Auto. Wir lieferten Jacques bei der Botschaft ab, bedankten uns ausgiebig für seine rettende Hilfe und fuhren mit Antoine zurück zum Hotel. Es war weit nach zehn Uhr abends, als wir unser klimatisiertes Zimmer betraten, und ich überließ Maurice den Vortritt in der Dusche. Mein völlig erschöpfter Mann konnte sich danach kaum noch auf den Beinen halten und schlief sofort ein.

Später ließ ich heißes Wasser eine Ewigkeit lang über meinen Körper laufen und war dennoch zu aufgewühlt, um ins Bett gehen zu können. Ich trat hinaus auf den Balkon, hörte das Rauschen des Meeres und schickte ein Stoßgebet an jene Instanz, die sich dort oben hinter dem sternenklaren Himmel verbarg.

Ja, das war knapp gewesen. Im wahrsten Sinne des Wortes verflucht knapp! Wäre ich das auf dem Foto an *mamans* Wand gewesen – die Verwünschungen des Onkels hätten auch mich getroffen. Aus heiterem Himmel.

Der Fluch des Onkels

Die Nächte in Afrika können unglaublich einsam sein. Es gibt dort nicht diese verschwenderische Fülle an Licht, die unsere europäischen Städte in eine nie versiegende, diffuse Helligkeit taucht. Selbst die annähernd eine Million Menschen zählende Stadt Cotonou liegt nachts in alles verschlingender Dunkelheit.

Die winzigen Lämpchen der Hotelterrasse schienen diese Finsternis eher noch zu betonen. Auf mich hatte die Schwärze der Nacht eine bisher ungekannte Wirkung: Sie verstärkte meine Angst. Durfte ich dem gerade überstandenen Exorzismus so weit trauen, dass ich annehmen konnte, Maurice sei nun wirklich gerettet? Nein, dafür wusste ich viel zu wenig. Und das bisschen, das ich mitbekommen hatte, vermochte mich keinesfalls zu beruhigen.

Ich glaubte den Klang von Trommeln zu hören, doch sie schienen weit weg zu sein. Meine Uhr zeigte 30 Minuten vor Mitternacht. Als ich wieder aufblickte, war das Trommeln verstummt. Nur das leise Surren der Klimaanlage war zu hören. Ich ging ins Zimmer und stellte sie ab. Nun vernahm ich Schritte. War da etwa jemand vor unserer Tür? Ein spät heimkehrender Gast ...

Ich wollte mich hinlegen, tat einen Schritt Richtung Bett und erschrak. Etwas hatte sich bewegt. Reglos verharrte ich.

Mein Herz klopfte heftig, und ich spürte, wie die Angst mich in ein immer enger werdendes Korsett einschnürte. In meinen Ohren rauschte es, ich atmete flach. Es war nichts zu hören, nichts zu sehen. Mutig ging ich zurück zum Balkon, ich brauchte frische Luft. Kaum hatte ich ein paar Schritte getan, glaubte ich, etwas habe sich hinter mir bewegt.

Maurice? Nein, er schlief wie ein Stein, lang ausgestreckt. Jetzt erkannte ich meinen Verfolger – meinen eigenen Schatten! Annette, dreh jetzt bloß nicht durch!, ermahnte ich mich, lass dich nicht von den Hexereien durcheinander bringen. Plötzlich musste ich an meine Berliner Freundin Juliane denken und unser makaberes Spiel zu DDR-Zeiten.

Nachdem ich einen Mitarbeiter der Stasi mit den Worten »Kommen Sie mit einem Haftbefehl wieder!« aus der Wohnung geworfen hatte, riet Juliane mir zu einem »Knast-Training«. Dazu lernten wir Gedichte und Gebete auswendig, um vorbereitet zu sein, falls die Staatssicherheit mich verhaftete.

Damals hatte es Gegner gegeben, regelrechte Feinde, die man hassen und verachten, aber auch berühren und sehen konnte. Jetzt, in Benin, an der Wiege des Voodoo, war niemand greifbar. Fast schien es so, als ob der Feind im eigenen Kopf säße. Also gab es kein Entrinnen, nur Ausharren.

Ich kehrte zurück zu Maurice und legte mich neben ihn. Er schlief wie ein Fels. Ob er mich wenigstens unbewusst wahrnahm? Oder war er wieder in diesen Sphären, die mich ängstigten? Sanft legte ich die Hand auf seinen Brustkorb, spürte seinen Herzschlag. Um meiner Angst nicht ausgeliefert zu sein, schmiegte ich mich dichter an ihn. Nichts geschah. Ich begann mich zu entspannen, lauschte auf das Meer und versuchte meinen Atem anzupassen, um Maurice' scheinbare Ruhe empfinden zu können.

Plötzlich schnellte der Oberkörper meines Mannes wie ein Pfeil nach oben. Ich erschrak so sehr, dass ich fast aus dem Bett fiel. Mein erster Gedanke war: Nein, nicht schon wieder!

Aber Maurice sah mich nur an. Und ich ihn. Ich sagte

nichts, stellte mich aber innerlich auf eine Mischung aus Halleluja- und Du-bist-meine-Frau-Gebrabbel ein.

Da atmete Maurice tief durch. »Jetzt bin ich wieder da«, sagte er, »jetzt erst bin ich wieder da«, wiederholte er. Und schob nach: »Wie spät ist es eigentlich?«

Ich knipste das Licht an. Es war genau eine Minute nach Mitternacht.

»Wirklich?«, fragte ich verunsichert. »Ich dachte, du hättest schon alles mitbekommen, was passiert ist, nachdem wir die Kirche verlassen haben.«

»Weil ich alles klarer wahrnehmen konnte als in den Stunden zuvor, glaubte ich auch, ich sei vollständig geheilt, obwohl noch so eine Art Schleier vor meinen Augen war«, erklärte mein Mann.

»Gott sei Dank geht es dir wieder gut!«, stöhnte ich erleichtert. Ich drückte Maurice an mich, küsste ihn und nahm den vertraut angenehmen Geruch seines Körpers wahr.

»Gut, dass du die ganze Zeit bei mir warst«, meinte er und bedeckte mein Gesicht mit Küssen. »Ich war so weit weg und wollte mich immer an dir festhalten, um nicht ganz zu verschwinden. Es war nur noch ein Schritt bis zum Tod, glaub mir, ich war schon in der Dunkelheit.«

Ich erinnerte mich daran, dass er mich zwar nicht hatte sehen können, aber dennoch angesprochen hatte. Mit einem Fuß hatte er im Jenseits gestanden, mit dem anderen in meiner Wirklichkeit. Der Gedanke ließ mich schaudern.

»Hattest du Angst?«, fragte ich.

Er schüttelte den Kopf. »Nein. Aber in dem Moment, als du mir die Ohrfeige gegeben hast, hätte ich dich fast umgebracht.«

»Umgebracht?«, flüsterte ich.

»Irgendetwas hat mich zurückgehalten«, meinte er vage.

Das musste ich jetzt erst einmal verdauen. Ist es wirklich möglich, meinen geliebten Mann so weit zu bringen, dass er mordet?, dachte ich. »Aber du hast es nicht getan. Was hat dich denn davon abgehalten?«, wollte ich nun genau wissen.

»Ich glaube, ich hatte keine Kraft mehr, aber ich weiß es nicht genau. Irgendwie ist alles, woran ich mich erinnere, wie hinter einem Dunstschleier verborgen«, sagte Maurice nachdenklich.

Dass auch mein Tod geplant gewesen war, ging mir nicht mehr aus dem Kopf. Ich berichtete meinem Mann von den »Visionen« der Frauen in der Kirche. »Maurice, der Priester hat mir gesagt, der Fluch ging gegen uns beide! Ich sollte auch sterben.«

»Dann sollte ich dich wohl tatsächlich töten«, murmelte er schockiert. »Aber ich habe es nicht getan. Der Grund dafür kann nur sein, dass ich dich liebe.«

Mein europäisch geschulter Verstand suchte nach einer mir verständlichen Erklärung. »Muss ich mir solch einen Fluch vorstellen wie Hypnose?«, fragte ich. »Es gibt doch die Möglichkeit, einen Menschen durch ein Schlüsselwort zu einer Tat zu veranlassen, zu der sein Unterbewusstsein den Auftrag erhalten hat.«

Die Antwort meines Mannes verriet, dass er damals selbst viel zu wenig wusste. »Es sind magische Worte. Manche, die einen hohen Einweihungsgrad haben, nehmen gewisse Kräuter zu sich, um die Wirkung des Gesagten zu verstärken.« Er holte tief Luft und blickte mich erleichtert an. »Der böse Zauber hat letzten Endes nicht funktioniert. In so einem Fall geht der Fluch auf den Verursacher zurück.«

»Heißt das«, fragte ich mit einem Anflug von Schadenfreude, »dein Onkel läuft jetzt in dem gleichen Zustand herum, aus dem du gerade errettet wurdest?«

So einfach gehe das nicht, klärte mich Maurice auf. Er habe das mehr im übertragenen Sinne gemeint. »Wer etwas Gutes tut, zu dem kommt Gutes zurück. Das Gleiche gilt umgekehrt. Im Kosmos geht nichts verloren – keine gute und keine schlechte Energie.« Alles eine Frage der Zeit, sozusagen.

Der philosophische Aspekt dieser Behauptung interessierte mich jedoch weniger als der praktische. »Warum will dein Onkel uns eigentlich an den Kragen? Das kann doch nicht nur Neid sein, wie du mir mal gesagt hast? Hasst er dich so sehr?«

»Nein, das glaube ich nicht«, meinte Maurice nachdenklich. »Neid spielt sicherlich eine Rolle, aber vor allem wohl die Angst, dass ich ihm vorwerfen könnte, er habe das Vermögen meines Vaters durchgebracht.«

Maurice hatte mir bis dahin wenig von seinem Vater erzählt, der gestorben war, als Maurice 16 Jahre alt war, und er holte es nun nach. Dossa Joseph Bokpê hatte als Schiffsbauer für die Franzosen gearbeitet, gut verdient, ein schönes Haus gebaut und seine insgesamt acht Kinder auf französische Schulen geschickt. Eines Tages geriet er bei der Arbeit auf der Werft in Cotonou unter einen umkippenden Ponton und starb. Die genauen Umstände dieses Unfalls führte Maurice mir nicht aus. Joseph Bokpês Bruder Théodore wurde zum Oberhaupt der vaterlosen Familie bestimmt, doch er verwaltete das Vermögen so schlecht, dass die Witwe mit ihren Söhnen ausziehen musste. Sie fanden Quartier in jenem Haus, in dem ich *maman* zum ersten Mal getroffen hatte.

»Warum hast du dich als Ältester nicht gegen die Machenschaften deines Onkels gewehrt?«, erkundigte ich mich empört.

Eine Frage, die afrikanische Gegebenheiten herzlich wenig berücksichtigte, wie ich der Antwort meines Mannes entnehmen konnte. »Mein Onkel trug die Verantwortung. Dagegen konnte ich nichts tun. Egal, wie er sich verhielt – als ernanntes Familienoberhaupt genoss er unanfechtbare Autorität.«

Statt die Konfrontation zu suchen, zog sich Maurice zurück. Wenig später ging er zum Studium ins Ausland. Der Zwist war wohl derart vergessen, dass mein Mann gegen Ende seines Studiums sogar einen Container an den Onkel in Benin adressierte. Inhalt: Kühlschrank, Fernseher, Stereoanlage und all seine Fachbücher, die sogar in der damaligen DDR sehr teuer gewesen waren.

»Du konntest deinem Onkel doch gar nicht vertrauen!«, warf ich ein.

»Aber ihn auch nicht übergehen.« Maurice hob die Schultern. »Schließlich ist er der Bruder meines Vaters, eine Art Vormund für die Familie, ein Vater-Stellvertreter.« Es kam natürlich, wie es kommen musste. »Von all dem habe ich nie wieder etwas gesehen«, fügte er hinzu.

»Du hast deinen Onkel wahrscheinlich nie zur Rechenschaft gezogen?« Ich kannte doch meinen Mann: Der ging jedem Streit aus dem Weg!

»Für mich war die Sache erledigt«, antwortete Maurice erwartungsgemäß. Aber er fügte hinzu: »Jemand aus meiner Familie hat einmal zu Théodore gesagt: ›Warte nur ab, bis Maurice zurückkommt – und er wird kommen –, dann wird es dir schlecht ergehen.‹ Vielleicht hatte er Angst, dass ich gegen ihn Magie einsetze, und hat deshalb versucht, mich zu vernichten.«

Darin lag eine gewisse Logik: Ein Übeltäter fürchtet sich vor den Waffen, die er selbst benutzt – und bekommt große Angst. In diesem Augenblick beginnt sich die Spirale aus Tat und Vergeltung zu drehen – bei uns ebenso wie in Benin. Nur, dass dort mithilfe von Voodoo alles gleich viel drastischere Ausmaße annimmt.

Wir beide spulten in jener Nacht, nachdem Maurice aus seinem Alptraum erwacht war, noch einmal die Zeit zurück in das Jahr 1987, als er zuletzt in seiner Heimat gewesen war. »Die ganze Familie empfing mich am Flugplatz, alle stürmten auf mich zu, redeten durcheinander. Plötzlich flüsterte mein Onkel mir etwas leise ins Ohr. Am nächsten Tag ging es mir genauso, wie du es heute erlebt hast. Damals bin ich tagelang verwirrt durch die Straßen von Cotonou gezogen.« Maurice blickte mich melancholisch an und fuhr fort: »Man hat mir übrigens erzählt, dass ich dabei immer wieder deinen Namen gerufen hätte. Ich habe dich offensichtlich gesucht.«

Gerührt nahm ich ihn in die Arme, denn solche Bemerkungen treiben mir rasch das Wasser in die Augen. Und ich dachte daran, dass er nach seiner Rückkehr jene Familiengewänder mit sich geführt hatte, in denen wir uns noch im selben Jahr verlobt hatten. So gesehen schien der Voodoo uns zusammengeführt zu haben …

Maurice schloss den Kreis seines Erinnerns. »Jemand brachte mich in die Kirche der *Christianisme Celeste*, wo ich so wie diesmal gerettet wurde. Als es mir wieder besser ging, habe ich bei Großmutter Akouavi gewohnt. Sie hat mich beschützt. Es hatte geheißen, dass ich nicht mehr in das Haus meiner Mutter gehen sollte.« Woran er sich damals auch gehalten hatte.

Nur den Onkel suchte er noch einmal auf. Nicht etwa, um die gesamten in der DDR gehorteten Schätze aus dem Container einzufordern – lediglich seine Sonnenbrille wollte er zurück. Offensichtlich war die Brille ein meinem Mann wertvolles Stück, das er auch während dieses Aufenthalts ständig trug.

»Wenn du damals nicht im Zorn von ihm geschieden bist, warum hat er dich diesmal wieder mit Voodoo angegriffen?«, fragte ich voller Ratlosigkeit.

»Vielleicht glaubt er, er könne noch mehr bekommen, wenn er mich vernichtet«, vermutete Maurice. »Weißt du, alles, was die Leute hier nicht selbst auf die Beine stellen können, hoffen sie durch Voodoo zu erreichen. Mein Onkel glaubt doch, ich sei reich. Schließlich habe ich eine weiße Frau, und die habe ich nur gekriegt, weil ich ihr etwas in die Sauce getan habe.«

Ich zog meinen Voodoo-Mann neckisch an mich. »Ach, so hast du das also gemacht! Erzähl doch mal! Ist ja sehr interessant …« Lachend umarmten wir uns und erfüllten die letzten Stunden der Nacht mit unserer Liebe. Als es langsam hell wurde, schliefen wir endlich ein.

Sicher, ich hätte meinem Mann in jener Nacht gern noch einige Fragen gestellt über seine alptraumhafte Reise in die Zwischenwelt von Leben und Tod. Doch dazu schwieg er. Später erklärte er mir einmal, dass er sich zeitweise von außen zugesehen habe. Also muss da mehr geschehen sein. Sich selbst »zusehen« kann man nur, wenn ein Teil den Körper verlässt. Doch welcher? Ich habe die Antwort bis heute nicht bekommen. Sie ist eines der großen Rätsel des Voodoo, das nur die so genannten Eingeweihten lösen können.

Guter Rat ist teuer

Nach der Heilung meines Mannes in der Kirche verdrängte ich die Gefahr eines neuen Voodoo-Angriffs. Ganz im Gegensatz zu Maurice. Seine verständliche Vorsicht brachte uns um die Möglichkeit, bei seiner Mutter wohnen zu können und auf diese Weise die hohen Hotelkosten zu sparen. Abgesehen davon, dass ich mir einen tieferen Einblick in den afrikanischen Alltag gewünscht hätte. So mussten wir ein Taxi zu *maman* schicken, um sie zu uns zu holen. Während wir uns an Maman Postes köstlichen Speisen in deren Garküche in der Nähe unseres Hotels gütlich taten und auf die Ankunft meiner Schwiegermutter warteten, unterhielten wir uns über ihr Haus.

Maurice hatte den Grundstein dazu selbst gelegt. Schon mit 14 Jahren hatte er durch den Verkauf von Brennholz, das er im Wald gefunden und in der Großstadt zu Geld gemacht hatte, ein stattliches Sümmchen zusammengespart. Davon hatte er dann nicht nur das längst in Vergessenheit geratene Grundstück seiner Familie mit geflochtenen Palmwedeln umzäunt, sondern sogar begonnen, darauf ein Haus zu bauen.

»Als mein Vater das erfuhr, hat er mich verprügelt. Denn ich hatte ihn nicht um Erlaubnis gefragt. Als er sich aber später ansah, was ich da aus eigener Kraft geschaffen hatte, war er sehr stolz auf mich«, berichtete Maurice. Eigentlich hatte er für sich selbst einen Ort der Ruhe schaffen wollen. Als der Vater gestorben und die Familie vom Onkel aus dem angestammten Haus vertrieben worden war, hatte der verfrühte Bau des Ausweichquartiers etwas Visionäres. Maurice schien vorgesorgt zu haben.

Während ich Maman Postes vorzügliches *moyo* mit *eba* aß, wurde mir klar, wie völlig unafrikanisch strebsam mein Mann schon in seiner Jugend gewesen war. Dass so jemand den Neid seines Onkels auf sich zieht, erschien mir irgendwie folgerichtig. Er war schon damals ganz anders als alle anderen ...

Nachdem meine Schwiegermutter eingetroffen war, entbrannte zwischen ihr und Maurice eine heiße Debatte. Ich verstand kein Wort, denn die beiden unterhielten sich auf Fon. Ab und an übersetzte Maurice mir zusammenfassend. Es ging natürlich um den Fluch des Onkels und dessen entsetzliche Auswirkung auf meinen Mann. *Maman* blickte schuldbewusst zu Boden. Anhand ihrer Stimme und der Gestik meinte ich zu erkennen, dass sie sich rechtfertigte. Doch Maurice schien ihr kaum zuzuhören, er redete sich förmlich in Rage.

Ich fand, er ging zu weit. »Warum blaffst du deine Mutter so an?«, unterbrach ich ihn irgendwann, als mir die arme Frau schon Leid tat.

»Ich habe ihr gesagt, dass sie endlich diese ganzen Voodoo-Zeremonien vergessen und dafür nicht das Geld zum Fenster rauswerfen soll. Es wäre besser, wenn sie Mitglied der *Christianisme Celeste* würde«, erläuterte er und wandte sich wieder seiner Mutter zu. Die machte das trotzige Gesicht eines vom Vater gemaßregelten Kindes. Währenddessen wurde die Stimme meines Mannes immer höher und dünner und er benutzte seinen ganzen Körper, um all das, was er zu sagen hatte, gestisch zu untermalen.

Irgendwann schien die ausgeschimpfte Frau Mama nicht mehr zuzuhören. Sie schaute an ihrem ältesten Sohn vorbei, irgendwohin, und in ihrem hageren Gesicht bemerkte ich keine Regung. Gern hätte ich für nur einen Moment ihre Gedanken gelesen. Ihre Hände lagen in ihrem Schoß, sie strahlte eine überlegene Ruhe aus – wie ein schmächtiger Buddha. Neben ihr wirkte der kreischende Maurice mit seiner wilden Gestikuliererei ziemlich hilflos. Diese Frau, dachte ich, lässt sich von niemandem sagen, was sie zu tun hat. Unvermittelt musste ich schmunzeln. Das registrierte meine Schwiegermutter sofort und begann zu lachen.

»Annette, ja, ja«, sagte Micheline und amüsierte sich über ihre deutschen Jas, die sie so bedeutungsvoll langzog. Dabei tätschelte sie mir zustimmend die Hände und legte ihren Kopf auf meine Schulter. Sie hatte also meine Gedanken gelesen.

Maurice schaute uns beide verwundert an. Es war wohl nicht zu übersehen, dass wir Frauen ein kleines Geheimnis teilten. Als meine Schwiegermutter sich etwas später zum Gehen aufmachte, sah sie mich durchdringend an und sagte sehr ernst einige Worte auf Fon.

Noch bevor mein Mann sie mir übersetzen konnte, hatte ich schon den Sinn erfasst: Ich sollte Acht geben auf ihren Sohn.

»Ich mag deine Mutter«, meinte ich zu Maurice.

»Du hast sie doch gar nicht verstanden«, hielt er mir entgegen.

»Und du?«, fragte ich. »Hast du sie denn verstanden?«

Bis Maurice mir darauf eine klare Antwort geben konnte, sollten noch acht lange Jahre vergehen. In diesem Augenblick begriff ich nur, dass Voodoo die Beziehung von Mutter und Sohn schwer belastete. Mehr als das: Der Glaube an die Magie errichtete eine hohe Mauer zwischen den beiden.

Während das Haus meiner Schwiegermutter nach den vorangegangenen Erlebnissen für uns tabu war, galt dies gottlob nicht für das Anwesen von Oma Akouavi. Akouavi Dassi war die Mutter von Micheline. Ein Taxi brachte uns zu meinem Antrittsbesuch in den Stadtteil Zogbo. Ich freute mich darauf, jene starke Frau kennen zu lernen, die meinen Mann vor Onkel Théodores finsterem Treiben beschützt hatte.

Das Anwesen bestand aus zwei Häusern, die aus Zementsteinen gebaut waren. Omas Zuhause machte mit seiner hohen Mauer einen recht wehrhaften Eindruck. Davor befand sich ein Verkaufsstand mit buntem Emaillegeschirr und rötlichen Tongefäßen – der bescheidene Handel war die Quelle von Omas Einkommen. Ich erspähte zwei hübsche kleine Spardosen und dachte, dass die zu den Mitbringseln für unsere Töchter gehören sollten. Während wir das Grundstück betraten, umringten uns zahlreiche Kinder, doch von Oma keine Spur.

»Hier ist die Küche«, sagte Maurice und zeigte auf einen Unterstand in der Hofmitte. Ich sah lediglich einen kleinen, einem Gartengrill nicht unähnlichen Holzkohleofen, einen großen Stein sowie einige Schüsseln und Töpfe.

Maurice ging nun zielstrebig auf eines der beiden Häuser zu und klopfte mehrmals an die Tür. Kurz darauf hörten wir ein schlurfendes Geräusch und dann das Entriegeln des Türschlosses. Eine Frau, etwa einen halben Kopf kleiner als ich und von gemütlicher Leibesfülle, blinzelte schlaftrunken in die helle Sonne. Sie brauchte nur Sekunden, um ihren Enkel Maurice zu erkennen. Als sie uns beide gleichzeitig in die Arme nahm und an sich drückte, fühlte ich mich sofort wohl bei Oma.

Schon beim Treffen mit meiner Schwiegermutter war mir deren Jugendlichkeit aufgefallen. Ebenso erging es mir bei Oma. Die Dassis schienen eine geheime Quelle zu haben, die sie langsamer altern ließ. Oma Akouavi mochte damals an die 80 Jahre alt gewesen sein, doch ich hätte sie auf keinen Tag älter als 60 geschätzt. Sie hatte nicht nur eine wunderbar glatte Haut, auch ihre ganze Körperhaltung war aufrecht und würdevoll. Die Nachfahrin ganz besonderer Leute, wie ich jedoch erst später erfahren sollte. Die Eleganz, mit der mein Mann stets auftritt, rührt zweifelsfrei von der mütterlichen Linie.

Oma Akouavi blickte mich lange an. In ihrem Gesicht lag eine warme Zartheit, mit der sie meinen Charakter zu deuten versuchte. Ihre Augen hatten immer einen etwas fragenden Ausdruck, als ob sie dem äußeren Schein nicht ganz trauen wollte. Sie hob die Hand und streichelte vorsichtig meine Wange.

»*Dêkpê miton*«, sagte sie. Ich fragte in diesem innigen Moment natürlich nicht, was diese Worte bedeuteten. Als Maurice sie mir später übersetzte, fühlte ich mich geschmeichelt. »Das heißt ›unsere Schönheit‹.«

Aus Omas Haus kam noch eine jüngere Frau, eine ihrer Töchter, die uns herzlich mit »*kwabo, kwabo*« willkommen hieß. Nun trat auch noch ein älterer Mann heraus, der Maurice per Handschlag begrüßte und sich leicht verneigte.

»Das ist ein Onkel von mir«, sagte mein Mann, um mir den Fremden vorzustellen. Ich zuckte bei diesem Wort zusammen. »Keine Sorge«, beruhigte er mich, »hier sind nur Verwandte von Mutters Seite.« Nun begriff ich: Ungemach drohte allenfalls von den Bokpês, nicht von den Dassis, den mütterlichen Verwandten.

Es folgte der feierliche Moment meiner Einweihung in Oma Akouavis *sodabi*-Geheimnis. Sie holte etwas aus ihrem Zimmer, das hinter dem »Wohnzimmer« lag: eine schlichte Flasche mit einer mattgelben Flüssigkeit, die sie in ein Gläschen goss.

»Das ist selbst gebrannter Schnaps aus Palmwein«, erklärte Maurice, bevor ich kostete. Ich schüttelte mich, weil mir das Zeug wie Feuer in der Kehle brannte. »Man muss wenigstens zwei davon trinken, sonst schmeckt er nicht«, forderte Maurice mich lachend auf. Ich fand, dass er Recht hatte, und schon hatte Oma mir zum dritten Mal eingeschenkt.

»Jetzt ist es aber genug, sonst falle ich draußen in der Sonne um!«, sagte ich, als die freundliche Frau meine Leber erneut auf die Probe stellen wollte.

Als Gastgeschenk hatten wir ihr ein Album mit Fotos unserer Töchter mitgebracht, das sie überglücklich an ihr

Herz drückte. »Die Kinder will ich aber noch sehen, bevor ich sterbe«, erklärte sie mit großem Ernst und ich hätte es ihr nur zu gern versprochen. Aber meine Sorge um Anna und Ina war nach den Erlebnissen mit Maurice zu groß, um mich zu einer derart spontanen Äußerung hinreißen zu lassen.

Natürlich wusste Oma schon von der Krankheit ihres Enkels und seinem Aufenthalt in der Kirche. Sie sah mich an, sagte lachend etwas und Maurice übersetzte: »Sie meint, wir seien in unserem *djamma* wohl doch besser aufgehoben.« Dieser Satz schien meine Überlegungen in Bezug auf die Mädchen zu bestätigen. In Deutschland waren sie vor Voodoo sicher.

Zum Abschied gab sie mir bemerkenswerterweise den gleichen Ratschlag mit auf den Weg wie ihre Tochter Micheline: »Pass gut auf Maurice auf.« Liebend gern hätte ich geantwortet: »Wenn ich nur wüsste, wie!«

Draußen vor ihrem Grundstück griff Oma Akouavi zielsicher in das Sortiment ihres Verkaufsstandes und reichte mir ausgerechnet die beiden Spardosen, die ich mir insgeheim ausgeguckt hatte.

»Kann sie Gedanken lesen?«, fragte ich verblüfft.

Maurice übersetzte und Oma lachte tiefgründig.

»Ich würde gerne mal etwas länger bei ihr bleiben«, brachte ich vor. Mein Mann teilte Oma diesen Wunsch mit.

Die alte Frau sah mir tief in die Augen. »Wenn du das wünschst, wird sich eine Gelegenheit ergeben, *assi*«, antwortete sie dann.

»Deine Oma ist wirklich eine tolle Frau«, sagte ich im Taxi zu Maurice.

Er gab mir Recht: »Ohne Oma wären alle hilflos. Sie weiß stets, was zu tun ist, und unterstützt jeden in der Familie. Auf Oma kann man sich hundertprozentig verlassen. Deshalb befolgt auch jeder ihre Ratschläge.«

»Sie hat mich *assi* genannt«, fragte ich Maurice, »was bedeutet das?«

Maurice grinste schelmisch: »Es bedeutet Frau von uns.«

Mein Mann ist nicht der Typ, mit dem man Urlaub machen kann. »Soll ich mich etwa die ganze Zeit auf die faule Haut legen? Nein, dafür ist mir meine Zeit zu schade.« Das ist seine feste Überzeugung. So stand auch unser Aufenthalt in Benin, abgesehen von einem Bad im Pool und ein paar abendlichen Spaziergängen, unter dem Vorzeichen Arbeit. Wie er es schon im Wahn dem Vize-Botschafter angekündigt hatte, wollte er tatsächlich Geschäftsverbindungen aufbauen, von denen wir in Deutschland profitieren konnten.

Als wir mal wieder auf der Restaurantterrasse des *Hôtel de la Plage* saßen, stellte ich fest, dass Maurice diese Unterkunft mit Bedacht gewählt hatte. Die gesamte Geschäftswelt von Cotonou traf sich hier. Offen schoben arabischstämmige und vor allem nigerianische Geschäftsmänner dicke Geldbündel über die Tische, unterschrieben Dokumente, tauschten Adressen. Die Leute verabredeten sich hier, um dann geheimnisvoll tuschelnd aufzubrechen. Wir selbst warteten schon seit über einer Stunde auf den Mitarbeiter eines Ministeriums.

Da steuerte ein junger Afrikaner geradewegs auf unseren Tisch zu und ich dachte schon, er sei unsere Verabredung. Als er aber fragte, ob wir das Ehepaar Bokpê seien, wusste ich: Das war nicht unser Mann.

»Ich habe einen Anruf von der deutschen Botschaft bekommen«, begründete er seinen Besuch. »Man hat mir gesagt, Sie hätten ein Problem, und mich gebeten, Sie aufzusuchen.«

Da war ich ja nun platt. Offenbar hatte Herr Pospiech sich doch Gedanken um uns gemacht! Unser Besucher stellte sich als Journalist vor, der fürs deutsche Fernsehen einen Film gedreht hatte. Daher stammte also sein guter Kontakt zur deutschen Botschaft.

Er wendete sich meinem Mann zu. »Der Vize-Botschafter erzählte mir, Sie seien krank und Ihre Frau habe als Ursache Zauberei genannt.« Maurice berichtete in wenigen Sätzen. »Seien Sie vorsichtig«, mahnte unser Besucher, »reden Sie nicht so viel über Voodoo.«

»In Deutschland preisen wir Benin touristisch als die Wiege des Voodoo an. Es gibt nur ein einziges Plakat und darauf steht genau das«, entgegnete ich. »Ist Voodoo denn hier ein Tabu-Thema?«

»Deutschland ist weit!« Der sympathische Mann lächelte wissend.

Ich fing den Ball auf, den er mir damit zuspielte. »Sie haben einen Film für Deutschland über Benin gedreht? Lassen Sie mich raten: Das Thema hieß Voodoo?«

Der Journalist blickte mich verschmitzt an. »Mein Film handelt von Masken, deren Geschichte und Funktionen und damit natürlich auch von Voodoo, denn Masken werden nur für magische Zeremonien gebraucht. Doch das würde ich hier so nie sagen. Niemand bekennt sich offiziell zum Voodoo, aber jeder besucht vor wichtigen Ereignissen einen *bokonon*, einen Orakelpriester. Die meisten Menschen tragen ihre Amulette oder Talismane so am Körper, dass man sie nicht sieht. Auch die Leute, die sich europäisch geben und Hemd und Krawatte tragen, verbergen unter ihrer Kleidung etwas.«

Ich erinnerte mich daran, dass Maurice sich über seine Landsleute, die in Gotha mit ihm studiert hatten, oft lustig gemacht hatte wegen ihrer speziellen Gürtel und Säckchen, die sie unter ihrer Kleidung trugen. »Ich habe kein *gris-gris* und bin trotzdem der beste Student. Fleiß und Disziplin sind besser als Magie«, hatte er vor seiner letzten Prüfung in Gotha gemeint.

»Was hätten Sie uns geraten, wenn mein Mann noch immer in dem Zustand wäre wie vor zwei Tagen?«, fragte ich nun den Journalisten interessiert.

»Er ist zum Glück nicht mehr in dem Zustand, also müssen wir uns keine Gedanken darüber machen. Sie haben ja einen Weg gefunden.« Er sah uns beide eindringlich an. »Wenn Sie nicht unbedingt in Benin bleiben müssen, sollten Sie vielleicht besser abreisen.«

In Maurice' Gesicht, der sich das alles schweigend angehört hatte, machte sich Ablehnung breit. Er wollte sich seine Geschäftspläne nicht von Voodoo zerstören lassen. Ich versuchte zu vermitteln. »Wir werden uns vorsehen«, meinte ich zu unserem Gast.

Doch der begründete daraufhin nur seinen gut gemeinten Rat. »Benin ist völlig ausgeblutet, absolut pleite. Alle, die im Staatsdienst stehen, werden seit Monaten nicht mehr bezahlt. Die staatlichen Schulen sind geschlossen, weil die Lehrer streiken. Die Polizisten holen sich ihr Geld, indem sie Straßensperren aufstellen. Die Menschen sind unzufrieden und zeigen es auch. Das ist neu. Streiks gab es bei uns bisher nicht.«

Jetzt verstand ich die Zusammenhänge leichter. Vor diesem Hintergrund trieben Neid und Missgunst wie Pflanzen im tropischen Klima reichlich Blüten. Nachdem der freundliche Mann sich verabschiedet hatte und unsere tatsächliche Verabredung nicht auftauchte, diskutierte ich mit Maurice unser weiteres Vorgehen. Wie erwartet sah er keinen Grund zur verfrühten Rückreise.

»Lass uns lieber meine Cousine Odette besuchen. Du wirst sie mögen, sie ist in unserem Alter«, schlug er vor.

Wir entschlossen uns, eines der gelben Sammeltaxis zu benutzen, die zwar wesentlich preiswerter, aber stets überfüllt sind. Schon beim zweiten Stopp stieg eine Frau mit einem Baby auf dem Rücken und einem Korb auf dem Kopf zu. Letzteren deponierte sie mit einem um Verständnis bittenden Lächeln und ohne viele Umstände auf meinem Schoß, denn das Baby musste an die Brust. Es war drückend heiß in dem Gefährt.

Der schwere Korb schnitt mir schmerzhaft in die Oberschenkel, und ich bewunderte meine Sitznachbarin, dass sie mit solch einem Monster derart majestätisch einherschreiten konnte. Mein Kopf wäre nach fünf Minuten flach wie eine Briefmarke gewesen, während sie obendrein einen Säugling mit sich herumschleppte. Von der Robustheit einer Afrikanerin, überlegte ich, können wir deutschen Frauen uns wirklich eine Scheibe abschneiden. Tapfer versuchte ich, die Last auf meinen Beinen zu ignorieren, und dachte an meine Schwiegermutter, die trotz eines solchen Lebens wirkte, als wäre sie einem Jungbrunnen entstiegen.

Maurice, eingezwängt zwischen schwatzenden Landsleuten, machte unterdessen ein langes Gesicht. Er hasst zu viel Nähe. Ich grinste meinen Gemahl an, den frisch gebackenen Berliner Taxifahrer. »Du sehnst dich doch nicht etwa nach der deutschen Fahrgastverordnung?«, flachste ich. Sein unafrikanisches Verhalten war auch Gesprächsthema der übrigen Passagiere. Maurice gestand, dass sie ihn für einen Ausländer hielten, zwar keinen Deutschen, aber einen Besucher von der Elfenbeinküste. Mir verdeutlichten solche nebensächlichen Begebenheiten immer wieder, dass mein Mann zu jener Zeit in seiner Heimat nicht wirklich zu Hause war. Ob er deshalb so angreifbar war für Voodoo-Attacken?

Die Antwort darauf erhoffte ich von seiner Cousine zu bekommen. »Odette ist wie eine Schwester für mich«, hatte er mir gesagt.

In ihrer Gegenwart spürte ich in der Tat schon in den ersten Minuten Schutz und Sicherheit. Die warmen, braunen Augen dieser Frau schienen mich zu umarmen. Noch etwas war für mich sehr angenehm: Odette sprach Englisch, für mich eine enorme Erleichterung. Endlich konnte ich ohne die Übersetzung meines Mannes zum Ausdruck bringen, was mich bewegte. Es war, als ob mir jemand einen Stöpsel aus dem Mund gezogen hätte. Ich redete munter drauflos und fand in Odette eine verwandte Seele.

»Ihr hört euch an wie zwei Marktweiber«, meinte Maurice. Es störte ihn wohl ein wenig, dass er plötzlich eine Nebenrolle spielte. Er verzog sich zu Odettes Kindern, die an einem Tisch unter einem strohbedeckten Dach saßen, das auf vier Holzlatten ruhte. Ebenso wie auf Omas Grundstück gab es hier zwei über Eck stehende kleine, mit Wellblech gedeckte Häuser.

Meine Schwiegermutter hatte Odette schon über die Ereignisse um Maurice ins Bild gesetzt. »Ihr dürft einfach nicht in das Haus meiner Tante«, sagte sie, »Maurice hat keinen Schutz, er ist leicht angreifbar.«

Meine Frage an sie lag nahe: »Wie kann man sich denn gegen Voodoo schützen?«

Odette beugte sich vor, senkte die Stimme und gab ihre verblüffende Antwort: »Na, mit Voodoo!« Sie vergewisserte sich, dass Maurice sich noch mit den Kindern unterhielt, und bat mich unauffällig ins Haus. Ich erinnerte mich an die Mahnung des Journalisten, die ich nun noch besser verstand. Niemals offen über Magie reden!

»Mein eigener Vater hat ein *gris-gris* vor meiner Tür vergraben«, begann Odette mir leise zu erzählen, »aber er kann mir damit nicht schaden. Ich habe dagegen einen Schutz und bin nicht angreifbar.«

»Moment mal«, warf ich ein, »dann setzt dein eigener Vater schwarze Magie gegen dich ein? Gegen die eigene Tochter? Warum denn das?«

»Mein Großvater hat mir dieses Grundstück vererbt. Mein Vater war neidisch und hat versucht, mich mit dem *gris-gris* zu beeinflussen, damit ich ihm Haus und Grund überschreibe.«

»Das ist ihm aber nicht gelungen?«, hakte ich nach. Odette bestätigte es. Für mich war natürlich Maurice' Schicksal am interessantesten, also fragte ich: »Kann man denn mit diesem *gris-gris* Menschen auch dazu bringen, etwas anderes zu tun, als sie eigentlich wollen?«

»Aber ja, weißt du das denn nicht?«, erwiderte sie und bestätigte meine Vermutung, dass der Fluch des Onkels unter Umständen wie Hypnose wirkte. »Maurice will mit all dem nichts zu tun haben«, flüsterte Odette, »deshalb hat er sich auch keinen Schutz geholt.«

»Wo bekommt man den denn her?«, fragte ich alarmiert.

»Von einem guten *bokonon*. Der findet durch ein Orakel heraus, wer dir schaden will, und dann bestimmt er das Gegenmittel, das dich beschützt. Das kostet allerdings sehr viel Geld.«

»Und es wirkt?«

»Aber ja! Auch gegen solche *gris-gris*, die dich beeinflussen oder gar vernichten sollen«, erklärte Odette ganz sachlich.

»Dann müsste Maurice doch nur zu einem *bokonon* gehen!«, rief ich aus.

Die Cousine meines Mannes ermahnte mich sofort, leise zu sprechen, damit er unsere Unterhaltung nicht hören konnte. »Er geht aber zu keinem. Und niemand von uns traut sich, mit ihm offen darüber zu reden. Er will ja nicht einmal, dass seine Mutter ihre normalen Zeremonien macht.«

»Im Gegenteil«, ergänzte ich, »in meinem Beisein hat er sie sogar aufgefordert, Mitglied dieser christlichen Sekte zu werden.«

Odette lächelte mich schelmisch an: »Das kann sie ja auch. Je mehr Schutz, umso besser.«

Damit Maurice keinen Verdacht schöpfte, beschlossen wir, uns zu ihm zu gesellen. Jetzt geschah mit Odette eine bemerkenswerte Verwandlung. Hatte sie sich vorher mir gegenüber zwar leise, aber doch offen zum Voodoo bekannt, so pflichtete sie meinem Mann nun bei, dass seine Mutter sich von ihren »traditionellen Zeremonien«, wie sie es umschrieb, abwenden solle!

Odette nickte immer brav und sagte nach jedem seiner Sätze »Genau«, »Du hast Recht« oder »Das stimmt«. Dabei wich sie meinen verwunderten Blicken jedes Mal aus. Als wir gingen, drückte Maurice Odette Geld in die Hand.

War sie seiner Meinung, weil sie befürchtete, er würde ihr nichts mehr geben, wenn sie ihm widersprach? Warum hatte sie sich dann mir gegenüber geöffnet? Ich hatte zunächst vor, mir diesen Widerspruch von Maurice erklären zu lassen, doch dann ließ ich es. Es erschien mir klüger, meine neue Vertraute nicht zu verraten. Vielleicht bot sich ja bald noch einmal die Gelegenheit zu einem intensiveren Gespräch.

Beim Abschied erzählte ich Odette, dass wir planten, nach Ouidah zu fahren, um Maurice' Freund Robert zu besuchen. Zunächst sagte die Cousine nichts, doch in einem stillen Moment nahm sie mich noch einmal zur Seite: »Ouidah ist nicht ungefährlich für Maurice! Rede ihm das lieber aus.«

Diese Warnung gab ich allerdings an meinen Mann weiter. »Wir machen einen großen Bogen um das Haus von Onkel Théodore«, meinte er daraufhin nur.

»Was? Der lebt in Ouidah?«, entfuhr es mir panisch.

»Meine ganze Familie stammt von dort«, meinte er gelassen.

Das Nest der Finsternis

Wer sich mit Voodoo auskennt, für den hat Ouidah die gleiche Bedeutung wie Mekka für Muslime. Zum 10. Januar füllt sich die Stadt am Atlantischen Ozean mit zigtausenden von Menschen, die dort seit 1993 alljährlich das große Voodoo-Festival feiern.

Wir erreichten diese Stadt, die nur 40 Kilometer westlich von Cotonou liegt, erst nach Stunden. Unzählige Straßensperren mit geldgierigen, bis an die Zähne bewaffneten Polizisten ließen sich wie angekündigt nur mit viel Trinkgeld überwinden. Damals erschien mir die Hauptstadt des Voodoo alles andere als mystisch, sondern eher wie eine Baustelle, auf der alle Arbeiter gleichzeitig in Streik getreten waren. Überall sah ich unfertige Häuser.

»Ist den Leuten das Geld ausgegangen?«, fragte ich mit meiner damaligen Unwissenheit.

»Ouidah ist das finsterste Nest des Voodoo«, antwortete Maurice, »um hier zu leben, muss man wirklich stark sein.«

Mir fiel Odettes neidischer Vater ein, der einen bösen Zauber vor ihrem Haus vergraben hatte. Jetzt sah ich die zahllosen Bauruinen mit anderen Augen. »Also hat jemand die Bauherren verflucht?«, mutmaßte ich.

»Der Neid macht dieses Land kaputt«, stellte Maurice verbittert fest.

»Dann funktioniert Voodoo also doch!«, antwortete ich, um meinen Mann darauf hinzuweisen, dass es Unsinn war, dessen Existenz weiterhin zu leugnen.

»Die Leute glauben eben daran. Das ist das Problem.« Damit steckte er mal wieder in der eigenen Sackgasse fest. Er sah zwar die zerstörerischen Auswirkungen der schwarzen Magie, aber das betraf ja nur andere ...

Dass mein Mann sich überhaupt traute, hierher zu fahren, erschien mir wie eine Mutprobe. »Hast du denn keine Angst vor diesem Ort?«, fragte ich.

»Nein, mir passiert nichts mehr, da bin ich ganz sicher«, erwiderte Maurice lächelnd und deutete auf einen hohen Baum, der ein Grundstück überragte. »Dort wohnt Onkel Théodore.« Dann beugte er sich zum Fahrer. »Nun geben Sie schon Gas!«

Unser Ziel war das Hotel *Gbena*, dessen Eigentümer uns schon einige Male in Berlin besucht hatte. Robert war Zollchef von Cotonou gewesen und hatte mit einigem Geschick viele Millionen CFA-Francs ansparen können, die er in dieses Kleinod investiert hatte. Er war ein untersetzter Mann mit leicht ergrautem Haar und großer Brille und er hatte leider die Unsitte, sehr schnell zu reden, was das Gespräch mit ihm anstrengend machte.

Während eines großzügigen Essens sprachen wir über den Fluch von Onkel Théodore, den unser Gastgeber selbstverständlich kannte. »Mir ist nur unbegreiflich, wie dieser arme Schlucker sich überhaupt einen *bokonon* leisten konnte«, bemerkte Robert spöttisch.

»Arm?«, fragte ich, »der muss doch das Geld von Maurice' Familie haben.«

»Ein Mann wie Théodore Bokpê gibt Geld ebenso rasch wieder aus, wie er es eingenommen hat«, erklärte der in Finanzangelegenheiten wohl durchaus erfahrene ehemalige Zollchef.

All der Stress, damit am Ende nur Streit bleibt, dachte ich resigniert.

Robert zeigte uns seine Stadt und begann mit der prachtvollen katholischen Kirche, der ältesten von Westafrika. Bezeichnenderweise hatten die Missionare ihren Feldzug einst in der Höhle des Voodoo begonnen. »Wie stehen die obersten Kirchenfürsten heute zum Voodoo?«, fragte ich.

Robert konnte ein Lächeln nicht unterdrücken. »Einer der Kardinäle des Vatikan stammt aus Ouidah.«

»Und wenn er heimkehrt, befragt er dann den *bokonon*?«, meinte ich vorlaut.

Doch Robert blieb gelassen. »Wir sichern uns eben von allen Seiten ab«, lautete seine diplomatische Antwort.

Gleich gegenüber befand sich ein schlichtes, damals etwas heruntergekommenes Gebäude mit aufgemalten Schlangen: der *dan*-Tempel der Heiligen Python. Dangbé ist im Kosmos des Voodoo eine der höchsten Gottheiten, sozusagen die rechte Hand des Schöpfers von Himmel und Erde. Ebenso wie der Regenbogen verkörpert die Python seine Kraft, welche die Erde zusammenhält.

Robert führte uns in den karg ausgestatteten Hof, der jener Heiligen Python gehört. Während der Wächter uns freundlich begrüßte, bemerkte ich die zahlreichen Artgenossen des verehrten Kriechtiers. Schlangentechnisch gesehen bin ich zwar völlig unbefleckt und entsprechend vorsichtig, aber nicht ängstlich.

»Die meisten sind harmlos«, kommentierte Robert meinen besorgten Blick.

»Und die anderen?«

Robert lachte. »Die werden alle regelmäßig gefüttert. Sie sind ja heilig, also muss ihnen von Zeit zu Zeit ein Opfer gebracht werden.«

Ich hoffte, dass dazu keine weißen Voodoo-Lehrlinge gehörten, aber die Zeit der Menschenopfer lag in Benin schließlich Jahrhunderte zurück. Finsteres Nest des Voodoo, hatte mein Mann gesagt, Schlangengrube wäre auch nicht verkehrt gewesen ...

Die Tür zum Allerheiligsten stand offen. Ich vermutete dahinter ein gut gesichertes Terrarium, weit gefehlt! Über den sandigen Boden, auf dem als Zeitvertreib für die massenweise vorhandenen Reptilien lediglich einige Backsteine herumlagen, kroch eine dicke Schlange langsam in meine Richtung – *dan* höchstpersönlich. Zur Salzsäule erstarrt blieb ich stehen. »Robert, bist du sicher, dass die satt ist?«

Ohne Vorwarnung nahm unser Freund eines der kleineren Kriechtiere lässig in die Hand. Er bot mir doch allen Ernstes an, sie mir um den Hals zu legen. So viel Verbrüderung mit züngelnder Göttlichkeit ging mir dann doch zu weit! Robert drapierte sich das Tier um die eigenen Schultern und erlaubte mir, ein Foto zu machen. Ich wollte Maurice bitten, mich neben seinem Freund zu fotografieren, damit ich meinen Wagemut dokumentieren konnte, doch als ich mich herumdrehte, um ihm die Kamera in die Hand zu drücken, war er verschwunden.

Einfach so gehen lassen wollte der Tempelwächter mich nicht. Eine kleine Spardose stand bereit und so entrichtete ich meinen Obolus.

»Dies ist ein Opfer, das du dem Voodoo Dangbé bringst«, erklärte Robert.

»Gern geschehen«, meinte ich trocken. »Und was tut diese Gottheit im Gegenzug für mich?«

»Sie erfüllt dir deinen Wunsch nach Reichtum, Wohlergehen und Gesundheit«, antwortete der Hoteleigentümer.

Ich konnte mir nicht verkneifen zu sagen: »Hier, wo alle so neidisch sind, hat er dann aber viel zu tun.«

Ein wissendes Lächeln umspielte die Lippen unseres Freundes. »Deswegen ist der *dan*-Tempel auch so bedeutend.« Er blickte mich ironisch an. »Wünschst du dir denn keinen Reichtum, Annette?«

»Na, und ob!«, rief ich.

»Wenn Dangbé dir deinen Wunsch erfüllt hat, musst du zurückkommen und ihm ein Dankesopfer bringen«, führte der Beniner aus.

Warten wir's ab, dachte ich und machte mich eilig auf die Suche nach meinem verschwundenen Gemahl. Den entdeckten wir auf der Rückbank unseres Mietwagens, dessen Motor bereits lief.

»Wir fahren noch kurz durch die Stadt und dann verschwinden wir von hier«, verkündete Maurice schmallippig. Ich glaubte, seine Angst förmlich spüren zu können, und wollte mich zu ihm setzen. Plötzlich erregte eine seltsame Bewegung meine Aufmerksamkeit. Ein buntes, mit Pailletten besticktes, mannshohes Etwas schoss hinter einer Hausecke hervor – direkt auf uns zu. Ihm folgte mit relativ großem Abstand eine kreischende Menge.

Ich reagierte mit der unbefangenen Neugier einer Touristin. Das Ding sah wirklich phantastisch aus, eine Mischung aus Fabelwesen und Mensch. Ein solcher steckte unzweideutig unter diesem wirklich schönen Kostüm, an dem man allerdings weder Kopf noch einzelne Gliedmaßen erkennen konnte. Er gebärdete sich mal wie wild, dann besänftigte ihn der Klang einer Trommel und seine Bewegungen wirkten behäbig. Seine erneuten, fast schon wütenden Ausfälle zügelten zwei Männer mit Stöcken.

Ich zückte meinen Fotoapparat und wollte gerade einige Schritte in Richtung des seltsamen Wesens machen, um auch ja den richtigen Winkel zu erwischen, als Maurice mich zurückriss.

»Bist du verrückt!«, schimpfte er und seine Worte überschlugen sich förmlich. »Das ist ein Egungun, wenn du den berührst, stirbst du!« Ich war so verdattert, dass ich gar nichts mehr sagen konnte. Auch Robert, der neben dem Fahrer saß, schaute Maurice befremdet an. »Weg hier«, befahl mein Mann dem Chauffeur, der das Auto völlig verschreckt wendete und mit uns davonstob.

Die erneute Panik, mit der Maurice auf den Maskentänzer reagierte, der den Gott der Ahnen verkörperte, bewies mir wieder einmal, dass er doch erheblich mehr über die Voodoo-Riten wusste, als er mir gegenüber eingestehen wollte.

Robert schlug vor, den Tag mit einem Bummel über den farbenprächtigen Markt ausklingen zu lassen. »Sicher wollt ihr euren Kindern etwas aus Benin mitbringen.«

»Aber der Wagen bleibt in der Nähe«, forderte Maurice,

als wir ausstiegen. Der Maskenmann hatte ihm die allgegenwärtige Bedrohung offenkundig gemacht.

An den Ständen der Händler lagen frische, leuchtend rote kleine Paprikaschoten neben sattgrünen Okra und intensiv orangefarbenen Karotten. Dunkelgrüne Blätter, die denen von Spinat ähnelten, hoben sich vom sonnigen Gelb der Zitronen ab. Riesige Ananasfrüchte, die einen süßen Duft verströmten, waren aufeinander gestapelt. Zwischen der dunklen Haut der Menschen und dem rötlichen Boden leuchteten die Farben mit intensiver Kraft. Wir gingen weiter, vorbei an getrockneten Fischen, Gewürzen, Stoffen.

Plötzlich fing ich einen Geruch auf, der an Verwesung erinnerte und mir auf der Stelle den Magen umdrehte. Noch bevor ich sah, was mich beunruhigte, spürte ich, dass Maurice nervös wurde. Da starrte uns auch schon ein Affenschädel aus hohlen Augen an.

»Das ist der Fetischverkäufer«, stellte uns Robert einen alten Mann vor, der hinter einem Tisch voller übel riechender Utensilien stand – Zähne, Knochen und zu kleinen Bündeln verschnürte, getrocknete Blätter.

»Jetzt langt's!«, protestierte mein Mann und ergriff meine Hand.

Eingedenk der Tatsache, dass unsere Töchter einfach noch zu jung waren, um an afrikanischen Fetischen Spaß zu haben, schlug ich vor, die Souvenirs besser in Cotonou zu kaufen. Wir brachten Robert zu seinem Hotel zurück und lehnten sein Angebot, in seinem gepflegten Quartier eine Nacht zu verbringen, unter einem Vorwand ab.

»In dieser Stadt könnte ich kein Augen zutun«, meinte Maurice.

Das konnte ich ja nicht einmal in Cotonou, vor allem nicht nach diesem Besuch.

Die Geister kommen nicht übers Meer

Odette besuchte uns eines Mittags in unserem Hotel und wir führten sie zum Essen aus. Wir wollten sie mit Maman Poste und deren lukullischen Genüssen aus der Garküche bekannt machen. Odette begrüßte die Meisterköchin mit einem tiefen Knicks, was mich sehr verwunderte, und sprach einen Moment mit ihr. Nach dem Essen unterhielten die beiden sich ungewöhnlich leise. An ihren Blicken konnte ich sehen, dass es um uns ging. Maman Poste schüttelte immer wieder den Kopf, dann redete sie weiter und Odette machte mir den Eindruck, als hätte sie einen Auftrag für die Köchin auszuführen. Das Gespräch hatte etwas Geheimnisvolles, doch als ich sie später darauf anredete, wich Odette meinen Fragen aus.

Maurice hoffte, an diesem Tag endlich sein entscheidendes Gespräch mit der Tourismusdirektion führen zu können, das uns einen Auftrag in Deutschland einbringen sollte. Deshalb schlug Odette spontan vor, dass wir beide Oma Akouavi besuchen sollten. Ich war begeistert. Diese beiden Frauen würden mir gewiss helfen, einige meiner Wissenslücken zu stopfen, vor allem wäre Maurice dann nicht immer dazwischen. Ich befürchtete nämlich allmählich, dass er meine Fragen nach dem Geheimnis der Magie nicht so ganz korrekt übersetzte …

Oma hatte uns offensichtlich erwartet. Auf ihrem Tisch

standen exakt drei Emailleteller und eine Schüssel Salat bereit. Sie schenkte zur Begrüßung *sodabi* ein und trank mit uns auf die Ahnen.

»Woher wusste Oma, dass wir kommen?«, fragte ich Odette, die sich bereits amüsierte, während sie meine Frage übersetzte.

Auch Oma lachte und sagte: »Ich weiß mehr, als du glaubst.«

Wir drei – Oma, die schwesterliche Cousine und ich, die Ehefrau – hatten nur ein Thema: Maurice.

»Er ist die große Hoffnung der gesamten Familie«, meinte Akouavi voller Stolz. Er ist ja auch der Einzige, der in Europa Fuß gefasst hat, dachte ich und kam gar nicht auf die Idee, dass dieser Satz eine wesentlich größere Bedeutung haben könnte, die sich mir erst Jahre später erschloss. Allerdings war Maurice auch für unsere Töchter und mich der wichtigste Mensch, um den ich mich sorgte. Seit der Warnung des Journalisten plagten mich jede Nacht Alpträume, wenn ich denn überhaupt einschlief! Das erzählte ich den beiden Damen – und sie schwiegen. »Was soll ich denn nur machen?«, fragte ich.

Oma lächelte düster. »Du bist schon Schutz genug«, sagte sie, »du musst Geduld haben. Du kennst unsere Traditionen nicht. Und dein Mann will sie nicht mehr. Er denkt jetzt schon wie ein Europäer.«

»Ist das denn so falsch?«, fragte ich.

»Deine Kultur ist nicht seine«, erwiderte Oma. »Es gibt Dinge, die kann man nicht einfach abstreifen. Er wird in Europa nie eine weiße Haut bekommen.«

Ich glaube auch bis heute nicht, dass er die jemals haben wollte. Zumindest an Disziplin und Arbeitseifer kann er es wirklich mit jedem Preußen aufnehmen. Nie zuvor habe ich einen Menschen kennen gelernt, der mit solcher Verbissenheit seine Ziele verfolgt. Aber kann das nicht auch eine Frage des Charakters sein? Mir hätte es damals in Benin schon gereicht, wenn er ein wenig afrikanischer gewesen wäre, um nicht überall anzuecken.

»Habt ihr nicht irgendeinen Vorschlag, wie wir verhindern können, dass Maurice noch einmal durchdreht?«, fragte ich nun konkret und erhoffte eine genauso direkte Antwort. Stattdessen blickten zwei Augenpaare an mir vorbei ins Nirgendwo. Ich dachte an mein letztes Gespräch mit Odette. Sie hatte von der Möglichkeit gesprochen, sich einen Schutz geben zu lassen. Sollte ich noch einmal danach fragen? Doch die beiden hatten mit einem Mal so etwas Unnahbares; ich verkrampfte und brach in Schweiß aus. Irgendetwas Geheimnisvolles lastete auf Maurice. Warum sonst bekam ich auf keine meiner Fragen eine konkrete Antwort?

Oma blickte mir nun tief in die Augen, prüfend, aber auch voller Wärme. Endlich sagte sie etwas, doch Odette übersetzte es nicht. Ich forderte sie auch nicht dazu auf, dabei hatte sie bisher jedes Wort der alten Frau ins Englische übertragen. Noch immer ruhten Omas Augen auf mir, es war mir jedoch nicht unangenehm. Im Gegenteil, ich fühlte mich wohlig aufgehoben in der Tiefe dieses Blickes.

Wieder begann sie zu sprechen und endlich übersetzte Odette: »Mit dir wird er seiner Bestimmung folgen. Er steht vor einer großen Aufgabe.«

Ich hätte gern gewusst, welche das denn sei, spürte aber, dass jede Frage zwecklos war und dass Odette mir ohnehin nur das sagen würde, was ich hören durfte.

»Dein Mann hat vieles vergessen«, übersetzte meine Freundin die nächsten, langsam gesprochenen Worte der Großmutter, »aber er wird sich besinnen. Er flüchtet und weiß nicht, in welche Richtung. Sein Straucheln macht ihn angreifbar.« Oma hatte nicht direkt zu mir gesprochen, sondern ihren Blick auf einen imaginären Punkt in weiter Ferne gerichtet, als würde sie von dort ihre Weisheit holen. Als hätte sie ein unsichtbares Orakel befragt, verkündete sie dann: »Egal, wo er ist, er wird seiner Bestimmung nicht entkommen.«

Welcher denn?, fragte ich mich, wagte aber nicht, diesen Gedanken auszusprechen. Dieser Moment hatte etwas so Seltsames, dass ich mich kaum zu atmen traute.

Oma Akouavi sah mich wieder mit diesem intensiven Ausdruck in den Augen an, der mich schier einsog, und fuhr fort: »Er muss seine Aufgabe selbst erkennen. Bis dahin habe Geduld. Du bist stark, dein Blick ist klar. Aus dir schöpft er Kraft.« Ich fühlte mich jedoch alles andere als stark, sondern eher hilflos.

Bedeuteten Omas nebulöse Äußerungen, ich sollte mich besser damit abfinden, dass Maurice immer wieder Opfer von Magie und Hexerei sein würde? Deprimiert ließ ich die Schultern hängen. Offensichtlich konnte oder wollte sie mir keine Gebrauchsanweisung geben, frei nach dem Motto: Wie verhalte ich mich, wenn die Geister angreifen?

»Du wirst alles verstehen«, versuchte Oma Akouavi mich zu trösten.

»Da bin ich mir nicht so sicher«, entgegnete ich matt.

Endlich rang die alte Frau sich zu einem Ratschlag durch: »Geht wieder in euer *djamma*. Dort müsst ihr keine Angst haben. Die Geister kommen nicht übers Meer.«

Das lief im Grunde auf dasselbe hinaus, was der Journalist uns empfohlen hatte – abzureisen, Flucht vor dem Voodoo ... Und das wäre das Ende unserer Pläne gewesen, mit dem Heimatland meines Mannes Geschäfte zu machen. Noch während Oma sich erhob, um aus ihrem Hinterzimmer eine Flasche *sodabi* zu holen, war mir klar, dass ich mit dieser Erkenntnis bei Maurice keinen Blumentopf gewinnen konnte.

Die alte Frau drückte mir freundlich lächelnd eine Flasche Palmweinschnaps in die Hand: »Für dich in deinem kalten Deutschland. Trinke auf Oma.«

Dort werde ich den Alkohol wohl nicht mehr brauchen, dachte ich und gab Oma insgeheim Recht. Zu Hause war mein Mann in der Tat vor den Geistern des Voodoo sicher. Die beiden Frauen diskutierten inzwischen wieder erregt auf Fon miteinander. Obwohl sie mich in ihre Diskussion nicht mit einbezogen, fühlte ich mich ein bisschen in diese eingeschworene Beziehung aufgenommen. Instinktiv hatte ich Vertrauen in die Kraft dieses Bandes, das sich allmählich auch um mich legte. Ich begann, dazuzugehören.

Nach diesem Besuch, der auf den ersten Blick völlig ergebnislos ausgegangen war, lag die Lösung für die Probleme meines Mannes ganz deutlich auf der Hand: Wenn er in seiner Heimat leben wollte, musste er zu einem Fachmann, einem *bokonon*, gehen und bei ihm gewissermaßen eine Voodoo-Versicherung abschließen.

»Das tut er niemals«, meinte Odette. »Er lehnt das alles ab.«

»Aber wenn es doch hilft«, meinte ich ratlos. Damit sah ich die ganze Zaubergeschichte natürlich viel zu pragmatisch. Nämlich nach demselben Motto, mit dem ich bittere Arznei schlucke: Was scheußlich schmeckt, macht gesund. Für meinen Mann konnte das leider nicht gelten. Er hatte noch einen weiten Weg vor sich, den ich schon damals ziemlich klar vor mir sah. Er musste sich zu seinen Wurzeln bekennen – und damit zum Voodoo. Erst dann wäre er sicher.

Ich spürte: Erklärte ich ihm das so deutlich, würde er mir nicht mehr trauen. Mir blieb nur eine Lösung und die hatte Oma deutlich ausgesprochen. »Habe Geduld, Annette«, hatte sie gesagt. Allerdings gab es da noch ein weibliches Hilfsmittel, das Männer gern unterschätzten – Diplomatie, das sanfte Heranführen des Herzallerliebsten an ihm unangenehme Dinge.

Ich fragte mich insgeheim, ob ich die Gefahr des Voodoo mit dieser Einstellung nicht doch verharmloste. Heute, mehr denn je, bin ich davon überzeugt, dass Odette mit ihrem schlichten Satz Recht hatte: »Gegen Voodoo hilft nur Voodoo.« Es ist der einzige Weg, sich aus der Opferrolle zu befreien.

Die Krönung dieser ersten, von Erlebnissen so randvollen Reise stand uns noch bevor: der Besuch bei einem veritablen afrikanischen König, dem Herrscher von Abomey. Der geschäftliche Zweck, den wir mit dem gut 135 Kilometer langen Trip in die nördlich von Cotonou gelegene alte Königsstadt verbanden, war allerdings weniger verlockend. Inzwischen hatte ich gelernt, dass Verabredungen in Benin mit stundenlangem Warten verbunden waren.

Interessanter war, dass Maurice' Urahn – wenn auch unfreiwillig – vor Jahrhunderten vom heute nigerianischen Abeokuta aus hierher ausgewandert war. Der erste der Bokpês war als Sklave an den Königshof von Abomey verschleppt worden. Da er aber gleichzeitig ein hoher Priester war, wurde er bald schon freigelassen. Der damalige König übertrug ihm später sogar ein Priesteramt in Ouidah.

Diese Informationen nahm ich damals gewissermaßen im Vorübergehen auf, ohne mir darüber Gedanken zu machen, dass der Voodoo-Kult somit schon seit Jahrhunderten in der Familie Bokpê tief verwurzelt war. Mit dem heutigen Abstand betrachtet muss ich eingestehen, dass diese Familie sogar einen erheblichen Anteil an der Verbreitung dieser Religion hat. So trafen wir in Abomey auch etliche Menschen, die unseren Namen trugen. Besonders amüsiert hat mich die Begegnung mit einem alten Mann, der nicht glauben mochte, dass ich eine Bokpê sei.

»Lass mich deinen Pass sehen«, bat mich der weitläufig Verwandte. Dann staunte er nicht schlecht: Eine weiße Bokpê hatte es noch nie gegeben. Nachdem ich diese Echtheitsprüfung bestanden hatte, wurden wir ins Haus gebeten und ausgiebig befragt. Vom angebotenen Trinkwasser goss ich brav etwas auf den Boden und das machte hier auch tatsächlich Sinn. Dies war schließlich das Reich, aus dem die Ahnen stammten. Außerdem konnte ich mit dieser kleinen Geste beweisen, dass ich die Sitten beherzigte.

Wir schienen den Leuten sympathisch zu sein. Der Hausherr zeigte uns zum Abschied ein Grundstück neben seinem Anwesen und sagte: »Hier könnt ihr euer Haus bauen.«

Während wir uns auf den Weg zum Königspalast machten, beruhigte ich meinen Mann. »Siehst du, du hast auch freundliche Verwandte.«

Dann blickten wir uns lachend an. »Aber unsere Wohnung in Berlin behalten wir zumindest noch am Anfang ...«

Unter einem Beniner Königspalast hatte ich mir etwas wesentlich Prachtvolleres vorgestellt als das niedrige, mit Wellblech bedeckte Lateritlehmgebäude. Rechts und links davon schlossen sich bröckelige Mauern an, die ein großes Gelände umgaben.

Unter Führung eines Angestellten besichtigten wir das Areal, und mir wurde schnell klar, dass man hier Macht und Reichtum eher an anderen Dingen festmachte. An Dingen, die sich nicht in Architektur vergegenständlichen ließen: Macht über Menschen, geschützt durch die Götter des Voodoo. Mehr und mehr faszinierte mich die Welt der einst so mächtigen Könige Abomeys, deren straffe Staatsform sich offenbar nach den Hierarchien der von den Göttern des Voodoo vorgegebenen Struktur gerichtet hatte. Somit ließen sie kein einziges Glied innerhalb der Gesellschaft aus, nicht einmal die Toten. Die nämlich wurden vor jeder Entscheidung zu Rate gezogen und sie waren den Königen Rückhalt in der Ausübung ihrer Herrschaft.

Viele Stunden brachten wir innerhalb der schlichten Palastmauern zu, in denen zum Schutz das Blut zahlreicher Feinde verarbeitet worden war. Hier brauchte man keine hohen Wälle oder tiefe Gräben, der Gegner wurde von Geisterhand aufgehalten. Die vielen den Palast schützenden Rituale sorgten dafür.

»Und wo ist der König?«, fragte ich schließlich.

»Er ist verreist«, erklärte unser Führer.

»Das ist aber schade«, meinte ich. »Den hätte ich gern kennen gelernt.«

Wir standen bereits vor den schlichten Toren des Palastes, als Maurice meine Hand nahm. »Ich muss dir etwas erklären. Wenn man in Benin sagt, ein König sei verreist, dann bedeutet das, dass er gestorben ist. Da die Menschen aber an Wiedergeburt glauben, ist keiner wirklich tot, sondern eben auf Reisen. Bis er wiederkehrt, und zwar in anderer Gestalt.«

Völlig benommen von dieser fremden Welt folgte ich Maurice in ein Restaurant, welches mit seinen vielen kleinen Hütten im Schatten paradiesischer Gewächse wie ein Dorf wirkte. Wir setzten uns in eine der großen, offenen Rundhütten und aus einem Lautsprecher tönte traditionelle Musik. Nicht Trommeln standen im Vordergrund, sondern Gesänge, die – wie Maurice mir erklärte – wahre Geschichten erzählten. Es waren nicht die hitzigen Melodien, die ich von afrikanischen Musikgruppen kannte, sondern eher in einem behäbigen Rhythmus vorgetragene Lieder.

Maurice begann zu tanzen und sein Körper schwebte mit gemächlichen Bewegungen über den Boden. Ein ganz anderes Bild als die ausgelassen enthemmte Körperlichkeit, die ich sonst bei Afrikanern bewunderte. Er tanzte ruhig, besonnen, überlegen – so mussten die Könige getanzt haben.

Endlich hatte Maurice zu sich selbst gefunden, hier an jenem Ort, an dem der bedeutendste seiner Vorfahren gelebt hatte.

Fetische in Neukölln

Odette brachte uns zum Flugzeug, mit dem wir ins winterlich kalte Berlin zurückkehren wollten. Weder sie noch sonst jemand hatte uns gefragt, wann wir zurückkehrten. Entweder sie waren dazu zu höflich oder sie wussten es besser als wir …

In jenem Berliner Taxi, das uns in unsere kleine Neuköllner Wohnung brachte, verwandelte sich Maurice in Sekundenschnelle in einen deutschen Heimkehrer: »Endlich wieder zu Hause, jetzt fühle ich mich restlos sicher.« Er begann sofort eine Fachsimpelei mit dem Fahrer. »Ich freue mich schon richtig auf meine Taxe«, sagte er abschließend.

»Det kannste och, Kolleje. Det Jeschäft läuft super. Aber schlaf dir erst mal aus«, meinte der Droschkenlenker. Im Berlin der Nachwendezeit war gutes Geldverdienen.

Während mein Mann unsere nach langer Abwesenheit muffige Wohnung sichtbar genoss, sehnte ich mich nach Afrika zurück, nach den schönen Seiten. Die weniger angenehmen verfolgten mich in der Nacht in meinen Alpträumen.

Ich hörte Oma Akouavis Stimme sagen: »Die Geister kommen nicht übers Meer« – und sah das Gegenteil. Finstere Schatten schwebten übers Wasser. Ich rief nach Maurice, doch er war nicht da. Dann sah ich ihn am Strand sitzen, wo er mit einer seltsamen Gestalt sprach. Ich rannte zu ihm hin, doch als ich die Stelle erreichte, war er verschwunden. Ich blickte um mich und konnte gerade noch beobachten, wie Maurice in einem Raum verschwand – der Kirche. Ich wollte ihm folgen, doch nun war auch der Raum verschwunden. Endlich kam Maurice zurück. Er war merkwürdig gekleidet und hielt verschiedene Gegenstände in den Händen. Als ich auf ihn zuging, verschwand er wieder aus meinem Blick. Er war umringt von fremden Menschen. Ich wollte einen von ihnen fassen, um zu meinem Mann zu gelangen, aber ich griff ins Leere. Dann rannte ich, um ihn einzuholen. Immer wieder sah ich ihn kurz, bis er völlig verschwand. Ich wollte ihn rufen, doch meine Stimme versagte.

Die ganze Nacht war ich auf der Flucht vor undefinierbaren Gestalten und weiß gewandeten Priestern und zugleich auf der Suche nach Maurice. Am nächsten Morgen machte ich mir ernüchtert klar, dass die Zeit in Benin mein Nervenkostüm ziemlich zerfleddert hatte.

Endlich holten wir unsere Töchter bei Oma und Opa in Thüringen ab. Sie hatten die elternlose Zeit problemlos überstanden und die Liebe zu ihnen bannte die Schatten des Voodoo. Maurice stürzte sich in den nächsten Wochen und Monaten mit Feuereifer ins Taxigeschäft, gleichzeitig versuchten wir, mit aus Benin importiertem Kaffee zu handeln.

Schon die Behördenprobleme schienen jedoch unlösbar. Wir wollten gerösteten Kaffee importieren und mussten lernen, dass der deutsche Markt sich gegen diese Konkurrenz mit derart hohen Zöllen und Einfuhrsteuern abschottet, dass sich im Grunde kein Geschäft rechnet. Wer die Armut in Afrika erlebt hat und die gleichzeitige Diskussion über so genannte Entwicklungshilfe verfolgt, der kann sich in solchen Augenblicken ziemlich ärgern … Ich fand einen tollen Umweg über Österreich und Polen heraus und schließlich stand der erste Container mit Kaffee aus Benin im Hafen. Doch leider ließ die Qualität der Ware zu wünschen übrig. Die Lieferung bestand aus rohen, verbrannten und guten Bohnen.

Der Schaden blieb an uns hängen und Maurice war außer

sich. »Warum sind meine Landsleute so dumm und nutzen nicht die Gelegenheit für ein gutes Geschäft?«, rief er wütend.

Unsere Lehre aus dieser teuren Luftnummer hieß eindeutig »Finger weg!«, stattdessen verbrachte mein Mann Tag und Nacht hinter dem Lenkrad. Ein gutes Jahr nach unserer Rückkehr aus Benin besaßen wir unsere erste eigene Taxe. Ich, aufgewachsen im Sozialismus, setzte die Geschäftsprinzipien des Westens schnell um, die da hießen: Wer hat, dem wird gegeben. So liefen auf unseren Namen bald mehrere Taxen, die die Banken im Boom der frühen Neunziger liebend gern finanzierten.

Der geschäftliche Erfolg hatte jedoch den Nachteil, dass Maurice seine beiden süßen, inzwischen lustig drauflosplappernden Töchter kaum mehr wahrnahm. Ich kam nicht im Traum auf die Idee, das mit seiner afrikanisch definierten Rollenverteilung in Verbindung zu bringen, schließlich war er doch sonst in allem so deutsch. Ich sah nur einen typischen Mann, der sich vor lauter Karrieredenken um die schönsten Kindheitsjahre seines Nachwuchses bringt.

Unsere Träume von einer touristischen Vertretung des Landes Benin waren darüber allerdings keineswegs begraben. Sie bekamen sogar neuen Auftrieb, als wir für unsere Taxizentrale Büroräume in der Nähe unserer Wohnung anmieteten. Nun brachen moderne Zeiten an und ein Computer musste her. Ein Bekannter schulte mich sehr geduldig und höchst erfolgreich, während seine Frau auf Anna und Ina aufpasste – manchmal bis spät in die Nacht. Schließlich drängte die Zeit, wenn wir mit den Autos konkurrenzfähig bleiben wollten.

Eines Abends, als wir drei völlig ausgelaugt nach Hause kamen, fing ich sofort diesen besonderen Geruch ein, der in meinem Duftlexikon ganz oben steht: Afrika. Etwas muffig, schwer und melancholisch wie niemals heilendes Fernweh. Die Quelle wurde erst bei Maurice' nächtlicher Heimkehr offenbar. Es war ein Umzugskarton, unscheinbar von außen, aber mit brisantem Inhalt.

»Sieh mal, das hat heute jemand ins Büro gebracht. Ich habe den Karton zwischendurch hier abgestellt. Es sind alte Figuren aus Benin. Ich soll sie verkaufen«, meinte Maurice eher emotionslos. Dann packte er drei hässliche Figuren aus Metall aus, die teilweise mit Spinnweben und unübersehbar mit Spuren von verkrustetem Opferblut überzogen waren. In einer Berliner Wohnung, direkt neben den Überresten des Abendessens, sehen solche Fetische zwar wesentlich weniger Furcht erregend aus als in Afrika, aber mich schauderte dennoch.

Der Geruch. Ich hatte mich getäuscht. Das war nicht »mein« Afrika, sondern Voodoo! Es war derselbe wie in der Kirche der *Christianisme Celeste* und im schlichten Tempel des für Reichtumsfragen zuständigen Schlangengottes in Ouidah.

»Warum sollst ausgerechnet du diese Biester verkaufen?«, fragte ich.

»Die wissen, dass ich viele Kontakte habe, und denken sicher, sie können ein riesiges Geschäft mit den Figuren machen. Lass sie uns einfach verkaufen und daran etwas verdienen«, meinte Maurice.

»Die bleiben aber nicht hier in der Wohnung«, sagte ich kategorisch.

»Okay, ich bringe sie in den Keller, ich habe sowieso keine Zeit, mich jetzt um den Verkauf zu kümmern. Vielleicht werden wir sie problemlos auf der nächsten Touristikmesse los«, schlug Maurice vor und schaffte die Fetische nach unten.

Während ich den Voodoo-Geruch mit Lüften verbannte, dachte ich nach. »Wer hat dir die Figuren gebracht?«, fragte ich, als Maurice aus dem Keller zurückkehrte.

»Keine Ahnung. Die standen schon da, als ich von der Arbeit kam.« Er hob gleichmütig die Schultern und legte sich schlafen.

»Die Geister kommen nicht übers Meer«, hatte Oma Akouavi mich trösten wollen. Die alte Dame hatte weder das moderne Transportwesen gekannt noch ihr Orakel – ich bin überzeugt, sie hatte eines – darauf ausgerichtet. In der Nacht tat ich wie damals nach unserer Rückkehr aus Benin kein Auge zu und sah die Gespenster wieder übers Wasser schweben. Wen die Geister des Voodoo erreichen wollen, den finden sie auch. Ich war froh, dass ich schon in jener Nacht zu dieser Erkenntnis kam, und nahm mir vor, für den Ernstfall gewappnet zu sein. Und zwar ohne davor Angst zu haben. Denn meine Überzeugung lautet: Was ich kenne, schüchtert mich nicht ein.

Am nächsten Morgen sprach ich Maurice noch einmal auf die reiselustigen Voodoo-Gesellen an. »Quatsch, das funktioniert nicht. Hier bin ich sicher«, bürstete er meine Bedenken beiseite.

Zu der Zeit fassten wir endlich im Tourismusgeschäft Fuß. In Benin hatte die Regierung gewechselt und ständig gingen in unserer engen Neuköllner Zweizimmerwohnung irgendwelche Abgesandten ein und aus. Endlich war auch der für uns richtige dabei. Vincent, ein gebildeter Mensch, würdigte unseren unentgeltlichen Einsatz wenigstens mit einem schmucken Titel für meinen Mann. Maurice avancierte zum Bevollmächtigten für Handel und Tourismus der Republik Benin. Das wiederum füllte unsere Wohnung mit weiteren hohen afrikanischen Besuchern, die ich mit Leidenschaft bekochte.

Es ist schon ein lustiges Gefühl, wenn ein echter Minister zum Essen kommt und sich freut, ganz original mit den Fingern essen zu dürfen, und dann auch noch seine Leibspeise. In solchen Momenten ist mir Lob lieber als Lohn.

Unser neuer Freund Vincent, dem wir unsere Aufwertung verdankten, brachte uns immer wieder lukullische Köstlichkeiten aus Benin mit: frische Ananas, Nüsse, Garipulver. Sie waren allesamt ein Genuss für meine empfindliche Nase, doch die nahm noch einen weiteren Geruch wahr: irgendetwas zwischen Voodoo und Geräuchertem. Vincent befreite schließlich – ich bemerkte sehr wohl, dass jetzt etwas Besonderes zum Vorschein käme – ein dunkelbraunes Etwas von Kaninchengröße aus Plastik und Papier. Alle viere von sich gestreckt, den Kopf in den Nacken gelegt und die großen, dunklen Augen verschrumpelt nach innen gerichtet, kauerte das mausetote Viech auf unserem Küchentisch und sah aus wie eine aufgeklappte Ratte.

»Oh«, sagte Maurice, »ein Aguti. Eine besondere Köstlichkeit.«

Ich lächelte tapfer gegen das Würgen in meinem Hals an und wendete mich den beiden Essensexperten zu. »Aber darüber wollen wir uns doch nicht jetzt hermachen, oder? Ich meine, so ein Festessen muss doch zelebriert werden.«

Ich warf einen Blick in den Kühlschrank – zu voll. »Leg ihn in die Backröhre. Wenn wir abends nach Hause kommen, können wir davon essen«, schlug mein Mann vor. Erleichtert verstaute ich das geräucherte Rattentier hinter der Herdklappe.

Vielleicht war es das Aguti, das Maurice an unsere drei Voodoo-Figuren erinnerte, auf jeden Fall schlug er vor, die Dinger an jenem Tag mit auf den Messestand zu nehmen. »Als besondere Attraktion«, sagte er und stieß mich an, »und kleines Zubrot. Die werden wir dort garantiert los und du musst dich nicht mehr vor ihnen fürchten.«

Weil wir dies ganze Durcheinander irgendwann nicht mehr allein bewältigen konnten, kamen meine Eltern zu Besuch und kümmerten sich in dieser stressigen Phase um Anna und Ina. Wir waren nämlich nur noch damit beschäftigt, von morgens bis abends Werbung für Benin zu machen. Die Voodoo-Geister hatten wir dabei übrigens immer im Blick. Als dekorative Ausstellungsstücke gefielen sie mir plötzlich sehr gut, sie inspirierten mich sogar zu wahren Wortkaskaden, mit denen ich die touristischen Reize des Landes in den höchsten Tönen anpries.

Abgekauft hat uns die Figuren allerdings niemand und am letzten Messetag mussten wir die Fetische doch tatsächlich wieder in die Kiste packen. Die Dinger klebten zwar regelrecht an uns, doch sie schienen uns kein Unglück zu bringen. Wir hatten nämlich einige viel versprechende Kontakte geknüpft. Ich plädierte dennoch dafür, die Geister, die wir nicht gerufen hatten, weiterhin im Keller ruhen zu lassen. Sicher ist sicher.

Während unserer Abwesenheit hatte sich unsere Tochter Anna zu einer richtigen kleinen Hausfrau gemausert und ging ihrer Oma hilfreich zur Hand. Am Abend des letzten Messetages hörte ich aus der Küche plötzlich einen markerschütternden Schrei.

»Igitt! Was ist das denn?«

Ich rannte los, als Anna mir auch schon entsetzt entgegenrief: »Mama, da liegt 'ne Ratte im Herd!«

Unvermittelt schoss es mir durch den Kopf: Vincents Delikatesse. Wir hatten sie völlig vergessen! Maurice und ich stürzten zu Anna, Ina, meiner Mutter und meinem ebenfalls herbeigeeilten Vater.

Maurice, voller Wagemut, lupfte den stinkenden Aguti schließlich an einem Beinchen aus der Röhre.

»Was ist das denn?«, fragte mein Vater angewidert.

»Eigentlich eine Spezialität aus Benin«, meinte Maurice.

Mein Herr Papa verdrehte die Augen und sagte in seinem sudetendeutschen Dialekt: »Nej, dou fohr ich ne hi, wenn ich dou sutte Viecher assen muss.«

Ich erklärte ihm zwar sofort, dass er solche Köstlichkeiten dort gar nicht essen müsse. Aber ich befürchtete, der Anblick des Wesens aus einer anderen Welt hat ihm die Lust auf eine Beninreise gründlich ausgetrieben.

Wer mit Afrika ernsthaft zu tun haben will, darf sich von solchen Bagatellen nämlich nicht aus dem Gleichgewicht bringen lassen!

Das Orakel

Unsere alte Wohnung platzte irgendwann aus allen Nähten. Obwohl wir gerade begonnen hatten, ein völlig neues Geschäftsfeld zu erschließen – wir exportierten deutsche Pharmaprodukte nach Benin –, konnte ich der Versuchung einfach nicht widerstehen. Wir entschieden uns für eine hübsche, bezahlbare Wohnung im Maisonettestil, die noch dazu im Grünen lag. Der einzige Haken an der Sache war das Timing. Denn zur Arbeitswut kam ein durchaus vorhersehbares Ereignis, das ich jedoch völlig aus den Augen verloren hatte: Weihnachten. Und das brachte meine Eltern samt meiner geliebten Oma Anna in unser neues, völlig chaotisches Heim.

In den Tagen vor dem Fest zauberten wir fünf Erwachsene in Windeseile Ordnung herbei und arbeiteten bis spät in die Nacht. Es war kurz nach 23.00 Uhr, als an einem dieser Abende das Telefon läutete.

»Ach, das wird jemand aus Afrika sein«, meinte ich lakonisch, meldete mich zur Verblüffung meiner Eltern gleich auf Französisch und platzte los, diesmal auf Englisch: »Odette! So eine Überraschung! Wo bist du?«

Sie war in Belgien. Ich konnte es nicht fassen. In groben Zügen deutete sie mir eine wahre Odyssee an, die sie von Nigeria über Italien in die Nähe von Lüttich geführt hatte.

»Ich würde euch gern besuchen kommen«, meinte Maurice' Cousine. »Wäre euch der Tag nach Weihnachten recht?«

»Na, hör mal, was fragst du überhaupt?«, posaunte ich, ohne nachzudenken. »Du bist uns immer willkommen.«

Noch bevor Odette am 27. Dezember eintraf, reisten meine Eltern auch schon wieder ab, da sie sich um ihr Geschäft kümmern mussten. Nur meine 88-jährige Oma Anna blieb wie geplant in Berlin, um mir beim Einrichten zu helfen. Am Tag nach ihrer Ankunft verköstigte ich Odette und uns nach allen Regeln meiner afrikanischen Kochkunst. Nach dem Essen räumte ich gemeinsam mit Anna, Ina und Oma alles in die Küche, während Maurice und seine Cousine sich im Speisezimmer unterhielten. Plötzlich lachte Maurice schallend.

»Odette hat mich gerade gefragt, ob unsere Diener heute freihaben. Sie wundert sich, dass ihr in der Küche beschäftigt seid.« Dass Leute in Europa, die eine – wenn auch kleine – Firma besitzen, kein Personal haben, wollte Odette nicht glauben.

Am Abend des dritten Tags weinte sie bitterlich. Ich nahm sie in die Arme. »Was ist los mit dir? Hast du Heimweh oder fühlst du dich nicht wohl bei uns?«

»Ich finde es furchtbar, dass ich meinen Cousin nur zum Essen sehe. Du bist ebenfalls den ganzen Tag nicht zu Hause und am Abend arbeitest du auch noch. Wie schaffst du das, wenn Oma nicht hier ist? Die Kinder, die Wäsche, Kochen. Das macht doch Oma jetzt alles. Wann ruht ihr euch eigentlich aus?«

»Nur wenn wir schlafen«, antwortete ich mit einem Anflug von Sarkasmus. Unser Leben bestand damals tatsächlich fast nur aus Arbeit. Dann erzählte ich Odette, wie wir lebten, welche Schlappen mit Benin-Geschäften wir erlitten, welche Pläne wir hatten und womit wir uns tagtäglich beschäftigten.

»Dieses Europa ist schrecklich«, lautete ihre Schlussfolgerung, dabei hatte sie nur völlig falsche Vorstellungen gehabt. Ich fühlte mich in all dem Stress keineswegs unwohl.'

Allerdings hatte Odette noch ganz andere Erfahrungen gemacht, seitdem sie aus Benin abgereist war, und die waren in der Tat schrecklich. Eine Nigerianerin hatte ihr einen angeblichen Job in Italien vermittelt, in einem Hotel. Das entpuppte sich jedoch schnell als Bordell und Odette floh Hals über Kopf mit einem Lastwagenfahrer quer durch Europa, bis nach Belgien. Leider hatte auch ihr Retter nicht ganz selbstlose Pläne verfolgt, und so war sie glücklich, dass wir sie einfach nur ihrer Selbst wegen aufnahmen.

Meine Oma und Odette verstanden sich prachtvoll. Wenn wir abends zusammen waren und ich die Berichte der Afrikanerin meiner Oma übersetzte, sagte die oft: »Ja, ja, davon hat sie heute schon gesprochen.«

»In welcher Sprache verständigt ihr euch?«, wunderte ich mich.

»Ach, das kann ich dir auch nicht erklären, das geht eben so«, antwortete Oma Anna, die wirklich nur Deutsch konnte. Und gerade das beherrschte Odette nun gar nicht.

Für mich war die Anwesenheit der beiden ein paradiesischer Zustand. Ich brauchte absolut nichts im Haushalt zu tun und die Kinder fühlten sich total wohl. Wann immer ich nach Hause kam, hörte ich jemanden lachen. Wenn Oma sich schlafen gelegt hatte, saßen Odette und ich noch lange gemütlich zusammen, oder wir unterhielten uns, während ich die letzten Umzugskisten ausräumte.

Zum Schluss war nur noch Kleinkram zu sortieren. In einer flachen, rechteckigen Lederschachtel, die wir von unserer Beninreise mitgebracht hatten, fand ich einen Umschlag. Darin lagen, eingewickelt in Seidenpapier, eine völlig zerbröckelte Oblate und ein kleines, graues Stück Pappe, etwa vier mal fünf Zentimeter groß. Es war völlig unscheinbar, aber von oben bis unten mit blauen Kulistrichen bedeckt. Die Striche befanden sich in einer ungewöhnlichen Anordnung: mal paarweise, mal einzeln nebeneinander, in mehreren Reihen untereinander, doch alles sehr ordentlich. Kein

Strich war länger als vier Millimeter. Das Gesamtbild erinnerte in gewisser Weise an einen geheimen Code.

Beides, Pappe und Hostie, hatte Maurice mir vor Jahren zur Aufbewahrung gegeben, ohne jede Erklärung, aber ich hatte immer die besondere Bedeutung gespürt. Erleichtert, beides wiedergefunden zu haben, zeigte ich meinen seltsamen Schatz Odette. »Kannst du damit etwas anfangen?«, fragte ich sie.

Ich musste sie nur ansehen, um ihren speziellen Gesichtsausdruck wiederzuerkennen. In Benin hatte sie ihn immer dann angenommen, wenn ich mit ihr über Voodoo sprechen wollte. »Oh, das hat er aufgehoben?«, wunderte sich Odette. »Wo er doch alles, was an unsere Traditionen erinnert, ablehnt.«

Jetzt war meine Neugier richtig geweckt und ich hakte nach: »Was ist das?«

»Das ist das *fa*, das zu Maurice' Geburt geworfen wurde«, antwortete mir mein afrikanischer Gast ernsthaft. Und setzte hinzu: »Ich kann es jedoch nicht deuten. Das können nur bestimmte Leute.«

»Odette«, protestierte ich, »wir sind hier nicht in Benin! Nun erklär mir das doch genauer.«

Sie blieb bei Andeutungen: »Wenn ein *bokonon* diese Striche sieht, weiß er sofort, was gemeint ist. Dieses *fa* sagt die Zukunft des Neugeborenen voraus.« Welche, das wollte oder konnte sie mir wohl tatsächlich nicht mitteilen.

»Schade«, schmollte ich, »ich hätte so gern gewusst, was das Schicksal für Maurice vorgesehen hat.«

Odette schaute mich durchdringend an. Dann blickte sie geradeaus. Ich hatte das Gefühl, sie müsse über irgendetwas sehr genau nachdenken. In diesem Moment hörte ich Maurice' Schlüsselbund an der Tür klappern. Odette nahm mir eilig das kleine Stück Pappe aus der Hand und bedeutete mir, die Sache erst einmal nicht zu erwähnen. Ich hätte gerne geglaubt, dass mir das *fa*-Orakel rein zufällig just an diesem Abend in die Hände fiel, als Odette dabei war. Eine innere Stimme sagte mir jedoch, dass dem nicht so war. Ich sollte das Orakel entdecken, also musste ich auch seine Bedeutung herausfinden. Um Maurice' willen.

»Er muss seine Aufgabe selbst erkennen. Bis dahin habe Geduld«, hörte ich Oma Akouavis Stimme. Wieder dachte ich an das Orakel. Was, wenn auf diesen Quadratzentimetern schon das ganze Leben meines Mannes in Orakel-Fachchinesisch beschrieben war? Der nächste Gedanke ließ mir gar das Blut in den Adern gefrieren. Mit Sicherheit kannte die hochverehrte alte Dame den Geheimcode dieser Pappe! »Mit dir wird er seiner Bestimmung folgen. Er steht vor einer großen Aufgabe.«

Immer wieder hatte Oma Akouavi von dieser »Aufgabe« gesprochen, als hätte sie mich mit der Nase darauf stoßen wollen. Das Geheimnis entschlüsseln und Maurice sagen, was Sache ist – diese Schlussfolgerung erschien mir absolut logisch. Schließlich wäre ich diejenige, mit der er seiner »Bestimmung folgen« würde. Toll! Ich, Annette aus Thüringen, als Schicksals-Detektivin meines Gemahls ...

Dieser Gedanke brachte mich letztendlich um den Schlaf. War es wirklich möglich, dass man in die Zukunft blicken konnte? Ob der Strichcode besagte, dass mein Mann ein Taxiunternehmen in Berlin besaß? Oder dass er besser die Finger vom Kaffee-Import hätte lassen sollen? Wie viele Fehler sich vermeiden ließen und welche Geldsummen man einsparen könnte, dachte ich, die unsere Bücher führte, im gleichen Moment.

Ich musste Odette das Geheimnis entringen! Blieb nur noch, ihr meine Überlegungen schmackhaft zu machen, und das gelang mir schließlich auch.

Erst einige Tage später war die wichtigste Voraussetzung für meinen Vorstoß erfüllt: Oma hatte sich zu Bett gelegt und Maurice war an dem Abend lange unterwegs. Auf keinen Fall wollte ich, dass er, der alle Voodoo-Zusammenhänge weit von sich schob, Zeuge unserer Analyse seines Schicksals wurde.

Odette legte das dokumentierte *fa*-Orakel auf ihren Schoß, hob den Kopf und blickte in ihrer üblichen, entrückten Weise geradeaus. Sie schwieg lange, doch ich wagte nicht, sie etwas zu fragen. Ab und an schnalzte sie mit der Zunge und schüttelte ungläubig den Kopf.

»Annette«, sagte sie nach einer Weile, »bei uns werden die Kinder schon kurz nach der Geburt eingeweiht. Es ist eine große Zeremonie, bei der die Ahnen zum Schicksal des Neugeborenen befragt werden. Anschließend zeichnet der *bokonon* das Ergebnis auf. Du siehst es hier: das *fa* von Maurice.« Nun hüllte sie sich wieder in dieses bedeutungsvolle Schweigen, welches ihr die Würde einer Priesterin verlieh.

Ich wagte nicht, mich zu bewegen. Ich spürte, dass Odette mir etwas sehr Wichtiges zu sagen hatte und darüber nachdachte, ob ich es wissen sollte oder nicht. Nach einigen Minuten, die mir wie Stunden vorkamen, bat sie um etwas Schnaps. Ich schenkte ihr Gin in ein Glas, das sie in einem Zug leerte.

Anschließend lächelte sie vor sich hin und sagte: »Unsere Oma liebt dich sehr. Weißt du, was sie gesagt hat? Diese *yovo* darf er nicht verlieren. Die ist sein einziger Schutz.«

»Odette, was besagt das *fa* von Maurice?«, fragte ich sanft.

»Jeder von uns hat eine bestimmte Aufgabe im Leben zu erfüllen«, philosophierte meine Freundin, »durch das Orakel wird sie verkündet. Es gibt viele Möglichkeiten seiner Erfüllung und egal wie, es erfüllt sich auf jeden Fall.« Wieder sah mir Odette tief in die Augen, als wollte sie prüfen, ob ich ihr folgen konnte.

»Meinst du wirklich, dass unser Schicksal vorbestimmt ist? Ist es nicht eher so, dass jeder von uns selbst entscheidet, welchen Weg er geht?«, fragte ich.

»Ja, sicher«, stimmte sie mir zu, »den Weg bestimmt man selbst, aber vor deinem Schicksal kannst du nicht davonlaufen. Irgendwann holt es dich ein.«

»Welches Schicksal wird Maurice einholen, Odette?«

Die Antwort kostete sie offensichtlich einige Überwindung. Sie seufzte kaum hörbar, doch dann rang sie sich zu einer absolut überraschenden Antwort durch. »Maurice wird einmal ein großer König werden«, sagte sie bedeutungsvoll.

Ich glaubte, nicht richtig gehört zu haben. Alles, was ich bislang von afrikanischen Königen wusste, hatte ich auf Fotografien gesehen: dicke Männer, die eine große Anzahl von Frauen hatten und sich in Sänften herumtragen ließen. Und ich sah meinen spindeldürren Ehemann, der ständig in Bewegung war. Für andere Frauen, in dem Punkt war ich mir damals sicher, hatte er keine Augen. Sein Tag bestand ja nur aus Arbeit. Er hatte so gar nichts von einem behäbigen Pfau an sich, der sich mit einem Harem schmückte.

Vorsichtig nahm ich Odette das Strichorakel aus der Hand. »Das steht da drin?«, fragte ich ungläubig. »Dass er ein König wird? Aber was für einer? In Benin? Wie lebt denn ein Beniner König?«

Die Cousine meines Mannes blickte mich nachsichtig an. »Siehst du, deswegen wollte ich es dir nicht sagen. Dieser Gedanke passt nicht in dein, in euer«, verbesserte sie sich, »jetziges Leben. Das *fa* legt auch nicht fest, wann etwas passiert. Nur, dass es eintreten wird.«

»Und dem kann man nicht entrinnen, weil es das Schicksal so will?«

Odette begnügte sich mit einem viel sagenden Nicken.

»Kein Irrtum möglich?«, fragte ich, ganz die skeptische Europäerin. »Was ist, wenn derjenige, der das *fa* für einen anderen ergründet, sich irrt? Er ist schließlich auch nur ein Mensch.«

Odette richtete sich auf, als müsste sie zur Beantwortung dieser Frage ihren ganzen Körper einsetzen. »Der Mensch, der es verkündet, ist auserwählt. Nicht der *bokonon* sagt es dir, es sind die Geister, die sprechen. Sie führen die Hand des Eingeweihten, wenn er die Kauris wirft. Er muss das Orakel dann nur noch lesen. Um das zu können, bedarf es bestimmter Fähigkeiten, die in jahrelanger Übung erlernt werden. Von Generation zu Generation wird dieses Wissen an bestimmte Menschen weitergegeben. Wer nicht auserwählt ist und sich dennoch anmaßt, das *fa* interpretieren zu wollen, dem wird es schlecht ergehen.«

Was das in den Normen des Voodoo bedeutete, konnte ich mir eingedenk der Erlebnisse von Cotonou bildhaft ausmalen. Wohl auch deshalb zweifelte ich Odettes Erläuterungen nicht an. Wenn sie mich anschwindelte, stand für sie selbst zu viel auf dem Spiel, schließlich glaubte sie an Voodoo. Aber die entscheidende Frage war noch nicht gestellt. »Du bist meinem Mann in solchen Dingen näher als ich, Odette. Weiß Maurice von dieser Königsprophezeiung?«

Ihre Antwort war typisch: »Maurice ist weit fort von zu Hause.« Dann sah sie mich an. »Er wollte immer weg, er gehörte irgendwie nie richtig nach Afrika. Er ist immer seinen eigenen Weg gegangen, eigenwillig und starrköpfig. Er beherrscht nicht einmal seine Muttersprache richtig. Das liegt an seinem Vater, der seine Kinder im Sinne der französischen Kultur erzogen hat.« Odettes Blick schweifte ab. »Joseph Bokpê war wirklich ein Mann mit Charakter. Sein Tod war kein Zufall.«

»Es war Voodoo im Spiel, nicht wahr? Kann es nicht sein, dass Maurice deshalb mit all diesen Dingen nichts zu tun haben will?« Ich sagte es nicht, aber in psychologischen Kategorien ausgedrückt, hätte ich wohl von einem Trauma gesprochen.

Meine Besucherin starrte mit leerem Blick ins Nichts, als sie antwortete: »Alles hat seine Zeit. Wenn die gekommen ist, wird Maurice wissen, was zu tun ist.« Odette hob ihr Glas. »Trinken wir auf das Schicksal, Annette. Es wird auch dir alle Antworten geben.«

Ich trank mit ihr und dachte, dass ich keinen Beniner König an meiner Seite haben wollte. Jedenfalls keinen, den ich mit einem Haufen anderer Frauen teilen musste. Und am Ende womöglich verlor. Ich starrte den kleinen Orakelcode an und war plötzlich überzeugt, dass es besser gewesen wäre, seine Prophezeiung nicht zu kennen. Der Blick in die Zukunft belastet die Gegenwart, noch dazu, wenn man annimmt, dass dieses Schicksal unvermeidlich ist.

Ich bin jedoch keine Fatalistin und auch Odette konnte mich nicht dazu bringen. Ein kleines Stück Pappe reißt nicht die Fundamente der eigenen Überzeugung ein. Freunde von mir waren einmal bei Kartenlesern oder Astrologen gewesen und fest davon überzeugt, dass alles, was sie dort gesagt bekommen hatten, irgendwann eingetreten war. Aber ist das Ganze nicht eher ein psychologisches Phänomen: Woran man glaubt, das wird passieren?

Aber was glaubte ich? In diesem Moment sah ich Maurice in Abomey, an jenem Ort, an dem sein Urahn gewirkt hatte. Meine Erinnerung zeigte mir einen Mann, der wie ein König tanzte. Mir lief ein eiskalter Schauer über den Rücken.

Als könnte sie meine Gedanken so lesen wie Oma Akouavi, sagte Odette, deren Stimme von ganz weit her zu kommen schien: »Der Großvater von Maurice, der Vater seines Vaters, war ein *dah*. Sein Stuhl ist bis heute verwaist.«

Ich konnte ihr nicht folgen. »Ein *dah*? Was ist das?«

Sie lächelte. »Ein König, Annette.«

Wie aufs Stichwort kam Maurice just in diesem Moment zur Tür herein. Nach einer langen Schicht als Taxifahrer sah er abgekämpft aus. Ich stand auf und nahm ihn wortlos in die Arme. Im selben Augenblick schwor ich, kein Wort von dem zu verraten, was ich erfahren hatte. Ich schmiegte meinen Kopf an seinen Hals und schloss die Augen.

Das Gesicht von Oma Akouavi erschien mir in Gedanken. »Du bist sein Schutz, Annette«, hörte ich sie sagen. Doch diese Verantwortung bedeutete in den folgenden Jahren, all meine Ängste, Zweifel und Hoffnungen mit mir selbst ausmachen zu müssen, damit mein Mann seinen Weg fand. Ich war entschlossen, ihm zu folgen.

So weit ich konnte.

Königliche Sorgen

Was Odette mir an jenem Abend verraten hatte, begriff ich erst am nächsten Morgen in seiner ganzen Tragweite: Maurice' Opa war ein König gewesen. Das war ja nun doch ein Hammer! Wenn ich solch einen Vorfahr gehabt hätte, wäre ich wahrscheinlich unglaublich stolz gewesen, mein Mann jedoch hatte darüber niemals ein einziges Wort verloren. Ich hätte Maurice nur zu gerne darauf angesprochen, doch die Zeiten waren leider zu turbulent, um ihn vorsichtig auszuhorchen.

Wieder einmal kam alles auf einmal: Odette hatte von einer Freundin, die ebenfalls nach Belgien gelangt war, einen Anruf bekommen und fuhr überstürzt ab. Und auch bei uns stand kurz darauf eine Reise an. Es sollte wieder nach Benin gehen.

Dieser Trip galt jedoch nicht Verwandtschaftsbesuchen, wir hofften diesmal vielmehr, ein wenig Geld verdienen zu können, und entsprechend aufwändig waren die Vorarbeiten. Die deutsche Pharmafirma, deren Produkte wir in Afrika vertreiben wollten, erwartete handfeste Ergebnisse. Der Hauptbestandteil unserer Reise war allerdings eine Tour durch das ganze Land, auf der wir uns bei verschiedenen Partnern als Deutschland-Repräsentanten von Benin vorstellen wollten. Die Route, die uns die Beniner vorschlugen, klang sehr exklusiv. Wir hatten nämlich einige der wichtigsten Königshäuser abzuklappern.

Könige! Mein Herz schlug schneller. Nicht etwa, weil ich mich in deren Glanz sonnen wollte. Nein, ich hoffte etwas über die möglichen »Kollegen« meines Mannes in Erfahrung zu bringen. Falls Maurice' *fa* eines Tages tatsächlich zutraf, zählte er dann ebenfalls zu diesem erlauchten Kreis. Wann auch immer ... Es versprach, spannend zu werden.

»Sag mal«, hakte ich vorsichtig bei meinem Mann nach – immerhin war er die einzige Informationsquelle, die mir zur Verfügung stand –, »dein Land ist doch jetzt eine Republik und vorher hattet ihr ein sozialistisches System. Wieso konnten und können sich da überhaupt Könige halten?«

Seine Reaktion fiel im Grunde genau so aus, wie ich sie erwartet hatte. »Ach, die Könige«, begann er in leicht abfälligem Ton, »die sind doch nur für die Tradition zuständig. Wirkliche Macht haben die nicht.«

»Was meinst du mit Tradition? Veranstalten die Volksfeste?«, meinte ich bewusst provozierend.

»Die Leute glauben an die Macht der Könige, das ist wahrscheinlich alles. Du hast ja erlebt, wie sie so sind. Ich bin mal gespannt, ob sich mit der neuen Regierung etwas geändert hat.« Das war alles – entweder wusste er nicht mehr oder er wollte nichts sagen. Maurice, ein künftiger König? Na, dachte ich, da muss aber noch eine Menge geschehen, bevor er so weit ist!

Anna und Ina, inzwischen sieben und sechs Jahre alt, hatten während unseres Aufenthalts in Benin Ferien, die sie bei meinen Eltern auf dem Thüringer Land verbrachten. Beide besuchten längst eine französische Schule und lernten die Sprache ihres Vaters mit einem klaren Hintergedanken: Das nächste Mal könnten sie schon vieles verstehen und uns begleiten.

Unsere Hoffnung, dass die Tourismusdirektion unsere Ankunft in irgendeiner Weise vorbereitet hatte, zerschlug sich schnell. Wir erfuhren nach endlosem Warten in diversen

Büros, die auf Kühlschranktemperaturen heruntergekühlt waren, dass nicht einmal der uns versprochene Wagen zur Verfügung stand. Erst unser Aguti liebender Freund Vincent organisierte uns ein Auto, und zwar eines mit Regierungskennzeichen. Wie wertvoll die roten Nummernschilder waren, stellten wir rasch fest. Die ständigen Straßensperren ließen sich nicht nur ohne Trinkgeld passieren, sondern weitgehend auch ohne Palaver. Auf den ersten Blick hatte das demokratische Regierungssystem also keine Besserung gebracht. Bald erfuhren wir auch den neuen Grund für die Kontrollen. Die Polizisten überprüften offiziell Steuermarken, die für den Transport unerlässlich waren, und nutzten die neue Regelung nebenbei zum Handaufhalten. Ein phantasiereiches Volk, diese Beniner …

Die Unannehmlichkeiten verdarben meine gute Laune keineswegs. Cotonou, diese lebendige und bunte Stadt, begeisterte mich nach wie vor. Einzig der Verkehr erschien mir diesmal viel dichter und die Stadt war in eine Wolke aus Abgasen, Staub und feuchter Luft gehüllt.

Es war Ehrensache, dass wir trotz des Riesenprogramms, das wir zu absolvieren hatten, zunächst bei Oma Akouavi Station machten. Großmutter saß bei unserer Ankunft würdevoll neben dem Verkaufsstand vor ihrem Grundstück und begrüßte uns, als hätte sie uns erwartet. Nicht der geringste Anflug von Überraschung war in ihren Gesichtszügen erkennbar.

»Ihr seid schon gestern angekommen«, stellte sie fest.

»Wie kann sie das wissen?«, fragte ich Maurice verblüfft, »du hattest doch niemandem unsere Ankunft mitgeteilt. Und ein Telefon hat sie auch nicht.«

Maurice übersetzte meine Frage und Oma antwortete mit einer gewissen Überlegenheit in der Stimme: »Wir telefonieren hier eben ohne Telefon.«

Die Kinder der Verwandten erbettelten auch diesmal ihr *cadeau* und ich war wesentlich besser mit den erwarteten Geschenken ausgestattet als beim letzten Mal: Süßigkeiten, Stifte, Probepackungen Seife. Maurice hingegen verteilte

Geldstücke. Irgendwie hatte sich meine Welt seltsam verkehrt, denn diese Szene erinnerte mich an die Westbesuche zu meinen DDR-Kindertagen, wenn wir die »reichen« Verwandten genauso erwartungsfroh anblickten wie die Kinder jetzt mich ...

Ich gab in dem Gefühl, mich zu revanchieren. Nur etwas hatte ich nicht mitbringen können – unsere Mädchen.

»Aber das nächste Mal sind Anna und Ina dabei«, forderte Oma kategorisch. Ich blickte meinen Mann an und er stimmte beinahe kleinlaut zu.

Natürlich ging es auch diesmal nicht ohne Omas Selbstgebrannten. Nachdem wir auf jedes Familienmitglied – inklusive des obligatorischen Schlucks für die Ahnen – angestoßen hatten, hob die alte Frau ihr Gläschen. »Auf den Voodoo«, meinte sie.

Leider mussten wir danach gleich weiter und blieben prompt im nächsten Ort liegen. Bevor unser Fahrer sich an die Reparatur machte, suchte er einige Zweige zusammen, die er etwa 50 Meter hinter dem Fahrzeug verteilte.

»Was macht er denn jetzt?«, fragte ich Maurice. »Ist das etwa eine Voodoo-Zeremonie, um das Auto wieder in Gang zu bringen?«

Maurice schüttete sich aus vor Lachen. »Nein, das ist ein afrikanisches Warndreieck.« Dann machte er sich selbst am Auto zu schaffen, an dem rein gar nichts in Ordnung war. Maurice, durch den Taxibetrieb zum fast professionellen Kfz-Mechaniker geworden, flickte alles notdürftig zusammen, bevor er anschließend in einer Werkstatt die Reparatur überwachte. Währenddessen wurde ich durch die nette Begegnung mit einer Mädchengruppe für die zeitraubende Warterei entschädigt.

Die Kinder im Alter meiner Töchter, die allesamt große Schüsseln auf dem Kopf trugen, riefen etwas zu mir herüber. Maurice trat aus der Werkstatt und erklärte mir, dass es Mädchen aus dem Volk der Yoruba seien. Die Kinder kicherten und begannen laut zu singen, wobei sie sich im Rhythmus hin und her wiegten. Ich zückte meinen Fotoapparat und sie stellten singend und tanzend ihre Schüsseln auf dem Boden ab. Das Emaillegeschirr sowie die kleinen Töpfe, Schalen und Teller dienten nun als Musikinstrumente, denen die Mädchen wahre Trommelfeuer entlockten. Ihre graziösen Körperbewegungen zur improvisierten Musik inspirierten uns spontan zum Mittanzen und das feuerte die kleinen Künstlerinnen nun noch mehr an. Sie warfen die Köpfe in den Nacken, hoben die Hände mit den »Instrumenten« hoch und sprangen wie Gazellen umher.

Der ernste Ruf ihres Vaters unterbrach das heitere Schauspiel abrupt. Hastig verstauten die Mädchen alle Gefäße in ihren Schüsseln, die sie sich umgehend auf die Köpfe schwangen. Der Mann war inzwischen näher gekommen und schimpfte nun mit den Kindern, die sich eilig aus dem Staub machten.

»Was war denn plötzlich los?«, fragte ich Maurice.

»Die Mutter der Mädchen wartet zu Hause auf ihr Geschirr. Die Kinder sollten es im nahen Fluss waschen und gleich zurückbringen.«

Solche Kleinigkeiten bewiesen mir in Afrika immer wieder, dass nicht in der Eile das Glück einer Reise liegt – auch wenn mancher Halt nicht freiwillig ist.

Auf der Fahrt zu unserem ersten König zog der Reichtum Benins an uns vorbei: Teakwälder, Maniok- und Maisfelder, Ölpalmplantagen. Doch die Menschen, die wir sahen, waren von entbehrungsreicher Arbeit gezeichnet.

Der Weg zum König von Ketou führte über den Bürgermeister, getreu dem Motto: erst der Staat, dann die Tradition, was jedoch nur auf den ersten Blick stimmte. Bürgermeister Jules war nämlich ein Prinz und entpuppte sich obendrein als aufgeschlossener, junger Lehrer, der uns bereitwillig zum Königspalast geleitete. Jules erkannte die Zeichen der Zeit sofort. »Wir brauchen Touristen in unserem schönen Land«, verkündete er und damit war die erste Funktion der alten Würdenträger bereits umrissen: Sie sollten als Fremdenverkehrsattraktion dienen.

Schon der Palast des einst mächtigen Herrschers von

Abomey hatte mich Jahre zuvor wegen seiner Schlichtheit verwundert und auch der König von Ketou setzte offensichtlich eher auf innere Werte. Vor dem flachen *Palais Royal* befand sich eine Art Veranda, in der ich meinte, den Thron erkennen zu können. Da stand ein mit bunten Stoffen bedeckter höherer Hocker, neben dem sich links und rechts je zwei ebenfalls mit Stoffen belegte Sitzreihen befanden. Farbenfrohe Masken und Skulpturen standen wie in einem Kunstgewerbeladen aufgereiht, demonstrierten aber in Wahrheit die im Voodoo verankerte Macht Seiner Majestät. Es waren allesamt Fetische, mit denen die Götter durch Opfer um Beistand gebeten wurden.

Jules, der Bürgermeister-Prinz, bat uns um ein wenig Geduld und erklärte, sein königlicher Verwandter müsse unsere Audienz erst einmal vorbereiten. Verständlich. Es wäre ja auch ganz schön würdelos, wenn man zum König gehen könnte wie bei uns in den Supermarkt, dachte ich. Während des Spaziergangs zum Restaurant bemerkte ich, dass die Untertanen es wie ihr Regent hielten und vor ihren Hütten und Häusern Fetisch-Skulpturen aufgestellt hatten. Ein Anblick, den ich im weiteren Verlauf unserer Reise als selbstverständlich kennen lernte. Dafür konnten die Menschen sich die Zäune sparen, schließlich waren die Götter des Voodoo wirkungsvoller. Hat durchaus praktische Seiten, solch ein Glaube an die Geister, überlegte ich.

Zurück beim Königspalast wurde meine Vermutung bestätigt, die »Veranda« stellte tatsächlich den Thronsaal dar. Im Schatten des Vorbaus, der uns vor der schweißtreibenden Sonnenglut schützte, standen Stühle für uns bereit. Wir verfolgten den Einzug von etwa einem Dutzend wahrlich steinalter Männer, die kaum mehr in der Lage waren, ohne fremde Hilfe zu gehen. Sie waren in knöchellange, weiße, sehr schlichte Gewänder gehüllt, die langen Männeroberhemden glichen. Dazu trugen sie alle weiße Mützen und völlig überdimensionierte Sonnenbrillen, außerdem waren sie mit schweren Ketten behängt. Die dunklen Augengläser verliehen ihren Gesichtern etwas Maskenhaftes. Der Einzige von ihnen, der keine Sonnenbrille trug, schien erblindet zu sein.

Da unser hilfreicher blaublütiger Lehrer Jules auf unerklärliche Weise verschwunden war, fragte ich Maurice nach der Bedeutung der schweigsamen Greise. »Das sind die Berater des Königs, die Weisen des Reiches«, erklärte mir mein Mann, auf dessen Gesicht ein Ausdruck zwischen Mitleid und Belustigung lag. Der königliche Beraterstab war nämlich nur unseretwegen zusammengetrommelt worden. Ich fühlte mich deswegen sehr geehrt. Dann hörte ich eine Stimme, die von ferne etwas rief. Die wenigen Worte, die in kurzen Abständen wiederholt wurden, kamen langsam näher.

»Damit wird der König angekündigt«, erklärte Maurice.

Der mittelgroße und keineswegs dicke Mann von etwa 60 Jahren trug einen Befehlsstab in der Hand, war in weiße, dezent bestickte Gewänder gehüllt und wurde von mehreren Begleitern umringt. Die Männer hielten einen weit ausladenden Schirm, der mit bunten Applikationen verziert war, über seine Majestät und verharrten schließlich vor der Thronsaal-Veranda.

Einzig Seine Königliche Hoheit, der Bürgermeister-Prinz, dessen plötzliches Verschwinden damit geklärt war, schritt weiter vor. Jules forderte uns mit einer unmissverständlichen Geste auf, uns zu erheben, bis der König von Ketou seinen Hocker eingenommen hatte. Schweigen folgte, langes Schweigen. Einem König hatte ich noch nie gegenübergesessen und angesichts der Tatsache, dass ich hier einen Blick in die mögliche Zukunft meines Mannes tat, befürchtete ich, alles falsch zu machen. Maurice, der verheimlichte Königsabkömmling, hockte angespannt auf der Stuhlkante. War dieses Ereignis für ihn etwa auch eine Premiere?

Mit einem Räuspern hob Majestät an zu sprechen, während er den Blick auf Jules gerichtet hielt. Aha, der soll wohl übersetzen, nahm ich an, doch unser Lehrer wiederholte nur das Gesagte in derselben Sprache. Zu meiner Verblüffung war es an Maurice, die in Yoruba vorgebrachten Worte ins Französische und dann ins Deutsche zu übertragen.

Mein Mann wendete sich nun auf Französisch an Jules: »Entschuldigt bitte, aber meine Muttersprache ist Fon. Mein Yoruba ist leider nicht mehr so sicher, ich bin schon so lange in Deutschland.«

Der König lächelte. Er verstand also Französisch, dennoch wurde ihm das, was er schon gehört und verstanden hatte, von Jules übersetzt.

»Warum das denn? Der König hat dich doch verstanden?«, fragte ich leise meinen Mann.

»Ein König wird nicht angesprochen und er spricht auch die Leute nicht direkt an«, erläuterte mir Maurice.

»Aber Jules darf das?«

»Er ist ein Verwandter. Dann geht es«, flüsterte mein Mann.

Ich stellte mir die Verwicklungen vor, die es geben könnte, wenn Maurice sich auf diese komplizierte Weise verständigen müsste – möglicherweise sogar in Berlin –, und musste unvermittelt grinsen. Majestät lächelte zurück. Das durfte er also.

Dann fiel Maurice noch etwas Wichtiges ein: »Vermeide bitte, den König offen anzusehen.« Das war nun schon passiert, doch es blieb zum Glück ohne ernsthafte Folgen.

Mein Mann kam auf den Zweck unseres Besuchs zu sprechen, den darbenden Tourismus. Daraufhin entschuldigte sich der König zunächst für den Zustand seines Palastes und deutete auf ein halbfertiges Haus, ein Stück von seinem Thronsaal entfernt. »Dort wird der neue Palast gebaut. Sagen Sie bitte in Deutschland Bescheid, dass wir dafür noch Entwicklungshilfe brauchen. Dann könnt ihr eure Touristen schicken.«

»Na, der hat ja Nerven, Entwicklungshilfe für seinen Palast«, reagierte ich etwas zu spontan. »Vielleicht sollte man den Feldarbeitern in der Gegend besser eine Berieselungsanlage bauen.«

»Übersetze mir auch, was deine schöne weiße Frau sagt«, bat der König Maurice nun über Jules.

»Sie möchte etwas über Eure Majestät und das Königreich erfahren«, antwortete mein Mann schlagfertig. Was ja auch stimmte und mich außerdem in den Genuss einer typischen Voodoo-Geschichte brachte.

»Die Regierung braucht uns Könige. Ohne uns sind die Menschen ohne Halt«, begann Majestät voller Überzeugung. »Die Menschen hier fühlen sich ihrer Tradition verpflichtet. Auch unser gegenwärtiger Staatspräsident Soglo ist ein Kind unserer Ahnen.« Jetzt sah der König mich direkt an und fuhr fort: »Soglo hat lange Zeit geglaubt, er sei wie einer von euch, weil er im Westen studiert hat und so ein wichtiger Mann in der Weltbank war, aber er ist zurückgekehrt. Hierher in seine Heimat ist er gekommen, als niemand seine schwere Krankheit heilen konnte, keiner von den Ärzten in Europa und Amerika. Hier bei mir war er und ich habe ihn geheilt.«

Ich wusste, dass Benins damaliger Präsident Soglo lange Zeit krank gewesen war und sich nicht mehr in der Öffentlichkeit gezeigt hatte. Viele hatten spekuliert, er sei vielleicht tot und die Offiziellen hätten es nicht preisgeben wollen, um die politische Stabilität nicht zu gefährden. Erst nach über einem Jahr tauchte er völlig gesund wieder auf. Ob die Angaben des Königs stimmten, konnte ich nicht beurteilen, doch war dies tatsächlich der Fall, durfte er zufrieden sein. Die Heilung eines Politikers dürfte seine gewiss nicht unumstrittene Position gestärkt haben.

»Frag ihn doch bitte, welche Krankheit Präsident Soglo eigentlich hatte«, bat ich Maurice.

Die Antwort fand auf ihren komplizierten Umwegen zu mir: »Sie heißt *tchakatu*. Wer daran erkrankt, hat das Gefühl, ihm würden Glasscherben und Nägel aus der Haut wachsen. Davor fürchtet sich jeder. Es ist das Schlimmste, was einem Menschen passieren kann, weil es extrem schmerzhaft ist. Diese Krankheit ist das Ergebnis von übelster Hexerei.«

»Kann man diese Gegenstände denn sehen?«, fragte ich ungläubig.

Als ich die Antwort hörte, wollte ich meinen Ohren kaum

trauen. »Nicht mit dem bloßen Auge, doch im Röntgenbild sind Scherben und Nägel deutlich zu erkennen. Die Ärzte schicken Patienten mit *tchakatu* wieder nach Hause, weil sie ihnen nicht helfen können.«

Dann setzte mein Mann hinzu: »Präsident Soglo hatte sich hier im Land viele Feinde gemacht wegen seiner westlichen Einstellung.«

Ich wusste, dass mein Mann – wie die überwiegende Mehrheit der Intellektuellen damals in Benin – diesen Politiker hoch verehrte. Insgeheim stellte ich mir eine sehr nahe liegende Frage: Wenn Maurice von Soglos so genannter Krankheit wusste und mir jetzt davon berichtete wie über eine erwiesene Tatsache, wieso zog er daraus für sich selbst keine Konsequenzen und passte sich mehr den Vorstellungen der Menschen an? Nur einen bunt bestickten Kaftan zu tragen, das durchschaute doch jeder schnell als Äußerlichkeit!

Der König von Ketou zog sich auf die gleiche umständliche Weise wieder zurück, mit der er aufgetreten war. Dann verschwanden auch seine greisen Berater, und schließlich konnten wir mit Jules die eigentlichen Probleme besprechen, denn nun genossen wir das königliche Vertrauen.

Unsere Königstour gedieh zur wahren Ochsentour, als wir versuchten, zum machtlosen Herrscher von Nikki vorzudringen. Trotz unserer mühsam vom Tourismusministerium erkämpften Erlaubnis hielten die Sekretäre und Boten vom Präfekten bis zum Chef der Stadtverwaltung allesamt die Hand auf und verdeutlichten die offizielle Rangordnung, nach welcher der König ganz am Ende der Staatshierarchie stand.

Er war ein freundlicher, tiefschwarzer Mann mit leuchtend weißem Kinn- und Backenbart und Burnus, bekleidet mit einem blütenweißen, am Revers goldbestickten, weiten Gewand, welches im leichten Wind um seinen Körper wehte wie ein Engelstuch. Er war ein echter Edelmann mit viel Gefühl für Stil. Auch er empfing uns in seinem weiten Hof, im Schatten eines alten Baums, und umgab sich mit einem Dutzend Beratern, zu denen auch zwei Dolmetscher gehörten.

Der König beklagte sich darüber, dass seine wichtigste Geldquelle schon zu Zeiten seines Vorgängers versiegt war: die Tribute. Heute sei er auf Spenden angewiesen, die all jene ihm gaben, die Wert auf die Fortsetzung der Traditionen legten. Als letzter Stolz blieben Majestät die königlichen Reiter auf ihren prächtig geschmückten Pferden, die in ganz Westafrika berühmt sind. Ich war tief beeindruckt von den Dressuren, die sie uns vorführten. Im Gegensatz zu dem, was ich beim Reiten gelernt hatte, wurden hier die Pferde sehr strapaziert und das Blut, das ich nach einigen Vorführungen in ihren Mäulern sah, trübte meine Begeisterung schnell.

Ich fuhr mit dem traurigen Gefühl in unser Hotel zurück, dass die Könige in Benin nicht halten konnten, was ihr Titel versprach. Allerdings hatte diese Erkenntnis auch etwas Gutes und ich sah der etwaigen Zukunft meines eigenen Gemahls mit einem Mal wesentlich weniger verkrampft entgegen. Auch ein heutiger König musste zunächst einmal ans Geldverdienen denken und in dem Punkt hatte Maurice gemeinsam mit mir zu Hause in Berlin durchaus einen Königsweg gefunden.

Die vorletzte Station auf unserer Reise sollte der König von Parakou werden. Diesmal gingen wir den direkten Weg, pfiffen auf die nutzlose Behördengenehmigung und bestachen gleich den Präfekten. Wenig später standen wir vor einem Gehöft – *voilà*, der Palast.

»So ein bescheidener Mann«, sagte ich beim Anblick des Areals.

Wir irrten durch ein Wirrwarr von Lehmhäusern und überall herrschte rege Betriebsamkeit. Etliche Frauen liefen mit Schüsseln und Töpfen von einer Hütte zur nächsten, andere stampften rhythmisch Yams und lachten dabei übers ganze Gesicht. Ein Schwarm Hühner machte uns gackernd Platz und eine Frau wies uns den Weg, indem sie auf einen mit Palmstroh bedeckten Rundbau aus Lehm deutete.

Vor dem niedrigen Eingang hing ein gewebtes buntes Tuch, und wir mussten uns ziemlich tief bücken, um zunächst in den kleinen Vorraum des Hauses zu gelangen. Von dort führte ein noch niedrigerer, bogenförmiger Zugang, durch den wir fast kriechen mussten, zu einem recht geräumigen Zimmer. Bis auf ein paar Strohmatten und ein Kissen war der Raum leer. Nur durch eine kleine Fensteröffnung in der Wand fand etwas Licht den Weg ins gemütlich wirkende, halbrunde Innere, in dem es angenehm kühl war. Wir setzten uns auf den Boden und warteten etwa zehn Minuten, bis Seine Majestät eintrat.

Obgleich ich nun wusste, dass man einen König nicht direkt ansehen durfte, fiel es mir schwer, seinen eindringlichen Blicken auszuweichen. Er musste steinalt sein, sein Gesicht war faltig und hager und seine Augen ein wenig trüb. In einer seiner schlanken, knochigen Hände hielt er einen Fächer, der aus breiten Strohhalmen geflochten und mit dunklen Lederbändern umsäumt war.

Der höflichen, über zwei Dolmetscher gestellten Frage des Gastgebers nach unserem und dem Wohlbefinden unserer Familie folgte die nach dem Geschenk. Einer seiner Begleiter sagte etwas in der uns fremden Sprache der Bariba, und ich ging davon aus, dass er den Umschlag mit dem Geld erwähnte, welchen wir bereits abgegeben hatten.

Doch der König starrte mich lüstern an und fragte dann über seine zwei Dolmetscher meinen Mann: »Hast du mir die Weiße auch als Geschenk mitgebracht?«

Ich lachte augenblicklich laut los – Hoheit beliebten wohl zu scherzen –, doch sein Blick erstickte mein Lachen.

Maurice erklärte höflich, dass ich seine Frau sei und er nicht die geringste Absicht habe, mich zu verschenken.

»Du hast doch gewiss noch mehr weiße Frauen, du lebst doch in Europa. Da kannst du doch bestimmt auf die eine verzichten.« Der König blieb ernst: »Ich dagegen kann mir selten eine weiße Frau nehmen. Es gibt hier so wenige.«

Maurice klärte den an Völkerverständigung wohl sehr interessierten Monarchen darüber auf, dass es in Europa nicht üblich sei, mehrere Frauen zu haben, und dass er auch nur die eine habe. Dann betonte er noch einmal, er wolle mich auf keinen Fall hergeben.

Ich schwieg peinlich berührt, während um mich herum inzwischen zahllose Fliegen schwirrten. Der Schweiß, den mir der Handel um meine Person ins Gesicht getrieben hatte, schien den Viechern eine angenehme Abwechslung auf ihrem Speiseplan zu sein. Unentwegt war ich damit beschäftigt, sie mir vom Halse zu halten.

Der König betrachtete mich etwas enttäuscht, dann aber glitt ein Lächeln über sein Gesicht. Er überreichte den Fächer, den er eben noch selbst benutzt hatte, seinem Begleiter und murmelte etwas dazu.

»Majestät schenkt ihn dir«, sagte der Diener und gab das schöne Stück an mich weiter. Maurice zugewandt sagte er dann: »Bring das nächste Mal eine andere Weiße für den König mit.«

Ich wedelte fleißig mit dem Königsfächer und war in gewisser Weise zufrieden. Schließlich war ich mit so vielen Vorurteilen über Afrikas dicke Könige angereist und dieser Lustgreis bestätigte wenigstens eines davon. Da ich nun schon mal mein privates – was meine eigene Zukunft betraf –, nicht gerade angenehmes Thema gefunden hatte, hakte ich an dieser Stelle ein. »Sind die Frauen, die wir im Hof gesehen haben, alles die Gemahlinnen Seiner Majestät?«, erkundigte ich mich.

Ich konnte es kaum fassen, sie waren es, und der König ließ uns via Dolmetscher verkünden: »Für alle Familien ist es eine sehr große Ehre, wenn eine Tochter zu den Frauen des Königs zählt. Jeder Vater freut sich, wenn ich seine Tochter als Geschenk annehme.«

Mein Vater hätte da wohl eine Ausnahme gemacht. Er würde gewiss vorher fragen, ob es zum Hochzeitsessen Aguti gebe ...

Auf dem Rückweg durch die verschiedenen, zum Königshof zählenden Gassen blickte ich in die lachenden Gesichter der Frauen, die keineswegs von Ehefrust gezeichnet waren.

»Du kannst sicher sein, dass die Frauen des Königs gut leben«, sagte Maurice. »Immerhin werden sie durch eine solche Verbindung zu Müttern von Prinzen und steigen in der Achtung der Untertanen. Das macht sie glücklich.«

Mir war klar, dass ich mit meiner Vorstellung von Glück offenbar sehr weit von dem entfernt war, was eine Frau hierzulande darunter verstand. Ausgerechnet jetzt fiel mir das Orakel ein. »Er wird ein großer König«, hatte Odette gesagt. Ich sah Maurice von der Seite an und fragte: »Sag mal, hat eigentlich jeder König mehrere Frauen?«

»Selbstverständlich«, lautete die eindeutige Antwort.

»Na, das kann ja heiter werden«, murmelte ich vor mich hin.

»Was meinst du?«, wollte Maurice wissen.

»Ach, nichts«, muffelte ich.

Ich fand, dass wir genug gesehen hatten, um die Belange der einzelnen Majestäten gebührend in Deutschland vertreten zu können, doch es gab noch etliche weitere. Wir beschlossen, den letzten auf unserer Liste links liegen zu lassen.

Es war jener von Allada.

»Wenn jemand gestorben ist, dann haben wir früher gesagt, dass er nach Allada gegangen sei«, scherzte Maurice und ich lachte mit. Wir wussten ja beide nicht, worüber wir uns in diesem Moment so königlich amüsierten.

Wenn Marktfrauen strafen

Es gab für mich kein schöneres Mitbringsel aus Benin als die Kräuter meiner Schwiegermutter. Aus einigen dieser Wurzeln konnte ich mir einen Tee brauen, der meine Gelenkschmerzen vertrieb, und auch meine Mutter schlief ohne den allabendlichen Kräutertrunk von Micheline nicht mehr ein. Doch bisher hatte ich den Verkaufsstand, der in Cotonou viele Kunden hatte, noch nie selbst gesehen. Jetzt saßen wir inmitten der würzig duftenden Bündel und plauderten. *Maman* beschrieb einige der Kräuter, die sie sich in den Dörfern besorgte, und erläuterte deren Wirkung.

»Wenn ich das alles hier so betrachte, verstehe ich, dass du so jung aussiehst«, sagte ich zu Micheline und meinte das Kompliment auch wirklich ernst.

Wenig später beobachtete ich, wie die Mutter ihren Sohn bat, für sie eine Rechnung zu begleichen. Als ich darauf blickte, staunte ich nicht schlecht: Schwiegermama hatte doch tatsächlich westliche Medikamente erstanden! Ich nahm Maurice unauffällig beiseite und fragte: »Traut sie ihren eigenen Mittelchen denn nicht?«

Mein Mann blickte mich verschmitzt an. »Da kannst du mal sehen, welchen Einfluss die europäische Werbung hat«, erwiderte er dann.

Volltreffer, hätte ich fast gesagt, denn nicht zuletzt waren wir hier, um Medizin in Benin und Togo einzuführen, darunter Kopfschmerztabletten, Thrombose-Prophylaxe, Grippemittel und Rheumaprodukte. Nächtelang hatte ich an genau jenen Marketingkonzepten herumgetüftelt, denen Micheline jetzt auf den Leim ging. So eine verdrehte Welt – wir schworen auf *maman*s Naturtees und sie auf unsere Chemie ...

Selbst Vitamintabletten kaufte meine Schwiegermutter in rauen Mengen, obwohl es an jeder Ecke Ananas, Mangos, Bananen, Orangen und Zitronen gab. Noch dazu war das frische Obst viel billiger als einige wenige Vitamintabletten und vor allem wohlschmeckender. Die Mutter von Maurice glaubte uns nicht, dass in den Früchten Vitamine enthalten seien, die mindestens so wirksam waren wie die in den teuren Tabletten aus Europa. Schließlich gaben wir ihr den Betrag, der auf der Rechnung stand, und fanden ein wesentlich angenehmeres Thema. *Maman* hatte nämlich einen Baumwollstoff in meiner Lieblingsfarbe Dunkelblau besorgt.

»Ein Geschenk von meiner Mutter«, sagte Maurice und strahlte übers ganze Gesicht.

Voller Dankbarkeit umarmte ich Schwiegermama, und auch sie drückte mich so fest an sich, als wollte sie mich nicht mehr loslassen. Obwohl sie kleiner als ich war und fast zerbrechlich aussah, hatte sie eine unheimliche Kraft. Ich atmete den von ihrem Körper ausgehenden Duft nach Kräutern und Naturseife ein. Als sie mich losließ, presste sie mir mit samtweichen Lippen einen dicken Kuss auf den Mund, sah mich an und sagte: »Maman Micheline.« Damit nahm sie mich in den Kreis der Mütter auf. Der afrikanische Name, den sie mir verlieh, richtete sich nach jenem meiner erstgeborenen Tochter Anna-Micheline, die wir wiederum nach meiner Schwiegermutter benannt hatten.

Die Afrikanerin klemmte sich den Stoff unter den Arm und führte uns zu einer Schneiderwerkstatt schräg gegenüber von ihrem Stand, wo jemand unsere Maße nahm. Wie üblich bekamen wir beide Gewänder aus dem gleichen

Stoff und schon am nächsten Tag sollte die Arbeit vollendet sein.

Der nächste Geschäftstermin drängte und wir machten uns auf den Weg, da wir die ganze Stadt durchqueren mussten. In der Nähe eines großen Markts ging plötzlich nichts mehr voran und ich betrachtete interessiert das bunte Leben direkt neben mir. Nicht weit von unserem Wagen entfernt hatte sich ein Menschenauflauf gebildet, der die Ursache des Verkehrsstaus darstellte. Ich hörte laute Stimmen, Lachen, Singen und Grölen und vermutete eine Art von Fest. Neugierig geworden verließ ich den eingekeilten Wagen und nahm schnell meine Kamera in die Hand. Ich überhörte Maurice' Warnung, im Auto zu bleiben, und war Sekunden später von schwitzenden Menschen eingekesselt.

Als ich endlich erkannte, was hier vor sich ging, konnte ich mich nicht mehr aus der tobenden Menge befreien. Ich sah, wie einige Leute mit Plastikstöcken aggressiv in die Luft schlugen, Schweiß glänzte in ihren Gesichtern, ihre Augen waren zornig aufgerissen. Plötzlich ergriff jemand meinen Arm.

»Kommen Sie mit!«, schrie der Mann, der mich gepackt hatte, auf Französisch. »Hier, fotografieren Sie den Halunken, den Dieb! Wir haben ihn auf frischer Tat ertappt!«

Ich fand mich vor einem Karren wieder, auf dem ein junger Mann lag. Neben ihm zappelte eine an den Beinen zusammengebundene kleine Ziege. Die Frauen, die eben noch schrill kreischend um den Karren herumgetanzt waren, machten mir schweigend Platz, zupften an mir herum und deuteten auf meine Kamera.

Irritiert versuchte ich herauszufinden, was geschehen war, kämpfte aber gleichzeitig mit meiner aufkommenden Panik. Von den inzwischen wieder wild gestikulierenden und schreienden Frauen konnte ich nicht erfahren, was los war. Da traf mein Blick jenen des um Hilfe flehenden jungen Manns auf dem Karren. Eine dicke Frau schlug gerade mit ihrem Stock auf ihn ein. Ich stand wie versteinert. Blitzartig begriff ich: die Ziege, der höchstens 20-jährige Bursche, die tobenden Frauen ... Ich wurde gerade Zeugin von Lynchjustiz.

Der Kerl, der mich hierher gezerrt hatte, ließ auch mir keine Chance auf ein Entkommen und deutete mit wutverzerrtem Gesicht auf meinen Fotoapparat. Das Unrecht, das sie begingen, sollte ich dokumentieren und damit bezeugen, dass rechtens war, was ich als Unrecht empfand. Mir wurde schwindlig, dennoch fotografierte ich die Szenerie.

Nun ließen die Leute mich in Ruhe und schlugen wie von Sinnen auf den Hilflosen ein, dem Blut aus einem Mundwinkel tropfte und aus den Ohren trat.

Ich hielt die Kamera zwar noch vor mein Gesicht, allerdings mehr als Schutz vor dieser brutalen Realität, denn um zu fotografieren.

Ein letztes Mal bäumte der Junge sich auf, sein verzweifelter Blick flehte um Hilfe und brach, bis ich in seinen aufgerissenen Augen nur noch das blutunterlaufene Weiß sah. Halb tot, halb lebendig ergab er sich seinem Schicksal und sank in sich zusammen. Langsam schloss er die Augenlider. Noch immer schlugen die Marktfrauen in wilder Ekstase auf den nun leblosen Körper ein, dann packten sie den Karren und zogen singend und grölend weiter. Vor meinen Füßen blieb eine Blutspur, auf die sich in Sekundenschnelle Schwärme von Fliegen stürzten.

Benommen starrte ich dem Zug nach. Der Bursche hatte eine Ziege stehlen wollen und dafür hatten sie ihn erschlagen.

Ich rannte zurück zum Auto, schrie und heulte. Wie konnten diese Frauen, die vielleicht selbst Söhne im Alter ihres Opfers hatten, diesen jungen Kerl nur totschlagen? Und das alles wegen einer Ziege! Plötzlich hasste ich die Brutalität dieser Menschen, die kein Mitleid kannten. Die lachenden Gesichter wurden zu Fratzen, vor die sich immer wieder der flehende letzte Blick des Sterbenden schob.

»Ich konnte ihm nicht helfen!«, schrie ich Maurice heulend an. »Die hätten mich glatt auch noch erschlagen, wenn ich sie nicht fotografiert hätte. Was hätte ich denn tun sollen?«

Mein Mann versuchte, mich zu beruhigen, aber er fand keine Worte, die mir den Zorn der Marktfrauen erklären konnten. Irgendwie war ich auch froh darüber, denn in diesem aufwühlenden Moment hätte mich ohnehin kein Argument besänftigen können. Wie konnte eine Ziege wertvoller als ein Mensch sein? Ich versuchte, mich zusammenzureißen, denn es standen wichtige Besprechungen wegen unseres Pharmaprojekts an. Die zähen Verhandlungen lenkten mich dann auch in der Tat ab.

Am späten Nachmittag bat ich darum, dass wir zu Oma Akouavi fuhren. Mit ihr wollte ich das schreckliche Erlebnis des Vormittags aufarbeiten.

Oma sah mir sofort an, dass mich etwas Schwerwiegendes bedrückte, und Maurice berichtete ihr sofort, was ich ihm erzählte. Die alte Frau legte ihren Arm um mich und lächelte mich voller Mitgefühl an, bevor wir gemeinsam ins Haus gingen, wo sie mir einen *sodabi* einschenkte. Dann begann sie mir ruhig zu erklären, dass es hier zu viele Diebe gebe. »Den Marktfrauen bleibt nichts anderes übrig, als sich zu wehren, Annette«, sagte sie.

»Sie mussten ihn doch nicht gleich umbringen. Warum haben sie ihn nicht festgehalten und die Polizei geholt?«, fragte ich und die Erinnerung trieb mir die Tränen in die Augen.

Oma lachte bitter auf. »Die Polizei kommt nur, wenn man sie bezahlt.«

»Trotzdem hätte man den Mann nicht töten müssen«, widersprach ich.

Oma Akouavi machte mir geduldig klar, dass eine Ziege sehr wertvoll sei, immerhin sichere der Verkauf des Tieres den Unterhalt einer Familie für einige Zeit. »Die Diebe haben auch keinerlei Mitleid, wenn sie Dinge stehlen, die anderen das Leben erhalten.«

So sah sie das, doch meine deutsche Sichtweise berücksichtigte auch das Opfer des Lynchmordes. »Vielleicht war der Bursche ebenso arm und sah keine andere Möglichkeit, seine Familie zu unterstützen«, wandte ich ein.

»Du sagst, es war ein junger Mann«, gab Oma zu bedenken, »warum hat er sich keine ehrliche Arbeit gesucht? Auf den Märkten kann man sich immer durch Handlangerarbeiten einen kleinen Lohn verdienen oder eine Mahlzeit. Die Frauen hätten ihn nicht erschlagen dürfen, das ist wahr. Aber das wollten sie vielleicht auch gar nicht. Ihr täglicher Existenzkampf hat sie nun mal hart gemacht, es geht schließlich um ihr Leben und das ihrer Familien.«

Ich spürte, dass es mir weder mit europäischen Fragen, geschweige denn mit Antworten, möglich war, einen Zugang zu dem Leben hier zu finden; von Verstehen konnte erst recht keine Rede sein. Was ich erlebt hatte, war pure Anarchie, das Recht des Stärkeren. Hier in Benin ging es wirklich um das tägliche Essen und das bescheidene Wohnen, dieser Alltag schrieb eben andere Gesetze und formte andere Menschen.

Am nächsten Tag stand das Geschehen in der Tageszeitung, eine kurze Meldung ohne Foto. Jenes, das ich damals gezwungenermaßen geknipst hatte, ist nämlich nichts geworden.

Wir wechselten das Thema, und Oma Akouavi erzählte uns, dass sie am nächsten Tag in ihr Heimatdorf fahren müsse. In Pahou, gut 15 Kilometer von Cotonou entfernt, wollte sie einer Zeremonie beiwohnen.

»Wir bringen dich dort selbstverständlich hin«, schlug ich sofort vor. In Cotonou gibt es nämlich nur überfüllte Sammeltaxen und rasende Mopedtaxis, aber keinerlei öffentliche Verkehrsmittel.

Erst als wir später wieder in unserem Hotel waren, fragte ich Maurice, worum es denn eigentlich in Pahou gehe.

»Irgendwas für die Ahnen«, grummelte Maurice.

»Du meine Güte, doch nicht etwa Voodoo?«, hakte ich entsetzt nach, denn ich machte mir sofort Sorgen um meinen Mann.

»Mir passiert nichts«, antwortete er, »das sind doch nur die Verwandten aus der mütterlichen Linie.«

Pahou zog sich rechts und links der Hauptstraße über mehrere Kilometer hin und bestand aus vereinzelten Gehöften und kleinen Häusern, die in größeren Abständen im Wald verteilt waren. Der sandige Weg, der von der Hauptstraße abging, mündete in einen schmalen Pfad, an dem wir das Auto abstellten. Wir drei liefen ein kleines Stück durch einen Wald aus hohen Palmen, bevor wir eine Lichtung erreichten, um die sich mehrere kleine Häuser gruppierten.

Insgesamt bot sich uns ein friedlicher, idyllischer Anblick. Kleine Kinder rannten gackernden Hühnern hinterher und johlten und lachten dabei. Als sie mich sahen, riefen sie: »*Yovo, yovo!*«

Maurice führte uns zu einem Grundstück, welches mit trockenen, ineinander verflochtenen Palmzweigen umzäunt war. Wir betraten den großen Hof, in dessen Mitte eine gepflegte, mit Wellblech gedeckte Strohhütte stand.

»Das ist Omas Geburtshaus«, sagte Maurice nur, da wurden wir auch schon von zahlreichen Frauen mit großem Palaver begrüßt.

»Das sind alles Tanten von mir«, erklärte mein Mann. Eine beleibte Frau nahm mich in die Arme, küsste mich auf die Wangen und sprach in Fon zu mir. Es hörte sich an wie eine offizielle feierliche Begrüßung.

Maurice übersetzte: »Sie heißen dich herzlich willkommen und danken dir für die Kinder, die du der Familie geschenkt hast.«

Nachdem wir uns eine Weile unterhalten hatten, erklärte mir Maurice, dass ich die bevorstehende Zeremonie nur dann fotografieren dürfe, wenn wir den Dorfchef um Erlaubnis fragten. Ich hielt das für eine Lappalie, denn Maurice meinte, der Mann sei weitläufig mit ihm verwandt, doch ich sollte mich täuschen. Man bat uns, im Empfangszimmer zu warten, bis der wichtigste Bewohner des Orts eintreffe. Ein Kind brachte Limonade, und nachdem ich einen Schluck getrunken hatte, sah ich mich ein wenig um. Ein großer Fernsehapparat beherrschte den Raum, direkt daneben stand ein Regal voller Videos. Die westliche Welt, oder zumindest ein Teil davon, hatte hier offensichtlich Einzug gehalten.

Nach einer Stunde erschien ein schwerfälliger Mann, der keinen sonderlich sympathischen Eindruck auf mich machte. Maurice unterhielt sich lange mit ihm, dann verließen die beiden das Zimmer. Irgendwann kam mein Mann allein zurück und sagte wütend: »Wir gehen.« Der Dorfchef wollte mich nur unter einer Bedingung teilnehmen lassen und die hieß: viel Geld.

Danach hatte es Maurice plötzlich sehr eilig, Omas Dorf zu verlassen, ich konnte mich kaum richtig von der alten Frau verabschieden. Dennoch protestierte ich nicht gegen diesen überstürzten Aufbruch, da ich Maurice' Unruhe spürte und wieder dieses unangenehme Gefühl im Magen hatte, das mir eine mögliche Gefahr signalisierte. Unser Chauffeur erwartete uns neben dem Auto und unterhielt sich mit ein paar Leuten.

Plötzlich wurde Maurice panisch. Unfreundlich trieb er die Menschen auseinander und sprang in den Wagen. Auf der Rückbank lag eine zusammengerollte Strohmatte.

»Was ist das?«, schrie er, als er sie erblickte. »Raus mit dem Ding! Wer hat mir das hier reingelegt? Mit solchen Matten können sie dir sonst was anhexen, bloß weg damit!«

Ich wollte die Matte gerade aus dem Auto schaffen, als der Fahrer vorsichtig erklärte, er habe sie sich eben bei einer der Frauen des Dorfs gekauft.

»Ach so«, atmete Maurice auf, wurde aber trotzdem nicht wesentlich ruhiger und bat den Chauffeur, sofort loszufahren.

»Ich will mit diesen ganzen Zeremonien nichts mehr zu tun haben«, zischte mein Mann nach einer Weile.

»Der Dorfchef wollte doch nur Geld«, besänftigte ich ihn und nahm ihn in den Arm, doch er wehrte wütend ab. »Du machst dich verrückt«, meinte ich. »Du hast mir doch selbst gesagt, dass die Verwandten deiner Mutter harmlos sind.«

Maurice antwortete nicht und starrte aus dem Fenster,

also nahm ich seine Hand. Obwohl es noch nicht einmal dunkel war, ging er im Hotel gleich ins Bett. Ich legte mich neben ihn, tat aber selbst kein Auge zu. Die Situation im Dorf erinnerte mich nun wieder an jene vom Flugplatz, als Maurice mir erklärt hatte: »Wenn so viele Menschen um mich herum sind, habe ich keinen Schutz. Da kann alles passieren.«

Doch diesmal hatte kein Onkel einen Fluch gegen meinen Mann ausgesprochen. Als er nach zwei Stunden erwachte und sagte, dass er Hunger habe, war ich unendlich erleichtert. Der Balanceakt über die Abgründe des Voodoo war also noch einmal gut gegangen.

Die Rosskur

Erst ein Jahr nach dieser Werbereise wurden unsere Geduld und unser Engagement belohnt. Es war uns tatsächlich gelungen, in Benin einen Vertrieb für deutsche Arzneien aufzuziehen. Maurice regelte die letzten Details bei einem weiteren Besuch, zu dem ich ihn leider nicht begleiten konnte – die Mädchen brauchten mich mehr als Afrika. Doch als er zurückkehrte, versprach mein Mann: »Das nächste Weihnachtsfest verbringen wir alle zusammen in Benin.«

Das taten wir dann auch, nur reiste ich diesmal mit unangenehmem Gepäck. Ein hartnäckiger Schnupfen plagte mich, und ich hoffte, ihn unter der heißen Sonne Afrikas schnellstens loszuwerden. Damit Anna und Ina einen angenehmen Urlaub verbringen konnten, quartierten wir uns in einem Hotel mit großer Gartenanlage ein, das viele Jahre zuvor eigens für eine Konferenz afrikanischer Staaten gebaut worden war. Die Mädchen stürzten sich mit Jubelgeschrei in den Pool. An die Beniner Realität führten wir unsere beiden Großstadtpflanzen nur vorsichtig heran, was jedoch völlig überflüssig war. Glücklich, auf deutsche Tischsitten pfeifen zu dürfen, futterten die Mädchen wie wir in den Garküchen am Straßenrand mit der Hand. Obwohl sie sich in Deutschland über jedes winzige Ungeziefer aufregten, nahmen sie hier die Fliegen, die uns und das Essen umkreisten, kaum wahr. Das war die Generalprobe gewesen, als Nächstes sollte es zu *maman* gehen, zu Annas und Inas afrikanischer Oma.

Endlich saß uns bei diesem Besuch auch nicht mehr die Angst vor einer Voodoo-Attacke im Genick. Wir hatten Maurice' Mutter nämlich ein neues Haus in Pahou, auf halber Strecke zwischen Cotonou und Ouidah gelegen, bauen lassen.

»Warum können wir nicht bei Oma wohnen?«, fragten die Mädchen.

Die Antwort fanden sie schnell selbst heraus, sobald die von vielen Wangenküssen begleitete Begrüßung abgeschlossen war. Ina, damals gerade sieben Jahre alt, musste mal.

»Klo?«, fragte ich und schickte einen Hilfe suchenden Blick zu Maurice.

»So was gibt es bei Oma Micheline nicht«, räumte der Papa daraufhin ein. »Aber gleich hinter dem Haus ist der Wald.«

Meine Schwiegermutter erklärte sich bereit, Ina in die Geheimnisse der Beniner Hygiene einzuweihen, während Anna ihrer kleinen Schwester tapfer beistand. Die weitere Inspektion des Hauses ergab, dass man hier nicht in Betten schlief, sich dafür aber die Zimmer mit unzähligen Mücken teilte. Wenigstens konnten wir die neue Bleibe gefahrlos betreten, Michelines Heim war ja nun garantiert frei von Flüchen. Dafür kann ich auf eine Toilette und fließendes Wasser auch mal verzichten – zumindest in Afrika.

Gegen die Bettelei der zahlreich zu unserem Besuch erschienenen Verwandten konnten wir uns allerdings nicht wehren. Einer der Bittsteller flüsterte besonders hartnäckig mit meinem Mann und ich erfuhr, dass er ein Onkel war – wenngleich nicht der böse.

»Gib ihm bitte Geld«, riet ich.

Nach diesen Anlaufschwierigkeiten stellten wir fest, dass uns die Mehrheit der Anwesenden wohlgesonnen war. Anna und Ina schlugen sich tapfer mit ihren, natürlich noch viel zu dürftigen, Französisch-Kenntnissen durch. Endlich sahen sie ein, warum sie sich in ihrem zarten Alter schon mit der schwierigen Fremdsprache abplagen mussten, und sie wurden für ihre Mühen schnell belohnt. Unsere deutschen Mädchen fanden viele neue Freundinnen und Freunde, mit denen sie den ganzen Tag über spielten, Verständigungsprobleme schien es überhaupt nicht zu geben. Ich bewunderte die Fähigkeit der Kinder, sich so rasch in der neuen Welt zurechtzufinden.

Die ist natürlich längst nicht so kompliziert wie jene der Erwachsenen, so setzen Kinder sich beispielsweise auch nicht in den Kopf, einen alten Mercedes nach Afrika einführen zu wollen. Die Notwendigkeit zu diesem Vorhaben bestand durchaus, nachdem die Kosten für Leihwagen bislang den Großteil unserer jeweiligen Reisebudgets ausgemacht hatten. Mit zunehmenden Kopfschmerzen, die ich meinem Schnupfen verdankte, fuhr ich eines Nachmittags kurz nach unserer Ankunft gemeinsam mit Maurice zum Hafen, um den Benz abzuholen. Dabei kamen mir durchaus gewisse Bedenken, diesem Verkehrschaos ein weiteres Fahrzeug hinzuzufügen, da eine Lagune Cotonou in zwei Teile teilt. Die einzige Verbindung ist nur eine schmale Brücke, die gleichermaßen von Pkws, Lkws und der Bahn genutzt wird. Kommt der Zug, ruht der übrige Verkehr – ein Geduldsspiel sondergleichen …

Unser ohnehin betagter Mercedes war dann zwar da, aber er sah ganz schön übel aus: Von den Scheibenwischern über das Radio bis zum Schaltknüppel fehlte, was abzuschrauben war. Sogar der mit allerlei Haushaltsutensilien voll gestopfte Kofferraum war ausgeräumt. Wenigstens die beiden Kinderfahrräder hatten die Diebe uns gelassen – welch mitfühlende Räuber.

»Was machen wir denn jetzt? Mit dem Wagen können wir doch nicht fahren!«, rief ich verzweifelt.

Maurice blieb gelassen. »Wir kaufen die Teile, die uns geklaut wurden, einfach auf dem Markt zurück. Das ist wahrscheinlich doppelt so teuer wie in Deutschland, aber immer noch billiger, als für die gesamte Zeit unseres Aufenthaltes einen Wagen zu mieten.« Bis er mit dieser Taktik dann auch Erfolg hatte, mussten wir den Mietwagen benutzen und uns in der obersten Tugend üben, die für einen Afrika-Aufenthalt unerlässlich ist: Geduld.

Maman genoss ihre Rolle als Oma unserer deutschen Mädels und fuhr zur Feier des Tages üppig Speisen auf. Irgendwann hatte ich den Eindruck, sie wollte ihre gesamte neue Nachbarschaft inklusive sämtlicher Verwandter bewirten. Bevor meine Schwiegermutter unsere Teller füllte, nahm sie demonstrativ aus jedem Gefäß einen kleinen Happen und steckte ihn sich in den Mund.

»Sie will dir nur zeigen, dass mit dem Essen alles in Ordnung ist«, erklärte mir Maurice diese Vorgehensweise. Das war zwar eine fürsorgliche, aber absolut unnötige Geste, was allein Anna und Ina bewiesen. Es schmeckte ihnen wie bei Muttern in *djamma* und Michelines Augen leuchteten.

Wenn sie nicht aßen, waren die beiden verschwunden, und ich verlor allmählich den Überblick und gestand mir meinen eigenen Stress ein. Dafür verantwortlich war allerdings weniger die kaum überschaubare Menschenmenge, sondern der unglaubliche Druck in meinem Kopf.

»Maurice«, sagte ich eines Tages, »ich muss zu einem Arzt. Diese Kopfschmerzen bringen mich um.«

»Ich fahre dich zu einer Ambulanz, in der sich auch die Minister behandeln lassen. Da bist du in besten Händen. Mach dir keine Sorgen«, versprach mein Mann und verfrachtete mich und die Kinder ins Auto.

Die Fahrt wurde zur Tortur, weil die kleinste Unebenheit der Fahrbahn in meinem Kopf wie ein Presslufthammer dröhnte. Leider gibt es auf Cotonous Straßen nur wenig »kleine Unebenheiten«, dafür aber eine Menge großer …

Die Klinik durften wir erst nach dem Entrichten eines Eintrittsgeldes betreten, und dennoch war der schmale Flur voller Menschen, für die die wackeligen Sitzgelegenheiten an den Wänden längst nicht ausreichten. Mir war schwindlig und ich spürte Fieber in mir aufsteigen, woraufhin ein energischer Auftritt von Maurice die unendlich lange Wartezeit verkürzte. Ich wurde einem jungen Arzt vorgestellt, der sich gelangweilt unser Anliegen anhörte.

»Der Hals-Nasen-Ohren-Arzt ist nicht da. Bitte warten Sie draußen«, sagte unser Gegenüber nur.

»Wann kommt denn Ihr Kollege? Heute noch?«, fragte Maurice.

Der junge Arzt zuckte mit den Schultern. »Kann sein, vielleicht kommt er aber auch erst am Freitag.« Es war Montag.

Nun riss der Geduldsfaden meines Mannes lautstark. »Sie werden meine Frau auf der Stelle behandeln!«, brüllte er und das half. Der Mediziner bequemte sich dazu, bestimmte Stellen meines Gesichts zu befühlen. Ich schrie gequält auf.

»Sinusitis«, diagnostizierte der Doktor daraufhin. Die im Voraus zu entrichtenden Kosten fürs fällige Röntgen entsprachen dem Monatslohn eines örtlichen Kraftfahrers, allerdings beinhaltete dieser Preis die Anwesenheit der gesamten Familie im Röntgenraum. Trotz meiner Apathie machte ich gewisse Bedenken geltend.

»Ach, so stark sind die Strahlen doch gar nicht«, beruhigte die Fachkraft mich.

Auf der entwickelten Aufnahme erkannte sogar ich als Laie, dass meine linke Nasennebenhöhle völlig und die Stirnhöhle zum Teil vereitert waren.

»Sie müssen punktiert werden«, kommentierte der Doktor das Röntgenbild.

»Was ist punktiert?«, erkundigte sich Anna.

Maurice verdrehte die Augen. »Das werden wir auf keinen Fall machen lassen, dann hat deine Mama nämlich ein Loch in der Backe.«

Die angebotene Alternative bestand aus dem Kauf von Penicillin, Cortison und etwa 20 Spritzen und Kanülen, was zusammengerechnet den dreifachen Lohn eines Beniner Lkw-Fahrers ausmachte. Aber das war mir in dem Moment völlig egal. Ich schluckte, was mir gereicht wurde, wankte zurück zum Auto und legte mich bald darauf ins Hotelbett. Dreimal am Tag musste ich zum Inhalieren in die Klinik, dennoch trat keine Besserung ein. Der Freitag kam und mit ihm der angekündigte HNO-Arzt.

Während Maurice und ich in dem engen Flur warteten, ertönte plötzlich lautes Geschrei. Minuten später wurde eine Trage mit einer bewusstlosen jungen Frau vor uns abgestellt. Ihre ältere Begleiterin beschwor fast schon hysterisch eine Krankenschwester, doch die wendete sich ungerührt ab.

»Sie kann die Behandlung nicht bezahlen«, erklärte mir Maurice das Geschehen.

»Die können die Frau doch nicht einfach hier liegen lassen«, empörte ich mich. »Was ist, wenn sie stirbt?«

»Das wird sie nicht. Irgendwie werden sie das Geld schon auftreiben«, erwiderte Maurice.

In diesem Augenblick fiel mir etwas ein, was mir Odette ein paar Jahre zuvor gesagt hatte: »Wenn Gott mir eine Krankheit schickt, dann wird er auch an die Heilung denken.«

Um das entsprechende Gottvertrauen bemüht, schlich ich in die Sprechstunde des HNO-Spezialisten. Der kräftige, recht große Mann von etwa 50 Jahren drückte mir freundlich die Hand und dirigierte mich auf einen Stuhl. Dabei umwickelte er einen Metallstab mit einem Zellstoff-Fetzen, den er in eine Flüssigkeit tunkte.

»Halten Sie den Kopf Ihrer Frau fest!«, wies er Maurice an, bevor er mir fest in die Augen blickte, die Fäuste auf Brusthöhe ballte und mit Grabesstimme knurrte: »*Courage, Madame!*«

Im nächsten Augenblick rammte er mir den Stab ins linke Nasenloch, so dass ich glaubte, er komme jeden Moment durch die Schädeldecke wieder heraus. Mir wurde schwarz vor Augen. Als ich sie nach der für diese Rosskur angemessenen Zeit einer erlösenden Ohnmacht wieder aufschlug, blickte ich in das besorgte Gesicht meines Mannes.

»Wie geht es dir?«, fragte er bang.

»Ich glaube, ich lebe immer noch«, murmelte ich. Soweit

ich das schon beurteilen konnte, schien der Druck im Kopf gewichen zu sein. Oder war doch der ganze Schädel weg? Sicherheitshalber tastete ich ihn ab. Es war alles noch da, bis auf das, was bislang gestört hatte.

Als wir das Arztzimmer verließen, waren sowohl die bewusstlose Frau als auch ihre Mutter verschwunden. Ich hoffte, dass Odette mit ihrem fatalistischen Lebensmotto Recht hatte und wenigstens Gott der Armen noch beistand. Auf mich hatte ihr Credo jedenfalls zugetroffen.

Weihnachten in Trance

Endlich konnte der Urlaub auch für mich richtig beginnen. Unser aus Deutschland importierter Mercedes war pünktlich fertig und nicht nur die Mädchen genossen die Fahrt im klimatisierten Wagen. Ein Kennzeichen besaßen wir zwar nicht, aber ein bisschen Ölfarbe auf Metallschildern tat es auch – schließlich waren wir diesbezüglich nicht die Einzigen und mussten uns ja anpassen. Ähnlich wie man in Deutschland über Fahrzeuge dieser Nobelmarke spottet und behauptet, dass sie eine »eingebaute Vorfahrt« hätten, erging es uns nun auch in Benin. Bei einer der nervtötenden Polizeikontrollen ließ Maurice – wir hatten nach wie vor einen Chauffeur – hinten rechts die Seitenscheibe unseres alten, grauen S-Klasse-Modells herunter.

Er blickte starr geradeaus, während er den Polizisten fragte: »Ja, bitte?«

Ich dachte mir noch: Na, mein Lieber, nun trägst du aber ein bisschen dick auf.

Da meinte der beamtete Verkehrsschikanierer auch schon: »Pardon, Herr Minister, ich wollte Sie nur darauf aufmerksam machen, dass Sie sich demnächst um geeignete Nummernschilder kümmern sollten.« Er tippte sich an die Mütze und wir rollten majestätisch davon.

Die Kinder kugelten sich vor Lachen und ihr Papa hatte

seinen Spitznamen weg: Herr Minister! Er sah in der Tat sehr würdevoll aus in seinen mit Gold- und Silberfäden durchwirkten dunklen Gewändern. Es sind eben nicht nur die Kleider, die Leute machen, sondern auch deren Autos, dachte ich. Nicht allein deswegen fiel mir Odettes Königs-Prophezeiung wieder ein, sondern auch, weil wir nun auf dem Weg zu ihr waren.

Maurice' Cousine hatte ein paar Monate zuvor geheiratet und lebte mit ihrem neuen Mann Clement in der Beniner Hauptstadt Porto-Novo. Clement arbeitete in hoher Position bei der Bank und das Haus, das sie gemeinsam mit ihm und ihren drei Kindern bewohnte, hatte europäischen Standard. Insgesamt schien Odette nach den Wirrnissen, die sie in Europa überstanden hatte, endlich ihre innere Ruhe gefunden zu haben.

Dazu hatte sicher auch beigetragen, dass ihr neidischer Vater, der ihr früheres Haus mit einem Fluch belegt hatte, gestorben war. Während unsere Kinder gemeinsam die Hühner im Hof jagten, sahen wir uns das Video an, das sie von der Beerdigung gedreht hatte. Die etwa einhundert Gäste wirkten eher fröhlich und es wurde sogar getanzt.

»Je aufwändiger die Verabschiedung hier, umso herzlicher die Begrüßung in der Welt der Ahnen«, meinte Maurice unbeschwert. Doch als ob er sich im selben Moment wieder zur europäisch orientierten Vernunft bringen müsste, korrigierte er sich sofort. »Die Leute bringen sich hier oft um Kopf und Kragen, nur um ihre Verwandten mit viel Tamtam zu bestatten.«

Das war jetzt aber nicht sonderlich diplomatisch, mein Lieber, dachte ich mir, schwieg aber. Während Maurice und Odettes Mann Clement sich mit einem *Béninoise*-Bier zurückzogen, erkundigte sich Odette bei mir nach Maurice' Verfassung. Ich gestand ihr, dass ihr Cousin dasselbe distanzierte Verhältnis zu seinem Land hatte wie immer.

»Ihr lebt wie Europäer in dem Land, wo deine Wurzeln sind, Annette«, antwortete sie. »Aber Maurice hat seine eigenen Wurzeln und die kann er nicht einfach abschneiden.

Weil er das trotzdem versucht, ist er ohne Halt. Er hält sich nur an dir fest.«

»Das habe ich ihm selbst schon so oft gesagt«, entgegnete ich. »Ich weiß, dass er sich seiner Kultur stellen muss und dass es keinen Sinn hat, davor zu flüchten.«

»Er wird sich irgendwann besinnen, da kannst du sicher sein«, erwiderte Odette, »der Tag wird kommen, an dem deinem Mann gezeigt wird, wohin er gehört.«

Dieser Satz machte mir dann doch Angst, denn ich wusste nicht, was für ein Mann später einmal an meiner Seite leben würde. Der nächste Tag war unser achter Hochzeitstag, den wir gemeinsam mit den Kindern bei einem Ausflug zum Königspalast nach Ketou feiern wollten. Maurice vergaß sein Versprechen und tröstete uns zuerst mit der Ankündigung, dass er uns nach seiner Verabredung mit einem Ex-Minister ausführen wollte – und versetzte uns schließlich vollständig. Ohne Fahrer und Auto waren wir voll und ganz auf das Hotel angewiesen und konnten nicht einmal zu Oma Micheline oder Uroma Akouavi fahren, die wir meiner gerade überstandenen Sinusitis wegen bisher kaum gesehen hatten.

»Sag mal, Mama, stimmt es, dass morgen Heiligabend ist?«, fragte mich meine siebenjährige Ina.

Ich nickte. »Ja, hier wird Weihnachten auch gefeiert, allerdings nicht so groß wie bei uns.«

»Mama, hier schneit es nie, oder?« Auf mein Kopfschütteln folgte auch schon ihre nächste Frage. »Und wo bekommen wir dann einen Weihnachtsbaum her?«

Ich grübelte über eine passende Antwort. Sie konnte ja schlecht lauten: Oma wird eine Ziege schlachten – doch genau so sollte es kommen!

Auf dem neuen Grundstück meiner Schwiegermutter in Pahou lief eine kleine Ziege meckernd um den Pflock, an dem sie angebunden war. »Ist die süß!«, riefen Anna und Ina wie aus einem Munde, als sie das Tier am nächsten Tag erblickten, und rannten gleich darauf zu.

»Na, das kann ja was werden«, sagte ich zu Maurice. Seine Mutter hatte das niedliche Tier, das die Mädchen gerade hingebungsvoll streichelten, von unserem Geld erstanden, um es am Heiligen Abend zu grillen. In der Hoffnung, das Ziegenschicksal nähme ohne die Aufmerksamkeit der Kinder seinen Lauf, verteilten wir deutsche Weihnachtsplätzchen, die wir noch in Berlin gebacken hatten. Immer wieder schielte ich hinüber zu dem blökenden Weihnachtsbraten in spe und zog die Geschenkezeremonie mit allen möglichen Mitbringseln künstlich in die Länge.

Weihnachten war natürlich eine wundervolle Gelegenheit für Uroma Akouavi, um mit ihren Urenkeln zusammen sein zu können, und auch die Mädchen genossen die Ruhe der würdevollen alten Frau.

Die winzige Ziege meckerte immer noch.

Dann tischte Micheline gegrillten Fisch, *moyo*, *eba*, Grieß und andere leckere Speisen auf. »Die kleinen *yovos* essen ja sogar mit der Hand. Machen die das in *djamma* auch?«, erkundigte sich Akouavi verwundert. Kaum rührten wir die Speisen auf einem Teller nicht mehr an, wurde er abgeräumt.

Nach dem Essen half ich beim Aufräumen in der hinter dem Haus gelegenen Küche und stellte fest, dass die Nachbarn sich hungrig auf unsere Reste stürzten. Mir trieb es plötzlich die Schamröte ins Gesicht bei dem Gedanken, was wir zu Hause alles wegwarfen, während hier jeder Fischkopf abgeknabbert wurde.

Ich kehrte zurück – und die Ziege kreiste immer noch um den Pflock. Die bekommt wohl zu Weihnachten ihr Leben geschenkt, soll mir nur recht sein, dachte ich und vertiefte mich in eines der gestenreichen Gespräche mit Oma Akouavi. Anna und Ina spielten schon wieder mit den anderen Kindern. Plötzlich waren sie verschwunden und die Ziege mit ihnen. Hatten meine tierlieben Berliner Kinder etwa heimlich das Festessen befreit?

Ich machte mich auf die Suche und stellte entsetzt fest, dass meine beiden Mädchen nun exakt dort im Kreise anderer Kinder standen, wo zwei Männer im Begriff waren, aus einem meckernden und sich heftig wehrenden Zicklein einen

Braten zu machen. Dem Tier wurde gerade die Kehle durchgeschnitten und unter den letzten Zuckungen der kleinen Ziege lief das Blut in eine Schüssel. Dann brachten die Männer das geschlachtete Tier hinters Haus, wo es zum völligen Ausbluten aufgehängt wurde.

Nun war es also geschehen. Was sollte ich jetzt tun? Vor Mitleid jammernd in den offenen Wunden der Kinderseelen herumstochern?

Die beiden verfolgten noch einen Moment lang, wie sich das letzte Blut aus dem Kadaver verabschiedete – und wandten sich ungerührt wieder ihrem Spiel zu. Nach einer Weile kamen sie zu mir herüber und Anna fragte: »Wann essen wir nun eigentlich die Ziege?«

Ich war sprachlos. Maurice erklärte den beiden daraufhin: »Die muss erst noch bearbeitet werden und dann wird sie gegrillt.«

Zufrieden mit dieser Antwort mischten sie sich wieder unter die Kindermeute, während ich die Gelegenheit nutzte, den Frauen zuzusehen, wie sie das einst niedliche Tier in einen Weihnachtsbraten verwandelten. Über dem offenen Feuer brannten sie ihm zunächst Stück für Stück das Fell ab. Dann schnitten sie dem Tier – am Hals beginnend – den Leib auf, nahmen die Innereien heraus und verteilten diese auf verschiedene Schüsseln. Zum Schluss schoben sie einen langen, dicken Ast durch die aufgeschlitzte Ziege und banden ihr die Beine so zusammen, dass der Ast nicht herausrutschen konnte. Das Ganze legten sie nun über zwei bereits links und rechts neben dem Feuer steckende Pflöcke.

Da ich grundsätzlich von allen Speisen unserer Freunde und Verwandten koste, probierte ich auch die Weihnachtsziege, die ziemlich zäh war. Für diese Erkenntnis hätte das Tier nicht sein Leben lassen müssen – wenn es nach mir gegangen wäre.

Vor Schwiegermutters Haus herrschte inzwischen ausgelassene Stimmung. Einige Männer und vor allem die Brüder von Maurice, die wir bei diesem Fest zum ersten Mal fast vollständig versammelt sahen, sangen vergnügt. Dabei brauchten sie keine Musikinstrumente, um sich zu begleiten. Die Männer und Halbwüchsigen schlugen sich mit den flachen Händen auf die Brust, was wie dumpfes Trommeln klang. Immer abwechselnd sang einer von ihnen etwas in Fon oder Yoruba vor, was die anderen im Chor wiederholten. Nach und nach kamen auch Frauen dazu, die in den Gesang einfielen. Alle Beteiligten saßen oder standen so, dass in der Mitte eine geräumige Fläche frei geblieben war, auf welcher der jeweilige Vorsänger wild gestikulierend herumlief oder von wo aus er auf die Person zeigte, die gerade besungen wurde.

Ich saß neben Maurice und bemerkte schnell, dass sich viele der improvisierten Liedtexte um ihn drehten. Er lachte oft und gelöst oder schüttelte zuweilen den Kopf – amüsiert oder auch mal abwehrend. Rhythmisches Schlagen auf die Brust, Geräusche mit dem Mund, Stampfen auf den Boden, Klirren mit Kochgeschirr und Klatschen in die Hände bildeten den Höhepunkt nach jeder Strophe; es war ein wahres Trommelfeuer – ohne eine einzige Trommel. Immer wieder sprangen ein paar Frauen oder Männer auf, um unter der Anfeuerung der Umstehenden zu tanzen. Auch Schwiegermutter Micheline und selbst die weit über 80-jährige Uroma Akouavi tanzten.

Schließlich wurde Maurice aufgefordert, sich im Kreis zu zeigen. Zu einem Lied, das ihn besang, schwebte er in seiner unvergleichlich würdevollen Art, die ich schon in Abomey so bewundert hatte, mit ruhigen, rhythmischen Bewegungen über die sandige Tanzfläche. Wenn er die Arme hob und sein weites Gewand seinen Körper sanft umwehte, sah es aus, als würde ein großer Vogel gemächlich seine Runden drehen.

Nun waren auch Anna und Ina nicht mehr zu halten und hüpften ausgelassen um ihren Papa herum. Sie hatten die Tänze der anderen sehr genau beobachtet und versuchten sie nun nachzuahmen. Das spornte wiederum die Menge an, noch lauter zu singen und wilder zu trommeln. Als auch ich mich zu meiner Familie auf dem Tanzplatz gesellte, waren die Leute nicht mehr zu halten.

Ich versuchte, mich den Bewegungen meines Mannes anzupassen, der mit seinem wehenden Gewand um mich herumschwirrte. Dabei sah ich die dichte, wogende Menge um uns herum und blickte in die vielen im Geflacker der Öllampen leuchtenden Augen in schweißglänzenden Gesichtern. Mehr und mehr trugen mich das ekstatische Trommeln von starken Fäusten auf nackter Haut, das Scheppern und Klatschen und der Gesang davon. Ich genoss jede Unebenheit der warmen Erde unter meinen nackten Füßen und allmählich achtete ich nicht mehr auf die Bewegungen von Maurice, nahm schließlich die Menschen nicht einmal mehr bewusst wahr. Deren kehlige Stimmen schienen inzwischen tief in mir selbst zu sein und mich zu beherrschen. Ich roch Rauch, bissigen Schweiß und etwas anderes, Modriges, was irgendwo aus meiner Erinnerung wuchs. Ich nahm nichts mehr wahr, dachte an nichts, sondern war nur noch erfüllt von der Musik und ergab mich ihrem Rhythmus, ohne meinen Körper zu spüren.

Ganz von ferne hörte ich Kreischen und Johlen, als mich jemand an den Armen packte. Jetzt erst nahm ich Maurice bewusst wahr und hörte die begeisterten Rufe der Leute um uns herum deutlicher. Mein Mann schloss mich in die Arme. »Wie du tanzt ... unglaublich.«

Benommen sah ich ihn an. Ich fühlte mich, als wäre ich von irgendwoher zurückgekehrt, wo alles anders riecht und anders klingt. Meine ausgedörrte Kehle gierte nach Flüssigkeit, und so ging ich hinters Haus und trank einen kräftigen Schluck Wasser, das in einem abgedeckten Gefäß aufbewahrt wurde. Erst jetzt merkte ich, dass der Anzug aus dem Familienstoff mir am schweißnassen Körper klebte. Erschöpft hockte ich mich neben das Wassergefäß und versuchte, meine Gedanken zu sortieren, die um eine unerklärliche Gedächtnislücke kreisten.

»Mama!«, hörte ich eines meiner Kinder rufen. Also ging ich wieder vors Haus, wo die Leute inzwischen entspannt plaudernd saßen. Einige der Kinder waren inzwischen auf dem Boden eingeschlafen.

»Wir fahren jetzt los«, sagte Maurice, aber seine Stimme hörte sich eigentümlich verzerrt an. »Es ist schon sehr spät.«

Als unser Auto losfuhr und Pahou langsam hinter uns verschwand, waren die Kinder bereits eingeschlafen. Ich schaute hinaus in die schwarze Nacht und lauschte den noch immer leise in mir bebenden Gesängen, die sich mit dem Motorengeräusch des Autos zu einer merkwürdig säuselnden Melodie vermischten.

Später fing sich im Duschbecken unter meinen Füßen eine rötliche Schmutzlache, die sich nur langsam auflöste. Wohlig müde wie nach einem Sportwettkampf legte ich mich zu Bett. Im Traum hörte ich das dumpfe Geräusch der rhythmischen Klänge. Ich geriet immer wieder in diesen merkwürdigen Zustand, der mich die Kontrolle über mein Denken und Tun verlieren ließ, und wachte jedes Mal schweißgebadet auf.

Um dem sich ständig wiederholenden Traum zu entkommen, der mir langsam unheimlich wurde, stand ich auf und holte mir eine kleine Flasche *Béninoise*-Bier aus dem Kühlschrank. Ich setzte mich mit einer Zigarette nach draußen und lauschte dem entfernten Grollen des Meeres.

Mir fiel ein, dass ja Weihnachten war. Stille Nacht, heilige Nacht ... Mein Geschenk war die erste Trance meines Lebens. Der Augenblick selbst war unvergleichlich, aber auf die Nachwirkungen hätte ich durchaus verzichten können, da war mir jeder Kater lieber. Während ich darüber nachsann, erkannte ich die ungeheure Kraft, die von einer solch eingeschworenen Gemeinschaft auszugehen vermag. Die Menschen hatten mir dazu verholfen, eine ungekannte Dimension zu erreichen – durch nichts anderes als Geräusche und ihre Anwesenheit. Ich starrte in den sternenklaren Himmel und fragte mich, wozu diese unglaublichen Beniner wohl noch in der Lage sein mochten.

Mein Mann war an diesem Abend in der Menge seiner Verwandten geschwommen. Ungeschützt und angreifbar, so hatte Odette seinen Zustand bezeichnet.

Hatte ich eine Ahnung davon bekommen, was sie tatsächlich meinte? Oder rang mein rationaler Verstand völlig überflüssig mit einer Sinnlichkeit, die ich tief in meinem Inneren verbarg, mir aber nicht eingestehen wollte? Ich hätte einiges darum gegeben, wenn mir jemand diese Frage beantwortet hätte. Doch ich wusste: Es gibt sie nicht, die Gebrauchsanweisung für den Voodoo. Jedenfalls nicht für mich, die *yovo*.

Schließlich kroch ich zurück ins Bett zu meinem Mann, der felsenfest schlief, und legte mich dicht neben ihn. Ich war bereit, falls es wieder losgehen würde, doch ich betete, dass es nicht passieren mochte.

Die Rückkehr des Alptraums

Es sah wirklich so aus, als wäre das intensive Weihnachtsfest ohne die von mir befürchteten Folgen geblieben. In den folgenden Tagen besuchten wir hauptsächlich Bekannte, mit denen wir Geschäfte machten und die ausschließlich in westlichen Luxusvillen residierten.

Die Kinder bemerkten bald treffend: »Je reicher hier einer ist, desto kälter ist seine Klimaanlage eingestellt.«

Ein echter Hit für die beiden war der Besuch bei unserem Freund Vincent, der eine eigene Ananasplantage besitzt, uns aber diesmal kein geräuchertes Rättlein kredenzte, sondern in den Mädchen den Wunsch weckte, auch so ein hübsches Haus in Afrika zu besitzen wie er. Wir wickelten für die Kinder ein touristisches Programm der Sonderklasse ab, zeigten ihnen unter anderem den auf Pfählen in den Nokoué-See hineingebauten Ort Ganvie, das »Venedig Westafrikas«, und fuhren zu den Trinkwasserquellen von Possotomé.

Der Klang von rasend geschlagenen Trommeln lockte uns bei einer dieser Touren zu einem von Lehmhütten umstandenen Dorfplatz, auf dem etwa 20 Frauen und Kinder in eine Wolke aus rötlichem Staub gehüllt tanzten. Nach der Erfahrung des ausgelassenen Fests zu Weihnachten hofften die Mädchen, sich den fröhlich wirkenden Menschen anschließen zu können.

Doch in diesem Augenblick trat ein jüngerer Mann auf uns zu. Er führte uns zu einer Riege alter Herren, die an einer Hauswand auf Stühlen saßen und offenbar die Dorfältesten waren. Nach einem ausführlichen Palaver zwischen Maurice und den Honoratioren brachte jemand Stühle herbei. Ich empfand es als eine große Ehre, bei den offenbar wichtigsten Leuten sitzen zu dürfen, während die Dorfbewohner dicht gedrängt im Halbkreis um die immer noch tanzenden Frauen standen. Nur unsere Mädchen machten lange Gesichter, hielten sich aber mucksmäuschenstill.

Mir wurde schnell klar, dass wir an der Seite der Alten gut aufgehoben waren, denn nun preschten aus einem umzäunten Gehöft etwa vier rasende Strohbüschel hervor. Ihnen voran eilten Männer mit langen Stöcken, die die Maskentänzer dirigierten, wenn sie mit wilden Verrenkungen auf die Zuschauer zurannten.

»Sind da Menschen drunter?«, fragten unsere Töchter.

»Das sind *Zangbeto*-Tänzer. Die Wächter der Nacht. So eine Art Voodoo-Polizei«, erklärte ihr Papa. »Es heißt, dass sie am Ende ihres Tanzes wie tot umfallen. Wenn man dann die Strohbüschel hochhebt, befindet sich darunter gar kein Mensch, sondern eine Schlange oder Katze.« Die beiden machten große Augen. »Ich selbst habe das noch nicht gesehen, aber die Leute hier glauben eben an solche Sachen«, fuhr Maurice fort.

Und wieder waren wir mittendrin im Voodoo. Mein Mann drängte bald zum Aufbruch und in dem Gewühl der vielen Menschen wurde ich von meiner Familie getrennt. Ich fand mich orientierungslos direkt vor dem Eingang jenes Gebäudes wieder, aus dem die rasenden *Zangbeto*-Tänzer gekommen waren. Mehrere Wächter mit weit aufgerissenen Augen scheuchten mich zurück, und ich war heilfroh, als ich Maurice, Anna und Ina samt dem Fahrer vor unserem Mercedes wiederfand. Mein Mann erklärte mir, dass ich vor einem so genannten Kloster, einer Einweihungsstätte für Voodoo-Lehrlinge, gestanden hatte.

Damit war das Thema dieses Nachmittags vorgegeben.

Während wir in Ouidah einen Bekannten von Maurice besuchten, den einstigen Zollchef Robert, unterhielt ich mich mit den Kindern.

Anna platzte unvermittelt heraus: »Sag mal, Mama, da war doch mal was mit Papa. Vor ein paar Jahren. Du hast uns nie erzählt, was damals mit ihm geschehen ist. Immer hast du nur so Andeutungen gemacht.«

Ich hatte bisher stets vorgeschoben, dass nicht der richtige Zeitpunkt sei, um gerade jetzt darüber zu reden – was man eben so sagt, wenn es ans Eingemachte geht. Doch jetzt saßen wir im idyllischen Garten von Roberts Hotel und ich konnte nicht länger entkommen. Natürlich hätte ich alles herunterspielen können, was sechs Jahre zuvor geschehen war, aber ich tat es nicht. Möglicherweise lag es an diesem Ort Ouidah, an dem zwei Tage später das große Festival des Voodoo stattfinden sollte, vielleicht auch an den frischen Eindrücken der *Zangbeto*-Zeremonie, dass ich mich entschloss, den Mädchen die Wahrheit zu erzählen. Ich wollte nicht, dass sie Dinge, die sie irgendwo aufgeschnappt oder nur halb verstanden hatten, mit ihrer Phantasie ausschmückten.

Alles in allem war es ein unwirklicher Moment: Der paradiesische Garten, in dem die Grillen laut zirpten, und die Schrecken des Wahnsinns, von denen ich behutsam erzählte, passten überhaupt nicht zusammen. Ich spannte einen großen Bogen um den Kern der Geschichte, erzählte von Heilern und Kräutern, wie auch Oma Micheline sie verkaufte, und näherte mich mit vielen kleinen Episoden dem eigentlichen Geschehen. Die Kinder lauschten wie gebannt und sagten kein Wort. Sie lieben es ohnehin, wenn ich ihnen Geschichten erzähle, ob es nun erfundene sind oder solche, die aus meiner Vergangenheit oder der ihrer Großeltern stammen.

»Für alles gibt es ein Gegenmittel. So auch für das, was eurem Vater damals zugestoßen ist. Sein Glaube hat ihn gerettet«, schloss ich.

»Kann das denn wieder passieren?«, fragte Anna und sah mich mit großen Augen an.

Was sollte ich meiner Tochter antworten? Ich wusste es selbst nicht. Maurice erlöste mich, als er mit einem warmen Lächeln auf uns zutrat. Er spürte offensichtlich, dass wir eine wichtige Angelegenheit besprochen hatten, und ich sagte offen, worum es ging.

»Na, dann wisst ihr ja jetzt alles über Voodoo«, meinte er mit ironischem Unterton.

Auf dem Rückweg nach Cotonou zeigte er mir zwei Eintrittskarten für das Festival in Ouidah. Robert hatte sie ihm geschenkt. Es waren Plätze auf der Ehrentribüne, im Schatten.

»Willst du denn hingehen?«, fragte ich überrascht. Ich mochte mir das kaum vorstellen. Mein Maurice in einer wahrscheinlich unüberschaubaren Menge von magischen Zauberern, ekstatischen Tänzern und blutigen Ritualen. »Ich könnte andernfalls Odette bitten, mich zu begleiten«, schlug ich vor.

»Ich weiß nicht, ob sie Zeit haben wird«, gab mein Mann zu bedenken.

»Warum, geht sie denn nicht hin?«

»Natürlich wird sie dort sein. Sie ist schließlich eine *houssi.*«

Das sagte mir damals nichts, und so erklärte mir Maurice, dass seine Cousine eine der höchsten Eingeweihten eines Voodoo-Kults ist. Plötzlich begriff ich, was ich mit eigenen Augen erst wenige Tage zuvor selbst gesehen hatte. Ich war in Begleitung von Odette und den Kindern in Cotonou auf dem Danktopa-Markt, einem der größten Westafrikas, gewesen. Mir war aufgefallen, dass sie immer wieder von Frauen mit einem ehrfürchtigen Knicks begrüßt worden war. Ich war jedoch so voller Eindrücke gewesen und achtete gleichzeitig darauf, nicht die Kinder aus den Augen zu verlieren, dass ich Odette nicht nach dem Grund gefragt hatte.

Ich deutete auf die Karten in der Hand meines Mannes: »Tribüne«, sagte ich, »da bist du nicht mitten unter den Menschen …«

»Lass mich darüber schlafen«, meinte Maurice.

Wir gingen zu Bett, und ich freute mich auf das große Fest, während ich mir die bunten Farben und die wirbelnden Gestalten vorstellte. Darüber schlummerte ich ein.

»Annette, Annette«, rief jemand, »wach auf!«

Maurice rüttelte mich an der Schulter. Schlaftrunken und gereizt brummelte ich: »Was ist denn los? Habe ich geschnarcht? Tut mir Leid.« Ich drehte mich um und war schon fast wieder eingenickt.

Maurice gab keine Ruhe. »Bitte, wach auf, es geht mir nicht gut.«

Der Horror war noch nie auf diese Weise in unser Leben getreten. Ich unterschätzte zunächst die Gefahr und wollte meinen Mann an mich ziehen, um ihn zu beruhigen, aber Maurice ließ meine Nähe jetzt nicht zu. »Annette, ich hatte einen schrecklichen Traum. Es war alles so finster und unheimlich. Ich habe Angst, ich spüre, dass etwas mit mir passiert.«

Nun war ich schlagartig hellwach. »Was denn?«, fragte ich.

Er zitterte. »Dieser Traum war so furchtbar.«

»Schatz, es war nur ein Traum«, beruhigte ich ihn. »Weißt du was, wir ziehen uns an, trinken etwas und gehen einfach ein wenig draußen spazieren. Das lenkt dich ab. Danach können wir weiterschlafen.«

Maurice war sofort einverstanden. Während wir durch die Hotelanlage schlenderten, versuchte ich ihn auf andere, ganz und gar realistische Gedanken zu bringen – die Arbeit, das Geschäft, den Tourismus.

Es schien nicht zu klappen und mein Mann kam immer wieder auf den Traum zu sprechen. Also kramte ich all mein Wissen zusammen und redete sanft auf ihn ein. »Wenn du Angst hast«, sagte ich, »bist du angreifbar. Lass es gar nicht erst an dich heran. Denk an etwas anderes. Dir wird nichts passieren, davon bin ich felsenfest überzeugt.«

Hundemüde und von der auch nachts tropischen Hitze

geschwächt schleppte ich mich neben ihm durch den finsteren Garten. »Lass uns zurück ins Zimmer gehen«, bat Maurice irgendwann, »ich fühle mich so schlapp.«

Im Bett umschlang ich meinen Mann mit beiden Armen, drückte ihn fest an mich und küsste ihn. »Schlaf ein, mein Schatz, es ist alles in Ordnung«, flüsterte ich ihm ins Ohr. In der Hoffnung, es würde ihn entspannen, massierte ich ihm sanft den Nacken.

»Ich liebe dich«, sagte er leise und hauchte sanfte Küsse auf mein Gesicht. Die wohlige Wärme seines Körpers, mit der mich Maurice leidenschaftlich verwöhnte, ließ mich seinen Alptraum vergessen. Eng umschlungen schliefen wir endlich ein.

Mir kam es vor, als wären mir erst Sekunden zuvor die Augen zugefallen, als Maurice mich erneut weckte. Wie ein Tiger im Käfig ging er ständig im Zimmer auf und ab. Dabei murmelte er seinen eigenen Namen und andere Dinge, die ich nicht verstand.

Mit einem Mal wurde mir richtig mulmig, leugnen half nämlich jetzt nicht mehr: Der Alptraum war zurückgekehrt. Diesmal musste ich etwas unternehmen, bevor es zu spät war. Die Kinder lagen in ihren Betten, noch hatten sie nichts mitbekommen. Hektisch zog ich mich an.

»Wo willst du hin? Bleib hier, geh jetzt nicht weg!«, flehte Maurice. Noch immer eilte er mit raschen Schritten durchs Zimmer. »Annette, es wird dunkel um mich, was soll ich machen?«, sagte er im Laufen.

Ich hatte das Gefühl, eine Uhr ticken zu hören – und im nächsten Moment gäbe es eine Explosion. Jetzt bloß keinen Fehler machen, dachte ich. Keine Angst zeigen, keine Aggression! Aber ich brauchte Hilfe. Odette! Nein, das ging nicht. Die hatte kein Auto und wohnte zu weit entfernt. Alle Namen, die mir einfielen, wirbelten durch meinen Kopf, bis ich schließlich auf den verlässlichsten Mann kam, den wir in Benin bislang getroffen hatten. »Ich rufe Vincent an. Er soll uns in die Kirche bringen. Das ist das Beste«, teilte ich Maurice so gelassen mit, wie ich jetzt noch konnte.

»Ja, du hast Recht«, erwiderte mein Mann vernünftig und wiederholte sofort: »Du hast Recht, zur Kirche!«

»Gib mir bitte die Telefonnummer von Vincent«, bat ich. Er kramte auch tatsächlich in seinem Notizbuch und las mir die Nummer in französischer Sprache vor. »Auf Deutsch!«, forderte ich ihn sanft auf, »du weißt, dass mir Zahlen in Fremdsprachen Probleme bereiten.« Er reagierte nicht. Also suchte ich die Nummer selbst heraus und ließ es lange klingeln, doch es hob niemand ab.

»Maurice, bitte zieh dich an, wir fahren selbst zur Kirche«, beschloss ich. In der Nähe des Hotels hatte ich eines der vielen Hinweisschilder zu den Himmlischen Christen gesehen, jener Sekte, die Maurice bei unserem letzten Besuch gerettet hatte. Das war natürlich riskant. Würde ich die *Christianisme Celeste* überhaupt finden? Würden sie uns die Tür öffnen? Es war immerhin mitten in der Nacht. Maurice suchte seine Sachen zusammen und begann sich anzukleiden, während ich hartnäckig immer wieder Vincents Nummer anwählte.

Endlich, unser Freund meldete sich. Inzwischen schon einigermaßen panisch geworden, stammelte ich ins Telefon. Der Afrikaner, mochte er auch seltsame Speisen bevorzugen, war wie ein Fels in der Brandung. »Ich bin gleich da«, meinte er nur hastig und legte auf.

Maurice sah mich misstrauisch an. »Wen hast du da angerufen?«, fragte er scharf.

»Vincent kommt gleich her und begleitet uns«, sagte ich ruhig, »dann muss ich nicht so lange suchen. Setz dich zu mir, wir warten auf ihn.«

»Ich will niemanden sehen«, entgegnete er brüsk. »Wir können allein dorthin fahren.« Er starrte mich seltsam an und ich wusste: Es ist wieder passiert. Das war nicht mehr er selbst.

Ich warf einen Blick in die Betten der Kinder. Konnte ich ihnen ersparen, was nun wahrscheinlich geschehen würde? Oder wäre es am Ende noch schlimmer, wenn sie aufwachten und wir wären fort? Oder wenn sie erwachten, während ihr Vater gerade vollständig durchdrehte? Ich wollte wenigstens versuchen, die Situation zu kontrollieren, also weckte ich die Mädchen sanft auf. »Papa geht es nicht gut«, erklärte ich ruhig, während ich ihnen beim Anziehen half. Sie waren zum Glück zu verschlafen, um Fragen zu stellen.

Es klopfte. Erleichtert eilte ich zur Tür, doch Maurice versperrte mir den Weg.

»Wer ist da?«, rief er mit ungewohnt tiefer, fast schon drohender Stimme.

Ich bat meinen Mann, unseren Freund hereinzulassen, und erinnerte ihn daran, dass Vincent uns helfen wollte. Doch Maurice stand starr vor der Tür, keinem vernünftigen Argument mehr zugänglich. Mit aller Kraft zog ich ihn zur Seite und drehte flink den Schlüssel um. Da stürzte Maurice sich auf mich, presste seinen Körper gegen die Tür und versuchte, wieder abzuschließen. Gleichzeitig stemmte sich Vincent von draußen dagegen und ich drängte Maurice ab. Der Kühlschrank, der neben der Tür in der Ecke stand, wankte bereits bedrohlich.

Im Handgemenge wurde ich zwischen Tür, Kühlschrank und Maurice eingequetscht, doch dafür war die Tür nun einen Spaltbreit geöffnet. Blitzschnell bekam ich den Fuß dazwischen. Während Vincent meinen Mann zu besänftigen versuchte, rief der nur unverständliches Zeug und blockierte die Tür nach wie vor mit voller Kraft. Erst brach der Schlüssel, kurz darauf der Knauf. Mein eingeklemmter Fuß schmerzte, ich verlor die Balance und rutschte hinter den Kühlschrank, der krachend umstürzte. Maurice erschrak, und Vincent nutzte diese Sekunde, um ins Zimmer zu kommen. Ich rappelte mich hoch und mühte mich, meinen Mann zu beruhigen, doch es war aussichtslos.

»Weißt du, ob der Hoteldirektor im Hause ist?«, fragte Vincent. Ich verneinte. »Leon ist ein bedeutender Priester bei den *Christianisme Celeste*«, stieß er keuchend hervor, denn Maurice rang noch immer mit ihm.

»Hör jetzt endlich auf, dich so aufzuführen!«, schrie ich ihn an. »Denk gefälligst an deine Kinder und lass dir endlich helfen.«

Familienfoto: meine Großmutter Anna, mein Mann Maurice sowie unsere beiden Töchter Anna-Micheline (r.) und Ina-Josephine (l.)

Oma Akouavi, die Großmutter meines Mannes

Meine Schwiegermutter Micheline vor ihrem Kräuterstand

Mein Mann Maurice, der Prinz von Allada, zwischen Business und Tradition

Das Voodoo-Fest: Zu lauten Trommelrhythmen tanze ich hier mit Maurice' Cousine Odette, einer hohen Voodoo-Priesterin.

Christianisme Celeste, die Himmlischen Christen – eine Gegenbewegung zum Voodoo: Als mein Mann besessen war, halfen sie ihm.

Die *Zangbeto*-Tänzer: Wie rasende Strohbündel wirbeln sie durch die Straßen. Die Menschen fürchten sich vor dieser Geheimgesellschaft, der »Voodoo-Polizei«.

Ein kleiner Haufen aus erhärtetem Lehm: Legba – der Gott des Wissens und der Fruchtbarkeit

Die Krönung: Im Gänsemarsch müssen wir mehrmals den königlichen Palast umrunden – die Trägerin von Maurice' Hocker, Odette, unsere *táyinon*, Maurice und ich.

Wir lauschen dem Klang der königlichen Hofkapelle, die auf ihren langen Büffelhörnern die unterschiedlichsten Töne erzeugt.

Kpodegbe, der König von Allada, und seine Frau Djehami, die Königin

Der sagenumwobene Daagbo Hounon Hounan, der Oberpriester des Voodoo in Benin

Könige, Honoratioren und der Oberpriester haben sich auf der Ehrentribüne des Voodoo-Fests in Ouidah versammelt: Die mit weißem Kaolin bemalten Mädchen sind *voodoosis* – angehende Priesterinnen.

Weiß ist die Farbe des Voodoo:
Sie steht für Tod und Neubeginn. Zwei *voodoosis* tanzen beim Voodoofest für die Götter.

Der König von Allada hält eine Ansprache. Seine Leibgarde beschützt ihn mit seinem königlichen Schirm, damit die Götter im Himmel nicht von oben auf ihn herabblicken.

König Kpodegbe von Allada wird in der Sänfte zu einer Versammlung getragen. Königin Djehami läuft nebenher.

Maurice und ich als Prinz und Prinzessin von Allada beim Königstreffen in Allada-Togoudo

Weihnachten 1987: unser Verlobungsfoto im Wohnzimmer meiner Eltern in Thüringen

Als Botschafter repräsentieren mein Mann und ich das Königreich Allada bei offiziellen Anlässen in Deutschland.

»Die Kinder! Wo sind die Kinder?«, rief Maurice angstvoll.

Sie schliefen, ich fasste es nicht. Voll angekleidet lagen sie wieder selig schlummernd auf ihren Betten und hatten das ganze Gerangel nicht einmal mitbekommen.

Ich weckte sie. »Anna, Ina, kommt mit, wir fahren mit Papa in eine Kirche. Erinnert ihr euch? Gestern habe ich euch noch davon erzählt.« Ich versuchte, die Ruhe selbst zu sein …

»Ist Papa geistesgestört?«, fragte Ina.

»Aber nein. Es wird ihm ganz schnell wieder besser gehen.« Ich war heilfroh, dass ich den Kindern doch alles über die Besessenheit ihres Vaters während unserer ersten Reise erklärt hatte. Sie waren weder ängstlich noch verschreckt. Beide gingen zu ihrem Papa, der inzwischen zitternd und erschöpft auf dem Bett saß, und streichelten ihn liebevoll.

»Kommt, wir gehen«, sagte ich, woraufhin Anna und Ina Maurice fürsorglich in ihrer Mitte an den Händen nahmen. Er lächelte, die Kinder schienen ihn besänftigt zu haben. War etwa schon wieder alles in Ordnung?

Vincent schlug vor, dass wir erst mal versuchen sollten, Leon zu finden. Der befand sich glücklicherweise in seinem eigenen Hotel-Appartement und öffnete schlaftrunken. Ich wollte ihm hastig erzählen, was geschehen war, doch Leon unterbrach mich schon nach dem ersten Satz.

»Ich wollte eigentlich nach Hause fahren, bin dann aber doch hier geblieben, irgendetwas hat mich zurückgehalten. Jetzt weiß ich auch, was es war«, sagte der Hoteldirektor. Dumpf erinnerte ich mich an den Chef des *Hôtel de la Plage*, der uns gleichfalls beigestanden hatte. Erste Hilfe für Voodoo-Besessene scheint ein Extra-Service der Beniner Hotellerie zu sein, dachte ich verzweifelt. Ich lehnte mich erschöpft und erleichtert in Leons Sessel zurück und die Mädchen taten es mir gleich. Offenkundig überforderten sie unsere hektischen Aktivitäten.

Aus seinem Kleiderschrank holte Leon ein blaues Band mit einem gelben Kreuz an jedem Ende. Er legte es sich nach

Art eines katholischen Geistlichen um die Schultern und begann zu beten. Nach jedem seiner mir unverständlichen Sätze sagte er »Halleluja« und forderte uns auf, es ihm nachzusprechen. Wir gehorchten ehrfürchtig. Nun förderte Leon zwei Flaschen aus seinem Kleiderschrank zutage. Die größere enthielt Wasser, mit dem er zuerst Maurice und dann jeden von uns bespritzte. In der kleineren war Öl, das er auf Stirn und Schläfen meines Mannes verstrich.

Maurice verharrte reglos und schaute den Direktor andächtig an. Dann musste er aufstehen, wurde von Leon an den Schultern gepackt und kurz geschüttelt. Der Hotelier sprach schnell, geradezu hastig, und lange auf ihn ein, als würde der Erfolg der Behandlung von der Geschwindigkeit des Gesprochenen abhängen. Zum Schluss strich er mit den Händen an Armen und Körper meines Mannes entlang, als wollte er etwas aus ihm herausziehen. Dann drückte er Maurice in den Sessel, sagte noch einmal »Halleluja«, nahm sein Band von der Schulter und verstaute die zur Errettung notwendigen Utensilien im Schrank.

Verblüfft blickte ich in die Runde: Das war alles? So einfach ging das? Das war ja wirklich ein Grund zu jubilieren. Warum hatten die himmlischen Kollegen in der richtigen Kirche dann nur so lange dafür gebraucht? Na gut, dachte ich, der Anfall war wohl diesmal nicht ganz so schwer. Glück gehabt, Annette! Oder richtig reagiert …

Leon bot uns Getränke an und fragte Maurice, ob es ihm nun besser gehe. »Es geht mir gut«, antwortete mein Mann völlig ruhig.

Ich schaute ihn erstaunt an. Das war wirklich phantastisch. Er plauderte auch schon wieder locker mit seinem Retter. Erleichtert und müde lehnte ich mich an die Schulter meines Mannes und schloss erschöpft die Augen.

»Geht jetzt zurück in euer Zimmer und schlaft euch aus«, empfahl der freundliche Hoteldirektor fürsorglich, bevor er uns mit einem guten Rat entließ. »Nehmt besser nicht am Voodoo-Fest teil«, sagte er, dann steckte er mir seine Visitenkarte zu. »Ich bin jederzeit erreichbar.«

Vincent half uns noch schnell, das verwüstete Zimmer aufzuräumen, sogar der Kühlschrank funktionierte noch. Im Grunde kündete nur der abgebrochene Schlüssel im Türschloss vom Alptraum der vergangenen zwei Stunden. Ich bedankte mich bei unserem Freund, sah nach den schon wieder eingeschlafenen Mädchen und fiel in voller Montur ins Bett.

Ein Hoch auf die Instant-Rettung!, dachte ich und schlief schlagartig ein. Ich glaubte, alles wäre überstanden.

Eine Nacht im Flohtempel

Der freundlichen Warnung von Leon, dem Chef des Hotels, hätte es nicht bedurft. Die Lust aufs Voodoo-Festival hatte mir die vergangene Nacht gründlich ausgetrieben.

»Lass uns weit weg fahren, am besten in den Norden. Dort gibt es Nationalparks mit Löwen und Elefanten«, schlug Maurice vor und ich hielt das für eine phantastische Idee. Bei einer unserer früheren Reisen durch den dünn besiedelten Norden hatten wir gemeinsam im Pendjari-Park einmalige Tierbeobachtungen erlebt. Eine Stunde lang hatten wir auf einem Hochstand ausgeharrt, während unten eine komplette Löwensippe Rast machte. Unsere Berichte brachten Anna und Ina ins Schwärmen und sie redeten den ganzen Tag über von nichts anderem als wilden Tieren. Ich packte, während Maurice den Mercedes einem Fitnessprogramm unterzog. Wir waren eine ganz normale Familie im Urlaub, allerdings mit einem nicht ganz so gewöhnlichen Gesprächsthema.

»Maurice, wenn so etwas, was der Himmel verhindern möge, noch mal vorkommt, was soll ich dann tun? Du hast gestern Nacht auf Vincent so allergisch reagiert. Wäre es besser gewesen, wenn ich dich zu *maman* oder Oma Akouavi gebracht hätte?«, fragte ich.

»Du hast das ganz richtig gemacht«, wiegelte mein Mann

sofort ab. »Die hätten mich nur zu einem *bokonon* oder sonst wem gebracht und das lasse ich auf gar keinen Fall zu!«, erklärte er kategorisch. In Gedanken ging ich noch einmal alles durch. Es war Nacht gewesen, da hätte ich ohnehin weder den Weg zu Mutter noch zu Oma, geschweige denn zu Odette nach Porto-Novo gefunden, und Telefon hatte von den dreien damals sowieso niemand. Ich verscheuchte meine Sorgen wie lästige Fliegen. Bei den Löwen und Elefanten gab es gewiss keine bösen Geister.

Am Nachmittag besuchte uns Odette im Hotel. »Ich wollte mal sehen, wie es euch geht. Ich hatte so einen merkwürdigen Traum und dachte, ich frage mal nach, ob alles in Ordnung ist«, sagte sie. Als ich vom Geschehen der vergangenen Nacht berichtete, schaute sie nachdenklich in die Ferne und schwieg. Plötzlich wurden ihre Augen feucht.

»Mach dir keine Sorgen, Odette, es ist ja schon alles wieder in Ordnung«, beruhigte ich sie. Doch meine Freundin schüttelte stumm den Kopf.

»Maurice wird nichts mehr passieren. Morgen früh um sechs brechen wir in den Norden auf«, versprach ich.

Sie blieb dennoch sehr einsilbig, ließ sich kaum etwas entlocken und brach rasch auf.

Zum Abschied sah sie mich mit ihren großen, lieben Augen an und meinte: »Annette, pass gut auf euch auf.«

Ich konnte Odettes Sorge und Traurigkeit nicht deuten und blieb mit einem unsicheren Gefühl zurück. Die Kinder fuhren mit ihren Fahrrädern im Hotelgarten umher und ihre fröhliche Ausgelassenheit empfand ich als wohltuend. Wir besprachen die Reise des nächsten Tages und gingen alle sehr früh schlafen.

Ein andauerndes Klopfen weckte mich irgendwann in der Nacht auf. Es schien vom Fenster zu kommen und war auch nicht besonders laut, aber durch die ständige Wiederholung nervte dieses trockene, harte Geräusch: tok, tok. Wahrscheinlich ein Ast, den der Wind an die Scheibe schlägt, dachte ich und zog mir die Bettdecke über den Kopf. Doch ich fand keinen Schlaf; das Geräusch ließ mir keine Ruhe.

Endlich ging ich ans Fenster und schob die Vorhänge zurück, da hörte das Klopfen mit einem Mal auf. Aber da war kein Ast und der nächste Baum stand viel zu weit entfernt. Also legte ich mich wieder hin. Schon begann es von neuem: tok, tok. Es machte mich wahnsinnig.

Plötzlich schreckte Maurice hoch und saß kerzengerade im Bett. »Was ist das für ein nervtötendes Geräusch?«, murmelte ich und knipste das Licht an unserem Bett an. »Schatz, siehst du bitte mal draußen nach?« Ich drehte mich zu Maurice, der jedoch nicht antwortete.

»Nein, das ist nicht wahr!«, rief ich, als ich ihn ansah. Er saß schwitzend und bewegungslos im Bett, seine weit aufgerissenen Augen quollen blutunterlaufen hervor und er starrte ins Nichts.

»Annette, der Traum, sie holen mich …«, murmelte er monoton.

Ich wartete auf keine weitere Beschreibung, sondern kramte hypernervös in allen Taschen nach Leons Telefonnummer – und fand sie natürlich nicht. Hektisch rief ich die Rezeption an und bat die Dame, mich mit dem Direktor zu verbinden. Sie zögerte, redete was von der Uhrzeit, bis ich schrie: »Es ist dringend, bitte!«

Es knackte ein paar Mal, und die Sekunden dehnten sich zu Minuten, in denen mein Mann ganz offensichtlich bereits »geholt« wurde. Er saß immer noch aufrecht im Bett, es war ein furchtbarer Anblick, und ich fühlte mich so entsetzlich hilflos. Zum dritten Mal erlebte ich das jetzt und war wieder dazu verurteilt, jemanden um Hilfe anzuflehen. Endlich hörte ich die verschlafene Stimme Leons.

»Maurice braucht Hilfe …«, stammelte ich ins Telefon.

Leon blieb ruhig. »Ich bin in zehn Minuten da. Wir fahren zusammen zur Kirche«, versprach er.

»Ja, Leon, Leon«, murmelte Maurice matt.

Nun ging dasselbe Theater wie in der Nacht zuvor los, bis wir schließlich durchs Hotel liefen. Die Kinder pressten ihre kleinen, von Oma Anna genähten Schlafkissen an sich, als böte ihnen dieses winzige Stück Thüringer Bodenständigkeit einen Halt. Währenddessen schrie ihr Vater pausenlos »Halleluja« durch das menschenleere Hotel.

Ich wusste nicht, ob ich heulen oder lachen sollte. Es war gespenstisch, der pure Irrsinn. Konnte er denn nicht endlich damit aufhören?

»Stopp!«, herrschte ich ihn an, »sei still!«

»Das hält mich hier«, entgegnete Maurice weinerlich, »lass mich doch bitte!«

Jetzt tat er mir wieder so Leid und ich nahm seinen Kopf in meine Hände, küsste ihn verzweifelt. »Entschuldige, Schatz, es war nicht so gemeint. Ich liebe dich doch. Es wird alles gut«, sagte ich unter Tränen.

Im Auto legte ich seinen Kopf auf meine Schulter, Leon setzte sich nach hinten zu den Kindern.

»*Courage*, Annette, mach dir keine Sorgen«, meinte er nur und wies mir den Weg. *Courage* – ich konnte dieses Wort schon nicht mehr hören! Immer sollte ich tapfer sein. Zum ersten Mal verbrachten wir als Familie einen Urlaub, der länger als vier Tage dauerte, doch anstatt die Zeit zu genießen, hieß es ständig: »Sei stark!« oder »Verlier ja nicht die Balance!«

Ich trat aufs Gas. Die asphaltierte Straße in Richtung Porto-Novo war leer und düster. Tränen vernebelten meinen Blick. Leon dirigierte mich schließlich durch sandige Straßen mit tiefen Löchern, die ich versuchte zu umfahren. Immer wieder knallte irgendetwas an den Fahrzeugboden, weil ich viel zu schnell fuhr und nicht auf herumliegende größere Steine achtete. Ein S-Klasse-Benz taugt vielleicht für pseudo-ministerielle Auftritte, als Rettungswagen für Besessene ist er denkbar ungeeignet. Wenn ich mir die Ölwanne aufriss, stand ich mit zwei kleinen Kindern und meinem hilflosen Mann mitten in der Nacht im Nirgendwo …

Die Fahrt schien kein Ende nehmen zu wollen und ich wühlte mich von einer Sandpiste in die nächste. »Jetzt noch einmal nach rechts, dann sind wir gleich da«, hörte ich Leon sagen und riss den Wagen um die Kurve. Ich wusste sofort, dass es zu rasant war. Die Vorderräder fanden keinen Halt, der Schwung war zu groß – wir steckten mitten in einem Sandloch fest. Leon versuchte mit aller Kraft, den Wagen herauszuschieben. Der Motor heulte auf, die Räder drehten durch und gruben sich immer tiefer ins lose Erdreich. Wir kamen nicht vom Fleck.

»Ist es noch weit? Können wir nicht zu Fuß gehen?«, fragte ich.

»Nein, nein, wir schaffen das schon«, erwiderte Leon, buddelte eifrig vor den Antriebsrädern herum und schob noch einmal von hinten gegen das Auto.

»Gib Gas!«, rief er und endlich griffen die Reifen. Der selbstlose Helfer war völlig verschwitzt und schmutzig, aber wir hatten es geschafft. Das wäre endlich mal ein Grund gewesen, »Halleluja« zu singen, doch Maurice starrte nur apathisch vor sich hin. Ich drehte mich zu den Kindern um: Sie schliefen. War das denn hier mein ganz privater Alptraum? Oder spürten meine beiden Süßen, dass Mama es schon schaukeln würde?

Jetzt achtete ich angestrengt auf die Beschaffenheit der so genannten Straße und wir erreichten unser Ziel wenig später wohlbehalten. Leon klopfte an das große Eisentor, das uns ein Mann in einem weißen, frisch gestärkten Gewand öffnete. Der Hof, auf dem einige Holzbänke standen, war in schwaches Licht getaucht. Zwei ebenfalls weiß gekleidete Frauen brachten uns Stoffe als Kopfbedeckung und forderten uns wie beim letzten Mal auf, die Schuhe auszuziehen.

Vor dem Eingang der eigentlichen Kirche schlief auf dem Sand ein ärmlich bekleideter Mann, der an einer dicken Eisenkette festgebunden war. Er bot einen beängstigenden Anblick, aber jetzt war nicht der richtige Zeitpunkt für Fragen. Diese Kirche der *Christianisme Celeste* war wesentlich größer als die mir bekannte. Der riesige Saal war mit ein paar Glühbirnen, um die Schwärme von Mücken kreisten, nur spärlich beleuchtet und der Ventilator an der Decke war ausgeschaltet.

Unter weißen Tüchern mit blauen Kreuzen schliefen Männer, Frauen und Kinder auf Strohmatten. Sie wirkten völlig apathisch, einige Gesichter waren schweißbedeckt. Waren das alles Besessene, die sich nach ihrer Raserei ausruhten, oder harmlose Schlafende? Leon war leider nicht da, um meine Fragen zu beantworten.

Der Priester, der uns hereingeführt hatte, rollte eine Bastmatte auf dem Zementboden aus, auf die Maurice sich sogleich gehorsam legte. Leon hatte sich in der Zwischenzeit umgezogen und trug nun ein bodenlanges blaues Kleid mit gelben Kreuzen, das ihn als hohen Priester auswies.

Kaum hatte mein Mann ihn erkannt, begrüßte er ihn mit dem lautstarken Schlachtruf des Anti-Voodoo. Sein inspirierendes Halleluja weckte prompt einige der Schlafenden auf, die sich daranmachten, bei dem nun folgenden Ritual zu helfen. Leon zündete am Kopfende von Maurice' Lager eine Kerze an und begann in einer mir unverständlichen Sprache zu beten, während mein Mann mit weit geöffneten Augen andächtig zur Decke schaute. Anna, Ina und ich knieten neben ihm, und keine von uns wagte es, auch nur ein Wort zu sagen. Mit erhobenen Händen murmelte Leon weiter und seine Helfer strichen immer wieder mit Palmwedeln über Maurice' Körper.

Während ich neben meinen Kindern und meinem Mann hockte, der nicht mehr fähig war, über seinen eigenen Willen zu gebieten, zog ich eine innere Bilanz. Wir waren so weit gekommen – Minister und einflussreiche Geschäftsleute hatten uns in den letzten Wochen empfangen und geholfen, den Weg zu einer erfolgversprechenden Existenz zu ebnen. Unsere Mädchen schienen sich sogar wie zu Hause zu fühlen im Land ihres Vaters. Die beiden hatten hier eine eigene Familie, die sie aufnahm und liebte. Wir hatten sogar erwogen, uns hier ein Haus zu kaufen, und mehrere Grundstücke besichtigt.

Aber konnten wir künftig überhaupt noch unbeschwert nach Benin reisen oder mussten wir das jahrelang beackerte Feld aufgeben – jetzt, wo es erste Früchte trug?

Wer arbeitete gegen Maurice? Das Weihnachtsfest, nach dem ich mir Sorgen gemacht hatte, weil Maurice so »ungeschützt« gewesen war, lag zwei Wochen zurück. Konnte ein neuerlicher Fluch mit solcher Zeitverzögerung wirken? Was war das für ein seltsames Klopfen am Fenster gewesen? War ich etwa selbst infiziert vom Virus Voodoo?

Dies war immerhin die Heimat meines Mannes und damit auch die unserer Kinder. War es etwa auch eine Heimat, die wir künftig meiden mussten? Odettes Worte gingen mir im Kopf herum: »Maurice hat seine eigenen Wurzeln und die kann er nicht abschneiden. Weil er das versucht, ist er ohne Halt. Er hält sich nur an dir fest.«

Ja, sie hatte Recht. Ich brauchte uns doch nur anzusehen, wie wir neben ihm knieten und darum beteten, dass er wieder der Ehemann und Vater würde, den wir liebten, respektierten, brauchten. Wir hielten ihn? Ja, aber er stützte auch uns, wie in jeder Familie. Voodoo hin, Magie her. Wir vier bildeten einen Kreis des Zusammenhalts, und der funktionierte auch dank unserer wunderbaren Mädchen, die nicht zurückschreckten, als ihr Vater eine grausame Wandlung durchlitt.

Doch wo lag die Lösung für dieses Dilemma? Wurzeln – immer wieder kehrten meine Gedanken zu diesem Wort zurück. Ich glaube, ich begann schon in diesen Stunden zu ahnen, welche gemeint sein konnten. Doch wie sollte ich, die deutsche Ehefrau, meinem afrikanischen Mann seine Wurzeln zurückgeben?

Wie aus weiter Ferne beobachtete ich, was nun geschah und was ich ziemlich genau sieben Jahre zuvor schon einmal gesehen hatte. Irgendwann steckte ein Palmwedel in den gefalteten Händen unseres geliebten Besessenen. Die Palme, für uns ein Symbol des Friedens, war im Voodoo jener Baum, den der Sohn des obersten Gottes als ersten auf der Erde gepflanzt hatte …

»Maurice muss hier bleiben«, erklärte mir Leon. »Wir brauchen Zeit, um ihn von den dunklen Kräften zu befreien.« Sein Gesicht wirkte besorgt.

»Soll das heißen, er ist noch nicht in Ordnung?«, fragte ich.

»Nein, auf gar keinen Fall. Wir bleiben heute Nacht bei ihm«, beschied uns Leon. Gleich darauf brachten einige Frauen Strohmatten und Stoffe. »Ihr dürft ausnahmsweise in jener Hälfte der Kirche schlafen, die sonst den Männern vorbehalten ist«, meinte Oberpriester Leon.

Ich erklärte meinen tapferen Mädchen die Lage und sie fügten sich Leons Anweisungen, ohne zu murren. Wir lagen zu beiden Seiten von Maurice auf den ausgerollten Matten auf dem steinharten Boden und deckten uns zu mit den Stoffen, die die Frauen uns gegeben hatten. Leon bereitete sich sein Lager direkt neben den Kindern. Schützend legte er den Arm über die beiden, die sofort erschöpft einschliefen.

Nun betrachtete ich Maurice: Seine Augen waren geschlossen, seine Hände noch immer gefaltet. Der Palmwedel zwischen seinen Fingern vibrierte ganz leicht – mein Mann zitterte. Ich schmiegte mich ganz eng an ihn. Der harte Boden schmerzte und ganze Bataillone aggressiver Mücken flogen Angriffe auf mich.

Es war mir egal.

Maurice kam die ganze Nacht nicht zur Ruhe. Immer wieder brabbelte er Unverständliches und wedelte mit dem Palmzweig, als wollte er etwas verscheuchen. Dann lachte er oder rief laut: »Halleluja.« Die Anwesenheit Leons, der selbst auch kein Auge zutat, beruhigte mich. Wenn die Kinder sich im Schlaf bewegten und dabei der Stoff von ihrem Körper rutschte, deckte er sie sofort sorgfältig zu, um sie vor den Mücken zu schützen. Endlich beruhigte sich Maurice und fand in tiefen Schlaf, mich hingegen hielt die Sorge um ihn wach. Ich glaubte, ihn beschützen zu müssen.

»Maurice schläft jetzt fest, das wird ihn stärken. Du kannst auch schlafen«, riet Leon. Das war lieb gemeint, aber in dieser himmlischen Kirche hätte ich ein Königreich für ein weiches Bett samt Moskitonetz gegeben. So wartete ich hellwach darauf, dass uns ein neuer Morgen erlösen möge. Mit dem Sonnenaufgang meldete sich aus dem Lautsprecher des Minaretts einer nahen Moschee ein Muezzin mit einem lang gezogenen »Allah«.

»Anna! Wo ist Anna?« schrak Maurice auf. »Was wollen die von meiner Anna?«, rief er nervös und voller Angst, jemand wolle seinem Kind etwas antun.

»Maurice, das galt nicht Anna. Allah wurde gerufen«, versuchte ich ihn zu beruhigen. Er war ganz benommen und blickte verängstigt um sich. »Sieh mal, da schläft Anna, neben dir«, sagte ich.

»Jemand hat Anna gerufen, ich habe es genau gehört«, beharrte er. Mit Engelsgeduld klärte ich ihn über seinen Irrtum auf, bis er sich endlich wieder hinlegte.

»Wie geht es dir?«, fragte ich dann. »Hast du das Gefühl, du bist geheilt?«

»Ich weiß es nicht. Ich fühle mich sehr schwach. Mir geht so vieles durch den Kopf«, sagte er müde. »Mir tut alles weh, mein ganzer Körper schmerzt.«

Da ging es mir nicht anders. »Wir sind den harten Boden eben nicht gewöhnt«, meinte ich sachlich. In meinem ganzen Leben hatte ich noch keine Nacht auf diese Weise verbracht.

»Du hast Recht«, bestätigte Maurice lächelnd, »ich möchte gern zurück ins Hotel und mich ins Bett legen.«

Er sprach mir aus der Seele, aber Leon war nun endlich eingeschlafen und ich wollte weder ihn noch die Kinder wecken. Während mein Mann seinen Kopf auf meine Schulter bettete, lauschte ich auf die ersten Geräusche afrikanischen Alltags: Kinder plärrten, Frauen lachten und plapperten laut, Töpfe klapperten. Die Stadt erwachte, ebenso wie die Menschen um uns herum und mit ihnen Leon.

»Ihr dürft ins Hotel zurück, aber Maurice bleibt hier«, entschied der Hotelchef, der seinen Gast in christlicher Obhut besser aufgehoben wähnte. »Ihr könnt ihn jederzeit besuchen. Jeden Abend ist Gottesdienst, daran könnt ihr natürlich auch teilnehmen.« Wir drei verabschiedeten uns von Maurice und versprachen, am Nachmittag wiederzukommen.

Ich war froh, die Kirche verlassen zu können. So dankbar ich auch war, dass es überhaupt eine Instanz gab, die uns sofort und ohne zu fragen, scheinbar selbstlos, die Sorge um Maurice abnahm, sobald diese sonderbaren Dinge mit ihm passierten – wohl fühlen konnte ich mich dort nicht. Meinen Mann zurücklassen zu müssen, obwohl er sich nach seinem weichen Bett sehnte, tat mir überdies weh. Außerdem war mir das Ganze irgendwie unheimlich.

Im Grunde wusste ich ja gar nichts von dieser Sekte der netten Menschen. Sicher, ihr Anti-Voodoo-Zauber wirkte – wenn auch nicht immer. So war der Hokuspokus, den Leon mit Maurice im Hotel veranstaltet hatte, ja auch nur von kurzer Haltbarkeit gewesen. Jetzt gaben sie ihn nicht mehr her, aber woher konnte ich wissen, ob ihm das nützte? Und was würde mit ihm geschehen? Wir verließen die Kirche und ich sah den nach wie vor angeketteten Mann vor dem Eingang kauern. Er lächelte uns an.

»Was ist mit ihm?«, fragte ich Leon.

»Er wollte weglaufen. Zu seinem eigenen Schutz mussten wir ihn daran hindern«, erklärte der himmlische Christ.

Das klang wenig ermutigend und bestärkte nur meine Zweifel an den gewählten Methoden. Diesmal hatten auch die Visionen keinen Aufschluss über die Ursache von Maurice' Verwirrung geben können. Die Sache schien wesentlich komplizierter zu sein, als man hier annahm. Mir kam es so vor, als habe man meinen Mann gewissermaßen ruhig gestellt wie einen rasenden Psychopathen. Aber wurde so die wirkliche Ursache des Problems erreicht, um die bösen Geister endgültig davon abzubringen, von ihm Besitz zu ergreifen? War es nicht vielleicht doch richtiger, Voodoo mit echtem Voodoo zu bekämpfen? Sollte ich versuchen, jenen *bokonon* ausfindig zu machen, der Maurice' *fa* kurz nach seiner Geburt aufgeschrieben hatte?

Ein König – Wurzeln finden – nicht weglaufen ... Die Wortfetzen schwirrten durch meinen Kopf. Wie konnte ich daraus ein stimmiges Bild formen? Ausgerechnet jetzt war Odette in der Löwenhöhle des Voodoo, wo das große Fest tobte, und ich kam nicht an sie heran. Es blieb mir nichts anderes übrig, als abzuwarten, dass Maurice wieder gesund würde.

Zurück im Hotel organisierte Leon auf meine Bitte hin eine Matratze, die unser Fahrer in die Kirche brachte. Wenigstens das konnte ich für meinen Mann tun. Und die Mädchen? Es war unglaublich! Die beiden stürmten die Hotelküche, besorgten sich völlig ausgehungert etwas zu essen und radelten ausgelassen durch die Hotelanlage. So, als wäre nichts geschehen. Ich war wirklich froh, dass sie so kurz nacheinander auf diese verwirrende Welt gekommen waren, um sich jetzt gegenseitig Halt geben zu können.

Im Hotelpool verdrängten wir unsere Sorgen, doch als wir uns abtrockneten, bemerkte ich zum ersten Mal die roten Flecken und dicken Beulen, die wir am ganzen Körper hatten. Sie begannen allmählich unangenehm zu jucken. Ich tippte zunächst auf die Folgen der Mückenplage, fand aber bald heraus, dass in den fürsorglich verteilten Decken »Untermieter« gewesen waren – Flöhe.

Ich wusch unsere Sachen sofort im Waschbecken so heiß wie möglich und mit viel Waschpulver aus. Meine Befürchtung, dass wir die Flöhe mit ins Zimmer geschleppt hätten, bestätigte sich glücklicherweise nicht. Leon amüsierte sich, dass nur wir drei gebissen worden waren, ihn selbst hatten die Plagegeister verschont. Viel Zeit zum Ausruhen blieb ohnehin nicht, wir mussten zurück in den Flohtempel, um Maurice Essen zu bringen.

»Eine Kirche ist kein Hotel«, mahnte Leon.

Ausgerüstet mit vielen Ananas, Mineralwasser, Fisch, Grieß und *moyo* brachen wir auf. Anna und Ina hatten den aktuellen Modetrend schnell erfasst: in ihren weißen T-Shirts und den Sonnenschutztüchern sahen sie geradezu »himmlisch« aus.

Da wir ohnehin zu viel Nahrungsmittel eingepackt hatten, bekam der angekettete Mann an der Kirchenpforte als Erster eine saftige Ananas geschenkt. Dass diese Geste den Sitten wahrer Himmlischer Christen entsprach, die nicht nur die eigenen Verwandten bedachten, wussten wir nicht. Das Lächeln des Gefangenen, das ganz und gar nicht wahnsinnig wirkte, half allerdings auch uns. Wir vergaßen bei keinem der folgenden Besuche, dem armen Menschen etwas mitzubringen. Er grüßte und dankte uns höflich – alles ganz normal ... Auf welch dünnem Seil mochte dieser Mann über unbekannte Abgründe balancieren?

Auf den ersten Blick hatte sich an der Situation meines Mannes nichts verändert. Er lag noch immer an der gleichen Stelle, wenn auch inzwischen auf der Hotelmatratze. Sein Oberkörper war bedeckt mit dem weißen Tuch, auf das drei blaue Kreuze aufgenäht waren, das mittlere etwas höher positioniert als die beiden anderen. Maurice schlief mit gefalteten Händen, in denen sich einige Halme eines Palmzweigs befanden. Zu den »Visions«-Zetteln der Nacht waren etliche hinzugekommen, die unter der Matratze hervorlugten.

Ein Priester eilte uns entgegen und bat uns, Maurice nicht zu wecken. »Der Schlaf im Schutz der Kirche ist das Einzige, was ihm helfen kann.«

Insgeheim hatte ich gehofft, meinen Mann mitnehmen zu können, doch nun wurden wir, ohne ihn überhaupt sprechen zu dürfen, fortgeschickt. Wir stellten die mitgebrachten Speisen neben ihm ab, bevor ich ihn lange ansah. Obgleich er fest schlief, war sein Gesicht angespannt und wirkte fremd. Was mochte in ihm vorgehen? Meine Zweifel in die Heilmethoden der Sekte meldeten sich unvermittelt wieder und die Angst um Maurice schnürte mir die Kehle zu. Meine Ohnmacht diesem Mysterium gegenüber wurde mir schlagartig bewusst, Tränen liefen mir übers Gesicht.

Schon klopfte mir jemand tröstend auf die Schulter »*Courage, Madame.*« Ach ja, *courage* ... das hatte ich ganz vergessen.

Zwei Kinderhände fanden meine. »Mama, weinst du?«, fragte Ina.

»Nein, nein, ich habe ein Sandkorn im Auge«, redete ich mich heraus. Ich wollte die Kinder nicht beunruhigen.

Die Suche nach dem Schuldigen

Die Kirche der Himmlischen Christen wollte Maurice nach einem Prinzip heilen, das ich einfach nicht verstand. Da konnte ich mir auch noch so oft sagen, dass der Glaube an einen Gott, den mir niemand vorgestellt hatte, meinem Mann half. Vor allem die anstrengenden Jahre nach der Wende, in denen wir unsere Firmen aufbauten, hatten mich zu einer Geschäftsfrau geformt. Tatsachen, Ausblicke, Risiken und deren Minimierung mussten für mich unterm Strich zu einem Ergebnis führen, das sich rechnete. In Benin jedoch wurde ich in eine Welt gestoßen, die diese nüchterne Kalkulation nicht kannte und stattdessen auf meine Fragen entweder mit *Halleluja!* oder *Courage, Madame!* antwortete. Das konnte nicht die Lösung sein, doch ich sah auch niemanden, der sie mir bot. Folglich musste ich selbst ran. Getreu dem Motto von Oma und Odette: »Du bist sein Halt.«

Der Zeitpunkt für meine Initiative war denkbar ungünstig gewählt. Mich mit den beiden kleinen Mädchen an der Hand zu Odette auf dem Festival durchzufragen, war aussichtslos, und Leon konnte ich erst am Abend in der Kirche treffen.

Zum Gottesdienst am Nachmittag rückten wir mit einem gut bestückten Lunchpaket an. Die Halle war voller weiß gekleideter Menschen, alle ordentlich nach Geschlechtern sortiert. Rechts standen etwa einhundert Frauen und Mädchen mit weißen Mützen – ein Bild wie von einer Innungssitzung der Beniner Köchinnen –, links die Männer, auch alle weiß und gleich gekleidet. Aber wo war Maurice? Da wehte auch schon Leon, bestens an seinem blauen Gewand zu erkennen, durch die Menge auf uns zu.

Die Frage nach unserem lieben Patienten beantwortete er mit einer großzügigen Armbewegung in Richtung der Männerabteilung. »Ihr könnt ihn begrüßen, es geht ihm besser. Dann setzt du dich mit den Kindern dort hin.« Er deutete auf drei leere Stühle, die ganz vorn für uns frei geblieben waren. Wie auf dem Präsentierteller, schoss es mir durch den Kopf.

Endlich fanden wir Maurice und mich traf fast der Schlag. Er saß da wie ein verrückt gewordener Engel, in den gefalteten Händen die Palmgräser, im Gesicht ein entrücktes Dauerlächeln. Und die anderen rings um ihn blickten ebenso glücklich. Das alles hielt die Kinder jedoch nicht davon ab, ihrem Papa sogleich um den Hals zu fallen. Ich wollte es ihnen gleichtun, aber da sagte er streng: »Das darfst du nicht, geht jetzt auf die andere Seite. Diese ist nur für die Männer.«

Betrübt schlichen wir auf unsere Plätze und setzten uns. Leon war tatsächlich der Kopf der gläubigen Versammlung. Schon als er unter das große Kreuz an der Stirnseite trat, begann der Chor zu singen und alle erhoben sich. Das von Keyboard, Schlagzeug und afrikanischen Trommeln begleitete Lied klang wie ein Song aus den Top Ten der Charts. Bei diesem beschwingten Auftakt war Leon der Vortänzer und die Gemeinde zuckte mit.

Dann wurde es ernst und Leon begann seine Predigt. Riesige Lautsprecher verstärkten und verzerrten völlig übersteuert jedes seiner Worte, was für uns drei *yovos* allerdings völlig unerheblich war, da wir ohnehin nur das einzige, uns hinreichend bekannte H-Wort verstanden. Außerdem waren wir anderweitig bestens beschäftigt: mit Mücken klatschen.

Dennoch klang die Predigt kämpferisch in meinen Ohren und erinnerte mich an längst vergessene Zeiten, in denen ich zwangsweise Vorlesungen über Marxismus an der Berliner Humboldt-Universität über mich hatte ergehen lassen müssen.

Ich habe nicht erfahren, welchen Feind die Gemeinde im Mücken-Floh-Tempel beschwor, aber da die Auswahl – und dazu musste ich nur zu meinem entrückten Gemahl hinüberblicken – offenkundig nicht sehr groß war, kam wohl nur der Teufel Voodoo infrage. Immer wieder steigerte Leon den Schwung seiner Worte, er war tatsächlich ein rhetorischer Meister seines Fachs, und erreichte, auch das kannte ich aus DDR-Zeiten, dennoch nicht die hinteren Reihen. Dort wurde aller Vehemenz zum Trotz seelenruhig geschlafen. Doch die Himmlischen Christen waren für solche Fälle gerüstet und schickten Wächter durch die Reihen, die sich mithilfe von Palmwedeln der Erweckung der selig Dösenden annahmen. Währenddessen stöhnten immer wieder einzelne Frauen auf und riefen unter bemerkenswerten Zuckungen ihre »Visionen« in den Raum, woraufhin sofort ein Priester herbeieilte und sie eifrig notierte.

Ein abschließendes Lied erlöste uns nach Stunden, die Anwesenden tanzten befreit nach einer fest einstudierten Choreographie, indem sie zuerst ein paar Schritte nach links wippten, dann nach rechts und schließlich eine Drehung nach hinten vollführten. Mit ausgelassenen Bewegungen, wie ich sie von den traditionellen Tänzen schon kannte, liefen alle auf den Ausgang zu, wo eine Opfergabe fällig war. Derart spirituell gestärkt marschierten die Menschen hinaus in die längst über die Stadt hereingebrochene Nacht.

Maurice hockte draußen auf einer der wenigen Holzbänke und schaute mit entrücktem Lächeln dem Treiben um ihn herum zu. Wir gaben ihm unser Lunchpaket und ich atmete auf, da zumindest sein Leib nach Nahrung gierte. Außerdem brauchte er dringend eine Toilette. Doch das wurde schwierig, da die schlichten Varianten Beniner Hygiene ihn schon zu besseren Zeiten bei Oma und *maman* ekelten. Leon zeigte zum Glück Mitgefühl und gestattete, dass wir Maurice ins Hotel mitnahmen.

»Bringt ihn aber gleich zurück«, mahnte er eindringlich.

Ganz so schnell ging es dann doch nicht, da Bauchschmerzen und Durchfall meinen Mann plagten. »In der Kirche habe ich zu viel vom dortigen Wasser getrunken. Das habe ich nicht vertragen«, sagte Maurice geschwächt. Versorgt mit Durchfalltabletten, vielen Flaschen Mineralwasser und halbwegs erquickt durch eine Dusche lieferten wir drei ihn schließlich wieder in der Kirche ab, wo er sich erschöpft auf seine Matratze fallen ließ.

Wir waren für sein leibliches Wohl zuständig, der Priester vom Nachtdienst hingegen für das seelische. Mit Weihwasser, Öl und einigen Halmen von Palmzweigen schritt er zur Tat. Gerührt sah ich zu, wie die Kinder sich anschließend neben ihren Papa legten, um ihn in den Schlaf zu begleiten. Ich stand daneben und wischte mir mein selbst produziertes Wasser aus den Augen.

Auf dem Rückweg stellte Anna die Frage, die mich die ganze Zeit beschäftigte: »Warum muss Papa diesmal so lange in der Kirche bleiben? Du hast doch erzählt, dass ihr damals gleich wieder nach Hause gegangen seid.«

»Ich weiß es nicht«, war alles, was ich darauf antworten konnte, doch dabei belassen durfte ich es nicht. Am nächsten Tag borgten wir uns Maurice erneut von den Himmlischen Christen aus und ich erkundigte mich nach den »Visionen«. »Haben die denn nun ergeben, warum du wieder krank geworden bist?«, umschrieb ich seinen Anfall freundlich.

»Nein, nichts Konkretes«, meinte Maurice. Dann schob er eine Vermutung nach, die ich im ersten Augenblick kaum glauben mochte. »Vielleicht hat Odette damit zu tun. Sie ist die Einzige, mit der wir ständig Kontakt hatten.«

Ich war empört. »Wie kannst du ausgerechnet deine Cousine beschuldigen? Oder hat eine Vision das besagt?«

»Nein, das nicht«, erwiderte er, »aber ich mache mir ja auch so meine Gedanken.«

Denk du nur weiter, ich werde mit ihr reden, beschloss ich und fuhr zu ihr hin. Diesmal war Odette zu Hause. Das Fest in Ouidah und all die umfangreichen Zeremonien waren vorüber.

Meine Freundin war sichtlich erleichtert, uns zu sehen, und begrüßte uns stürmisch. Anna und Ina spielten mit Odettes Kindern auf dem Hof, während wir beide kochten. Ich wollte gar nicht erst lange um den heißen Brei herumreden und schoss gleich los: »Hast du etwas mit Maurice' Krankheit zu tun, Odette?«

Sie rührte einige Sekunden lang weiter den Grieß, dann hielt sie inne und sah mich an, als hätte sie erst jetzt begriffen. »Was sagst du da?« Sie schaute mich von oben bis unten an und verbarg auch ihre Enttäuschung über meine Beschuldigung nicht. »Glaubst du wirklich, ich hätte etwas damit zu tun?«

»Nicht wirklich, Odette, aber Maurice hat so eine Andeutung gemacht«, erwiderte ich beschämt.

Die Hände in die Hüften gestemmt starrte sie vor sich hin, in ihrem Gesicht bewegte sich kein Muskel. Nach einer Weile nahm sie mich an der Hand und bat mich, ihr zu folgen. Sie führte mich von einem Zimmer ins andere, öffnete alle Schränke, erklärte mir den Inhalt jedes Fläschchens, die Bedeutung jedes Blättchens, jedes Tuchs. Fast hysterisch wühlte sie in ihren Schränken und Schubfächern herum, während unentwegt Tränen aus ihren Augen rannen. Nichts von dem, was sie mir in ihren recht europäisch eingerichteten vier Wänden zeigte, erinnerte an Voodoo, aber das war gar nicht die wahre Botschaft. Sie wollte mir vielmehr zu verstehen geben, dass sie mit Schadenzauber nichts zu tun habe. Schließlich ist eine *houssi* keine Schwarzmagierin, sondern genau das Gegenteil: eine Priesterin. Hätte Maurice diesen wesentlichen Unterschied schon gekannt, er hätte seine Cousine wohl nie verdächtigt.

»Hör auf, Odette!«, bat ich heulend. »Du musst mir nicht beweisen, dass du unschuldig bist. Ich habe nicht eine Sekunde daran geglaubt, dass du etwas damit zu tun hast.« Ich nahm sie in die Arme, doch sie schluchzte und konnte sich nicht beruhigen. Es dauerte lange, bis wir wieder am Kochtopf standen. Gemeinsam mit Odettes Familie aßen wir unseren leicht angebrannten Grieß mit Fisch und *moyo*. Nach dem Essen packten wir noch eine Mahlzeit für Maurice ein, die wir ihm später mitbringen wollten.

Dann holte Odette eine Flasche *sodabi*, mit der wir uns auf die Türstufe setzten. Wir sprachen kein Wort mehr über Voodoo oder Besessenheit, stattdessen erzählte sie, wie sie ihren Mann kennen gelernt hatte und dass sie froh sei, bei ihm mit ihren Kindern gut aufgehoben zu sein. Ihn heiraten zu dürfen, hatte eine aufwändige Zeremonie erfordert, denn jener Kult, in den sie eingeweiht war, musste der Hochzeit zustimmen und sie gewissermaßen freigeben. Als Ehefrau durfte sie auch nicht mehr dieselben Funktionen ausüben wie zuvor, außerdem hatte die Ehe sie aus dem Streit mit ihrer Familie befreit. Der Neid war allerorten, und mir kam es so vor, als ob Flucht die einzige Lösung war. Für Odette war es offenkundig die Flucht in die Ehe gewesen. Ob sie glücklich war ...? Zumindest an diesem Nachmittag, der sich bis in die späten Abendstunden hinzog, war sie es. Und ich mit ihr. Wir verwandelten uns in zwei kichernde und gackernde Hühner, was nicht nur herrlich befreiend war, sondern mich auch den Stress vergessen ließ.

Gemeinsam schimpften wir auf die Männer und Odette amüsierte sich köstlich über meinen Spruch: »Du kannst die Männer der ganzen Welt in einen Sack stecken und draufhauen, du triffst immer den richtigen.«

Nach einer langen Lachsalve ergänzte sie: »Und die Frauen der ganzen Welt würden Knüppel in die Hand nehmen und sich beteiligen.«

Nach einigen Stunden kam der Fahrer zu mir und fragte sehr zurückhaltend, ob es nicht besser sei, allmählich zurückzufahren, die Kinder schliefen auch schon. Er hatte Recht, doch trotz der späten Stunde wollte ich Maurice noch kurz sehen.

Auf dem Kirchengelände brannte nur noch eine kleine Lampe, aber mein Mann war noch wach.

»Woher kommst du denn jetzt?«, fragte er vorwurfsvoll.

»Von Odette«, antwortete ich. »Ich habe dir etwas zu essen mitgebracht.«

Maurice lehnte die Speisen entrüstet ab. »Wie kannst du nur zu Odette fahren? Wo doch noch gar nicht geklärt ist, ob sie etwas mit meiner Krankheit zu tun hat!«

»Doch, das ist geklärt«, widersprach ich energisch. »Ich weiß, dass sie dir bestimmt nichts Böses will.«

Wütend ließ mich mein Mann ohne Abschied stehen und wir fuhren niedergeschlagen zum Hotel. Ich war zu aufgewühlt, um mich zu den Mädchen schlafen zu legen, und unternahm noch einen Spaziergang. Wie konnte Maurice ausgerechnet seine Cousine bezichtigen? Sie, von der er als »meine Schwester« gesprochen hatte. Und das alles nur, weil sie eine hohe *voodoosi*, eine Eingeweihte, war? Reichte ihm in seiner himmlischen Verklärung dieser Umstand, um sie für schuldig zu halten? Oder hatte Odette mir etwas vorgespielt, mich getäuscht? Nein, nicht diese Frau, die lieber zehn Worte zu wenig sagte als eines zu viel. Und was hätte sie davon, Maurice zu schaden? Sie war doch die Einzige, der er ohne Murren stets Geld zugesteckt hatte.

Wie es der Zufall so wollte, traf ich bei meinem Spaziergang den unermüdlichen Leon und berichtete ihm von Maurice' Beschuldigungen.

»Odette?«, meinte er. »Die hat ganz bestimmt nichts damit zu tun, niemals. In allen Visionen ist sie diejenige, die ebenso wie du eine positive Kraft auf ihn ausübt. Ich glaube, Maurice weiß gar nicht mehr, wer wirklich wichtig für ihn ist.«

»Was habt ihr denn überhaupt herausbekommen? Wer ist denn dann der oder die Schuldige?«, zapfte ich die Quelle himmlischer Erkenntnisse an.

»Die Lage ist sehr schwierig«, gab Leon zu. »Niemand kommt an den Kern des Übels heran. Hab Geduld, Annette. Es geht ihm ja wieder gut. Morgen wird er die Kirche verlassen können.«

Das war zwar immerhin ein Hoffnungsfunke, doch das Problem war trotzdem nicht gelöst.

Was Leon mir in dieser Nacht nicht verraten hatte, teilte er mir anderntags auf der Fahrt zu seiner Kirche mit. Maurice wollte sich taufen lassen und Mitglied der *Christianisme Celeste* werden. Noch am gleichen Tag sollte die Einweihung stattfinden. Obwohl ich nicht wusste, was damit auf Maurice und natürlich auch die Kinder und mich zukam, empfand ich das keinesfalls als frohe Botschaft. Bestenfalls akzeptierte ich die Sekte als erste Hilfe gegen schwarze Magie, doch eine Verbrüderung ging mir eindeutig zu weit.

Mit entsprechend gemischten Gefühlen begrüßte ich meinen Mann und nahm ihn ins Hotel mit. Wir sprachen auf der Fahrt kaum miteinander, der Streit um Odette stand noch immer zwischen uns. Ich fragte ihn nur: »Muss das sein, dass du dich da einweihen lässt?«

Maurice antwortete entsprechend kurz: »Du siehst doch, dass es mir gut geht, also ...«

Nachdem er im Hotel geduscht hatte, verließ er die Kinder und mich, um etwa eine Stunde später zurückzukommen. In unserem Mercedes saßen mehrere weiß gekleidete Männer, schräg über ihren Köpfen lag ein Kreuz, das an einem langen Stab befestigt war.

»Wir fahren jetzt ans Meer«, sagte Maurice, »ich lasse mich taufen. Willst du mitkommen?«

»Nein«, entgegnete ich, »ich finde diesen Schritt nicht richtig.«

Tatsächlich zog es dann auch, wie ich befürchtet hatte, die entsprechenden Konsequenzen nach sich. Für Anna, Ina und mich bestanden sie aus Besuchen bei diversen »Filialen« der emsigen Christen, die offensichtlich bereitstanden, das ganze Land vom Voodoo zu befreien. Noch dazu kostete die Rettung viel Geld und in unserem Hotelzimmer lagerten bald diverse Wässerchen, Weihrauch und ein Kreuz. Mein Mann kaufte immer mehr davon, als könnte ihn der ganze Kram tatsächlich beschützen.

Außerdem brachte Maurice' Abhängigkeit von der Kirche mit sich, dass wir weder Oma Akouavi noch meine Schwiegermutter besuchen konnten. Wir hatten einfach keine Zeit mehr für die Verwandtschaft. Vor allem wegen unserer Töchter, die nur selten die Gelegenheit hatten, ihre afrikanische Familie zu sehen, tat mir das bitter weh. Doch nach all dem, was wir durchgemacht hatten, wollte ich keinen neuen Streit riskieren und hielt daher den Mund.

Die Kirchenbesuche wären wohl bis zum nahenden Ende unseres Benin-Aufenthalts so weitergegangen, doch Maurice' peinigender Durchfall schwächte ihn zusehends. Schließlich fehlte meinem Mann sogar die Kraft aufzustehen und er lag nur noch matt und ausgemergelt im Bett. Der Kreis schloss sich: Gegen eine erhebliche Stange Geld stand schließlich jener kräftige Arzt in unserem Zimmer, der mich zu Beginn unserer Reise per Rosskur von meiner Sinusitis erlöst hatte. Er untersuchte Maurice und verordnete ihm als Erstes diverse Infusionen.

Da wir keinen Ständer für den Tropf zur Verfügung hatten, befestigten wir die Flasche kurzerhand an der Lampe, die neben dem Bett stand. Ich kümmerte mich um Maurice und wechselte anfangs alle zwei Stunden die Infusionsfläschchen. Schließlich buchte ich unseren Rückflug um, da Maurice nicht in der Lage war zu reisen.

Ich beschloss, die unfreiwillige Verlängerung unseres Aufenthalts für einen Versöhnungsversuch zu nutzen, und holte gemeinsam mit den Kindern Odette zu uns ins Hotel. Mein Plan funktionierte und Maurice entschuldigte sich bei ihr für seine Verdächtigung.

Zum Abschied lagen wir uns heulend in den Armen. »Wenn wir uns das nächste Mal wiedersehen, wirst du wissen, dass ich Recht hatte, Annette«, sagte Odette.

Ich wischte mir die Tränen aus den Augen. »Wie meinst du das, Odette? Recht? Womit?«

Eine Weile blickte sie stumm vor sich hin, und ich sah ihr an, dass sie wie immer jedes Wort genau überlegte, obwohl sie in solchen Momenten liebend gern offen gesprochen hätte. Endlich rang sie sich zu einer Erklärung durch. »Viele Menschen müssen durch große Finsternis gehen, bevor sie das Licht sehen.«

Am liebsten hätte ich sie angefleht, Klartext zu sprechen und mich nicht immer mit diesen orakelhaften Sprüchen zu vertrösten. Aber ich fügte mich und fragte nur leise: »Wird es schwer werden, Odette? Bitte, sag mir wenigstens das!«

»Ach, Annette«, lachte sie mich durch einen Tränenschleier an, »immer diese Ungeduld …«

Der Kuss des Voodoo

Zurück in Berlin rückte der Voodoo bald in weite Ferne. Selbst sämtliche Gegenmittel der Himmlischen Christen wie Weihrauch, Wässerchen und das imposante Kreuz wurden auf meine Veranlassung hin in den Keller verbannt. Dort ruhten auch nach wie vor die drei Voodoo-Geister, die uns übers Meer nachgereist waren. Sollten sie ihren ewigen Krieg doch im Keller austragen, ich wollte damit nichts mehr zu tun haben. Maurice, kaum waren wir wieder in Europa, funktionierte wie ein Deutscher. Immerhin liefen zehn Taxen auf unseren Namen und die 20 Mitarbeiter wollten geführt werden, doch mein Mann organisierte alles perfekt. Außerdem hatten wir eine Zulassung als ordentliches Reisebüro beantragt, was im streng bürokratischen Deutschland – und wir wissen nach einigen Kollegenpleiten: zu Recht – keine leichte Angelegenheit ist. Wir hatten es uns zum Ziel gesetzt, die westafrikanische Welt für interessierte Urlauber zu öffnen.

Zu diesen ehrgeizigen Plänen schien eine Einladung an Maurice wie das Tüpfelchen aufs i zu passen. Er sollte nämlich auf einer großen Konferenz in Cotonou über die Chancen seiner Heimat als Reiseziel für deutsche Touristen referieren. So weit, so gut, aber wir waren gerade mal seit neun Monaten aus Benin zurück. Wenn er jetzt wieder dorthin fliegt, kann das ins Auge gehen, dachte ich. Denn von Heilung hatte der rührige Leon damals kein Wort gesagt.

Maurice überzeugte mich mit Argumenten, dass er sich dem Ruf seiner Heimat unmöglich entziehen könne. »Annette, schon als Jugendlicher wollte ich eine Eisenbahnlinie in den Norden meines Landes bauen. Das hat zwar nie geklappt, umso mehr muss ich etwas für Benin tun. Wenn der Tourismus die Chance dazu ist, dann kann ich nicht aus Angst vor dem Voodoo zurückschrecken.«

Natürlich räumte ich daraufhin meine wirklich triftigen Einwände zur Seite und erarbeitete meinem Mann ein schlüssiges Redekonzept. »Schatz, konzentriere dich auf die Konferenz und lass bloß die Finger von allen Glaubensfragen!«, schärfte ich ihm vor seiner Abreise ein.

Er schnappte sich die große Aktentasche, die ich ihm geschenkt hatte, und marschierte zum Flieger. Nach zwei Wochen, in denen wir aus Kostengründen nur kurze Telefonate geführt hatten, holte ich ihn wieder am Flughafen ab und sah schon am Glanz in seinen Augen, dass etwas ganz und gar Ungewöhnliches geschehen war. Allerdings nichts Negatives – das war überdeutlich zu erkennen.

»Du, Schatz, ich werde Prinz«, platzte er heraus, noch bevor wir das Auto erreicht hatten.

»Ehrlich? Wie machst du denn das?«, fragte ich.

»Ich bin vom König von Allada auserwählt worden«, meinte er mit unüberhörbarem Stolz in der Stimme.

Während ich mich durch den dichten Feierabendverkehr kämpfte, begann der Computer in meinem Kopf zu rattern. Allada? Allada! »Ah«, sagte ich dann, »das ist doch der König, den wir auf unserer Rundreise vor zwei Jahren nicht besucht haben, weil wir von seinem Kollegen mit den vielen Frauen so genervt waren.«

»Du warst genervt«, verbesserte Maurice mich mit ironischem Grinsen.

»Der König von Allada also«, relativierte ich. »Und du bist sein Prinz. Was soll das denn werden? Willst du unseren Taxibetrieb in ein Königreich verwandeln?«

Mein Mann ging auf meinen Sarkasmus in keinster Weise ein. »König Kpodegbe ist ein weltoffener Mann. Er ist studierter Ökonom und erst seit fünf Jahren auf dem Thron. Außerdem hat er gute Ideen und möchte, dass die alten Traditionen dem wirtschaftlichen Erfolg den Weg bereiten«, erklärte er mir eifrig. »Verstehst du, Annette, er will Vergangenheit und Zukunft miteinander versöhnen. Er ist wirklich ein interessanter Mann und vor allem ist Allada ein sehr bedeutendes Königreich. Wenn die sich neu orientieren, dann folgen vielleicht auch die anderen.«

Maurice war Feuer und Flamme und das hörte sich auch alles sehr gut an. Mir war nur nicht klar, weshalb mein Mann deshalb ein Prinz werden sollte. Die Erklärung lieferte er mir auf dem Fuße. »Ich werde damit Bevollmächtigter des Königs für Europaangelegenheiten«, fügte er noch hinzu.

Damit kamen wir der Sache, wie ich sie anfangs sah, dann auch schon näher. Mein Mann bekleidete ja bereits eine Position seines Landes für Handel und Tourismus in Deutschland und als etwas Ähnliches wertete ich daher den Prinzen-Titel. Den Kopf voll mit all den Dingen um die Firma dachte ich an nichts anderes als den geschäftlichen Nutzen, den uns diese Funktion bringen könnte. Unter allen Mitbewerbern würde uns der exklusive Zugang zu einem wahrhaftigen König hervorheben – und obendrein hätten wir einen Prinzentitel im Briefkopf.

Ich küsste Maurice. »Gut gemacht, mein Prinz.«

Der Bericht über den eigentlichen Anlass seiner Reise, nämlich die Tourismuskonferenz, trat während der folgenden Gespräche zu Hause naturgemäß in den Hintergrund. Mir reichte es zu erfahren, dass die wichtigsten Leute von Benin Maurice' Position kennen gelernt hatten. Gegen die eigentliche Neuigkeit des Tages konnten diese Nachrichten allerdings nicht bestehen. »Jetzt erzähl schon! Wie hat sich das mit dir und dem König von Allada ergeben?«, drängte ich.

Alles hatte während der Konferenz begonnen, wo der Tourismusminister alle wichtigen Referenten zum König von Abomey eingeladen hatte. In der alten Hauptstadt des früheren Dohomey wurde in Anwesenheit des aktuellen Monarchen und seiner Beniner Kollegen der 200. Todestag des bedeutenden Königs Agonglo gefeiert. Für Maurice war dies eine gute Gelegenheit, Kontakte zu knüpfen. Am Rande dieses Fests berichtete der Tourismusminister meinem Mann vom König von Allada, den er unbedingt kennen lernen müsse. Beide Männer hätten nämlich eine ähnliche Einstellung zum Fremdenverkehr.

»Doch als ich versuchte, den König zu finden, wurde mir gesagt, dass er den Empfang bereits verlassen habe«, erzählte Maurice mir. Und er fuhr fort: »Später wollte ich dann zurück nach Cotonou fahren. Nach etwa 60 Kilometern Fahrt klagte der Chauffeur unseres Mercedes, dass der Kühler koche. Das Auto war in eine riesige Wolke aus Wasserdampf gehüllt und wir hielten sofort an. Aber nun finde mal mitten im Nirgendwo neues Kühlwasser, Annette. Um uns herum war nichts als Wald und eine kleine Straße. Ich habe meinen Fahrer gebeten, beim Wagen zu bleiben, und bin losgelaufen, um Hilfe zu holen. Plötzlich stand ich vor dem Palast des Königs von Allada. Drinnen war alles sehr feierlich eingerichtet, als ob ein hoher Gast erwartet würde. Die Diener forderten mich auf, Platz zu nehmen, und dann erschienen die hohen Würdenträger des Königs. Ich dachte, die würden mich mit jemandem verwechseln, doch das schien merkwürdigerweise gar nicht der Fall zu sein. Stell dir vor, sie verbeugten sich vor mir!«

»Ist ja lustig«, sagte ich in Maurice' Schweigen hinein.

Das Gesicht meines Mannes wirkte feierlich, als er weitererzählte. »Ich habe den Würdenträgern meine Visitenkarte gegeben und mich vorgestellt, doch die schien das überhaupt nicht zu irritieren. Ein paar Minuten später kam dann der König höchstpersönlich.«

»Der hat von deinem Ruf als Tourismusfachmann gehört«, spekulierte ich. »Darum wollte er dich sehen.«

Maurice schüttelte den Kopf. »Der König sagte zu mir: ›Wo waren Sie denn so lange? Die Zeit ist reif für Sie. Sie sind zu nackt.‹«

»Nackt? Wie denn das?«, fragte ich verwundert. Gerade Maurice legte auf tadellose Kleidung größten Wert.

»Das bezog sich nicht auf das, was ich auf dem Körper trug, sondern auf meine geistige Verfassung«, führte mein Mann aus. Beim Gedanken an diese ungewöhnliche Begrüßung schien ihm immer noch ein Schauer über den Rücken zu laufen, während er fortfuhr. »Der König meinte: ›Wir müssen unbedingt über Ihre Inthronisation sprechen.‹«

»Das hat er einfach so gesagt?« Ich fasste es nicht. »Ohne sich jemals zuvor mit dir unterhalten zu haben?«

Maurice ließ sich Zeit, bevor er antwortete. Er hing lange seinen Gedanken nach. Dann schaute er mich unvermittelt an, als würde er gerade aus einer anderen Dimension zurückkehren. »Die weisen Männer des Königs befragen regelmäßig das Orakel, bevor im Palast Entscheidungen gefällt werden. An dem Tag, als ich dort eintraf, erwartete der König einen Mann, der vom Heiligen Wald zu Fuß zu ihm kommen sollte«, berichtete er andächtig. Er sprach unendlich langsam, als müsse er sich erst selbst über den Sinn des Gesagten klar werden.

Mir erging es nicht anders. In Gedanken fasste ich seinen Bericht noch einmal zusammen: Das Auto bleibt ohne Kühlwasser liegen, genau im Heiligen Wald. Maurice marschiert einfach drauflos – und wird bereits erwartet.

An der ganzen Geschichte war alleine der Ausgangspunkt schon mal höchst merkwürdig: Wie konnte ein solider deutscher, von einem Metallstern beschützter Wagen okkulten Mächten folgen und seinen Herrn genau an der Stelle im Stich lassen, an der ihn die große Berufung erwartete?

»Alles hat einen tieferen Sinn«, beschied mich mein Mann in der Art eines Priesters.

Ich starrte ihn verblüfft an. Dass er in Benin selbst unterschiedliche Bewusstseinsphasen erlebte, kannte ich ja hinlänglich. Doch dies hier war Berlin, besser gesagt unser Wohnzimmer. In diesen Räumen war Maurice immer ein Europäer gewesen. Und jetzt musste ich feststellen, dass er Afrika mit nach Hause gebracht hatte. Es war nicht nur in seinem Herzen, sondern in seinem Kopf. »Maurice«, meinte ich sanftmütig, »diese weisen Männer des Königs, die das Orakel befragt haben, konnten die denn auch den Zweck deiner Prinz-Werdung benennen?«

»Durch das Orakel haben sie erfahren, dass mir ein fester Platz am Königlichen Hof gebührt und außerdem eine damit verbundene große Aufgabe.«

»Ein fester Platz?«, rief ich erschrocken. »Heißt das, wir müssen umziehen?«

»Nein, ich soll den König repräsentieren und die Belange des Hofes im Ausland, in Europa vertreten«, erwiderte Maurice ruhig.

Ich atmete erleichtert auf. Das Repräsentieren war ich ja durchaus gewohnt, wenngleich auf anderer Ebene ... Plötzlich ging mir ein Licht auf. »Sag mal«, erkundigte ich mich vorsichtig, »wenn du ein Prinz bist ...«, ich suchte die richtigen Worte, »... dann bist du das aber nur in Benin, also nicht in Deutschland. Ich meine, wir – die Kinder und ich – sind davon nicht betroffen, oder?«

Maurice sah mich erstaunt an: »Ganz im Gegenteil, wenn ich Prinz bin, dann seid ihr Prinzessinnen. Habe ich das nicht gesagt?«

»Nein, Maurice«, stöhnte ich, »das hast du nicht. Und, ehrlich gesagt, weiß ich auch nicht, wie ich mich so als Prinzessin machen werde.«

»Ach, das wird sich alles zeigen, Annette.«

»Was bedeutet das? Wie muss ich mir das vorstellen?«, hakte ich nach.

»Zuerst wird das Orakel befragt, wann der richtige Zeitpunkt für meine Krönung sein wird. Außerdem sind einige Zeremonien notwendig, in denen die Ahnen befragt werden, schließlich muss alles im Einklang mit ihnen stattfinden. Die Weisen haben mir gesagt, dass ich einen Brief erhalten werde, in dem sie mir alles Weitere erklären«, beruhigte mich Maurice. Dann erzählte er mir, dass die Priester ihn nach dem etwa halbstündigen Empfang beim König von Allada aus dem Palast geleitet hätten »wie einen hohen Würdenträger«.

»Da hast du gewiss nicht mehr an den Grund deines Besuchs gedacht – den kaputten Mercedes«, flachste ich.

Maurice blickte mich an, als wäre er aus einem Traum erwacht. »Stimmt, jetzt, wo du es sagst. Das Kühlwasser hatte ich natürlich völlig vergessen. Aber das war auch nicht mehr nötig, denn als ich aus dem Palast kam, war unser Chauffeur bereits vorgefahren. Keine Ahnung, wie er dorthin gekommen ist.«

»Ein Wunder der Technik«, meinte ich nur salopp. Doch mein kleiner Scherz konnte nicht darüber hinwegtäuschen, dass wir beide ein derartiges Wunder für kaum möglich hielten ...

In dieser Nacht ging mir nicht mehr aus dem Kopf, wie Odette über Maurice' *fa* gesagt hatte »Er wird ein großer König werden«. In diesem Satz hatte ich zunächst nichts anderes sehen können als eine vage Formulierung, der ich nie wirklich Glauben geschenkt hatte. Nachdem mein Mann wenige Monate zuvor durch die Hinwendung zu den Himmlischen Christen eine ganz neue Entwicklung eingeleitet hatte, schien er weiter von seinen so genannten Wurzeln entfernt zu sein als jemals zuvor.

Für mich bedeutete die Prinz-Werdung daher ein erhebliches Wechselbad der Gefühle. Steckte hinter der Ernennung in Wirklichkeit das Kalkül geschäftlicher Aufwertung? Doch wie passte das zu jener befremdlich salbungsvollen Art, mit der er vom Orakel der Weisen sprach? War es möglich, dass er, der erklärte Gegner von Voodoo, aus heiterem Himmel eine Drehung um 180 Grad vollzogen hatte?

Ich schlug in unseren schlauen Büchern über Benin nach und traute meinen eigenen Augen nicht. Ausgerechnet Allada genoss in der Voodoo-Religion das höchste Ansehen. Seit vierhundert Jahren war der König von Allada sozusagen die Verkörperung des Voodoo-Gedankens in Benin. Ausgerechnet solch eine Majestät hatte auf Maurice »gewartet«, wie er sich ausdrückte. Ganz abgesehen davon, dass es nach meiner Erfahrung normalerweise genau andersherum war: Afrikas Machthaber ließen grundsätzlich auf sich warten ...

Das, so folgerte ich, konnte nicht mein Maurice sein. Ich ging davon aus, in ein paar Tagen sei die Prinzen-Geschichte vergessen. Dass ich mich enorm verschätzte, erfuhr ich einen Tag später.

Maurice berichtete von einem Treffen beim König von Abomey: »Ich unterhielt mich mit einem jungen Mann, der sich als Sohn des Königs vorstellte. Ein Prinz also. Er fragte mich zuerst nach meinem Namen und erkundigte sich dann, ob ich wisse, woher der Name Bokpê komme. Ich erwiderte, dass meine Vorfahren wohl hier aus Abomey stammten. Daraufhin erklärte mir der Prinz, dieser Name sei vor langer Zeit einem ehemaligen Sklaven des Königs Kpengla gegeben worden. Bokpê heißt laut ihm so viel wie: Es gibt keine Pflanze oder Zauber ohne Bedeutung. Dieser Mann wurde ein wichtiger Priester; sie ließen ihn frei und erhoben ihn in den Stand eines Königs, woraufhin er den Clan der Bokpês in Ouidah gründete.«

»Dann hast du ja blaues Blut in den Adern, Maurice«, meinte ich. Für mich war das nichts Neues, ganz im Gegensatz zu ihm. Oder er hatte es verdrängt. Vor dem Hintergrund dieses neu bewerteten, alten Wissens begriff ich nun, was der Titel eines Prinzen von Allada für Maurice tatsächlich bedeutete: Mein Mann war auf dem Weg zu seinen Wurzeln. Damit war ein erster Teil der Prophezeiung, vor der er sich jahrzehntelang gefürchtet hatte, erfüllt. Der Voodoo hatte den Ungläubigen geküsst und breitete nun seine väterlichen Arme aus, um meinen Mann heimzuführen in sein Reich.

»Habe Geduld, Annette«, hatte Odette damals orakelt. Dieses Tempo allerdings hatte sie mir nicht vorausgesagt. Und es ging weiter in dieser atemberaubenden Geschwindigkeit, die so gar nicht den mir vertrauten afrikanischen Verhältnissen entsprach. Wenige Wochen später traf ein Brief des Königs von Allada ein. Am 2. Dezember 1997 wurde Maurice vom Königlichen Stuhl zum Prinzen ernannt. Dieser Akt war mit der Aufforderung verbunden, er solle sich zur Krönung bereithalten.

»Wir werden wohl schon bald nach Benin fliegen«, kündigte mein Mann an.

Odettes Prophezeiung klang in meinen Ohren: »Wenn wir uns das nächste Mal wiedersehen, wirst du wissen, dass ich Recht hatte, Annette.« Nun war mir auch klar, warum sie sich während Maurice' Anfall zu Beginn dieses ereignisreichen Jahres so auffällig zurückgehalten hatte. Ihre Verheißung von damals traf voll und ganz zu, als sie gesagt hatte, Maurice würde nach einer langen Zeit der Finsternis das Licht erreichen. Seine Anfälle und Irrwege zu der christlichen Sekte gehörten einfach zu der Entwicklung, die er durchmachen musste. Dieser Tiefpunkt war wohl nötig, damit er für seine neue Aufgabe bereit war.

Ich gebe zu, dass ich solche Überlegungen im Stillen hegte. Ich wollte erst einmal abwarten, wie sich Maurice tatsächlich verhielte, wenn wir wieder in Benin wären. Unsere alltäglichen Umstände hatten während dieser Zeit ganz und gar nichts Königliches an sich. Mein Prinz und ich eröffneten endlich unser Reisebüro, in das wir schon so viel Energie hineingesteckt hatten. Dazu mieteten wir auch neue Räume an und suchten nach geeignetem Dekorationsmaterial.

Eines Tages schleppte Maurice eine Umzugskiste herbei, deren viele Spinnweben sie offenkundig als ein Relikt vergessener Zeiten auswiesen. Mein Mann öffnete den Pappkarton und sagte: »Hier, sieh mal, was ich gefunden habe. Die würden sich doch gut in unserem neuen Büro machen.«

Es waren die drei Geister, die uns damals übers Meer nachgereist waren. Auf der Messe hatte sie niemand kaufen mögen, im Keller hatten sie keinen Rost angesetzt und sich auch nicht von den Weihwässerchen der Himmlischen Christen beeindrucken lassen. Sie waren einfach unverwüstlich, diese Dinger. Zum ersten Mal betrachtete ich die drei Bronzefiguren wirklich bewusst und glaubte in ihren Gesichtern ein triumphierendes Lächeln erkennen zu können.

»Wir sind stärker als alle Zweifel an uns, Annette«, schienen sie mir zuzuraunen. »Wir haben nämlich eine Aufgabe.«

Ich dachte, sie seien die Mahnung, dass man nicht vor seinem Schicksal davonlaufen kann, und fuhr mit einem Staublappen fast liebevoll über die Skulpturen.

Die schwerste stellte eindeutig einen in ein langes Gewand gekleideten König mit Krone und Herrscherstab sowie zahlreichen Ketten dar. Die zweite verkörperte einen sitzenden Mann, in dessen im Schoß ruhenden Händen ein großes Blatt lag. Sein Oberkörper war nackt, auf dem Kopf trug er undefinierbare Abzeichen einer nicht weltlichen Macht. Die dritte Figur war eine voll bekleidete Frau mit vielen Schmucknarben und einer Kopfbedeckung, die sehr würdevoll aussah.

König, Königin und Ratgeber, schoss es mir plötzlich durch den Kopf. Niemals zuvor hatten weder Maurice noch ich etwas mit ihnen zu tun haben wollen und dennoch waren sie bei uns geblieben. Und zwar auf die gleiche unerklärliche Weise, wie sie zu uns gekommen waren. Sie schienen gewartet zu haben, bis wir reif waren, sie zu würdigen.

War das Voodoo? Oder Zufall? Aber was ist Zufall? Wenn die Dinge sich irgendwann zu einem Bild formen, das man verstehen kann? Die drei treuen Geister aus der Kiste bestätigten, was ich von Oma Akouavi und Odette gehört hatte. In Benin sind die Wurzeln meines Mannes. Dass Voodoo dort die vorherrschende Religion ist, musste und muss ich akzeptieren. So wie ich immer wusste, dass mein Mann Afrikaner ist oder, um noch einmal Odette zu zitieren, dass er sich nur wie ein Europäer gibt.

Mit dem Brief, der uns zur Krönung nach Allada rief, reifte in mir eine ganz andere Erkenntnis. Ich musste Acht geben, damit der Einfluss des Voodoo auf meinen Mann nicht wieder so groß würde, dass ich mich davor fürchten musste. Denn uns stand ein nicht gerade kleiner Spagat bevor. Maurice sollte in der Heimat seinen inneren Frieden finden. Gleichzeitig aber war Deutschland der Mittelpunkt unseres Lebens. Kann das gut gehen?, fragte ich mich mehr als einmal.

Innerlich versuchte ich mich auf ein neues Leben als Prinzessin von Allada vorzubereiten, ohne die geringste Ahnung, wie das aussehen sollte. Denn wo ich aufgewachsen bin, gab es weder Könige noch Prinzessinnen. Die neue Rolle, die mich erwartete, ist vergleichbar mit der von Aschenputtel – wenn auch mit einem wesentlichen Unterschied: Der Mann, den ich küsste, verwandelte sich an meiner Seite in einen Prinzen …

Leopardenblut

»Du hast ihnen nichts gesagt?« Ich blickte Maurice entsetzt an.

»Manchmal ist es besser, zu schweigen«, antwortete mein Mann.

Maman und Oma Akouavi hatten somit keine Ahnung, wen sie da so herzlich begrüßten und nach ein paar Stunden wieder verabschiedeten, nämlich einen künftigen Prinzen. Auch ich selbst hütete meine Zunge, denn die Ereignisse der letzten Jahre waren keinesfalls geklärt. Außerdem hatte ich keine Ahnung, wie die Familie wohl auf Maurice' unerwartete Berufung reagierte. Das Letzte, das wir jetzt gebrauchen konnten, war heftiger Neid. Von Schwiegermutter und Oma erwartete ich den gewiss nicht, doch es gab genügend Menschen, die Maurice nicht so wohlgesonnen waren. Wirklich erstaunlich fand ich allerdings, dass mein Mann nicht einmal seinen Retter Leon ins Vertrauen zog, in dessen Hotel wir wieder übernachteten. Im Gegenteil, er schloss sich sogar einer seiner Anti-Voodoo-Zeremonien an.

»Je mehr Schutz, umso besser«, erinnerte ich mich an Odettes Worte über den gleichzeitigen Glauben meiner Schwiegermutter an Voodoo und ihre Mitgliedschaft bei der christlichen Sekte.

Als ich mit Maurice das erste Mal von Cotonou nach Allada unterwegs war, glaubte ich, die Fahrt dauerte eine Ewigkeit, tatsächlich sind es jedoch nur rund 55 Kilometer. Ich fühlte mich wie in den Tagen meiner Jugend unmittelbar vor einer wichtigen Prüfung – mein Kopf schien vor Nervosität gänzlich leer zu sein.

»Königin Djehami ist eine sehr nette, aufgeschlossene Frau in deinem Alter und übrigens sehr neugierig, dich kennen zu lernen«, ermutigte mich Maurice. »Sie spricht Englisch und Französisch. Du wirst kein Problem haben, dich mit ihr zu verständigen.«

»Das ist schön«, meinte ich. »Und wie rede ich sie an?« Hilflos flüchtete ich mich in Ironie: »Hallo, Königin?«

»Du kannst ganz einfach Majestät zu ihr sagen«, erklärte mein Mann. Und setzte hinzu: »Die Königin verneigt sich übrigens in der Öffentlichkeit vor ihrem Gemahl.« Es schien ihm wichtig zu sein, mir das ausgerechnet jetzt mitzuteilen.

»Dir, mein Prinz, muss ich aber in Zukunft nicht die Füße küssen?«, flachste ich. Wir lachten beide herzhaft. Nicht im Traum hätte ich daran gedacht, dass das gar kein guter Witz sein könnte.

Schließlich durchquerten wir ein dichtes Waldstück. »Hier war es«, meinte Maurice salbungsvoll. »An dieser Stelle versagte unser Mercedes und ich lief den Rest zu Fuß.« Er bat den Chauffeur, langsamer zu fahren.

Ungläubig blickte ich mich um und sah die Heiligkeit des Waldes vor lauter Palmen nicht. Doch mein Mann, andächtig schweigend, war sicher. »Das spüre ich«, sagte er, während er kerzengerade neben mir saß und etwas fremd auf mich wirkte. In diesem Moment ängstigte mich seine Durchgeistigung seltsamerweise nicht, sie schien vielmehr zu ihm zu gehören. So, als ob sie immer da gewesen wäre und sich nur das Aussehen eines Europäers übergestreift hätte.

Ich konnte keine Stadt entdecken, als mein Mann meinte: »Wir sind gleich da.« Vor uns befanden sich nur ein paar kleine Häuser aus Lehm, dazu einige aus massiven Zementsteinen, fast alle mit Wellblech bedeckt, und nur die Unterstände und Verkaufshütten hatten die alten Palmstrohdächer. Sie verloren sich ganz nebensächlich neben der Piste aus rötlichem Sand, die im grellen Sonnenlicht leuchtete. Eine einstmals mächtige Königsstadt hatte ich mir eindrucksvoller vorgestellt. Maurice belehrte mich, dass der Palast sich nicht direkt in Allada befinde, sondern im Nachbarort Togoudo.

Ein Holzpfeil wies den Weg zum *Palais Royal*. Kurz darauf erreichten wir einen Platz, der von niedrigen Wohnhütten aus bröckligem Lehm umstanden war und von einem blassrosa getünchten Gebäude abgeschlossen wurde. Die Mauern zwischen und neben den beiden offen stehenden Toren zierten auffällige, naive Wandgemälde. Vor allem zwei dunkelgelbe Leoparden fielen mir ins Auge.

»Das sind die Symbole, die für die Herrschaft von König Kpodegbe stehen«, erklärte Maurice, während unser Benz ausrollte. Jeder der bislang 15 Könige, die von 1596 an hier residiert hatten, habe sein eigenes Kraftzeichen, meinte mein Mann.

Links von der dezenten Eingangshalle befand sich eine überlebensgroße Steinskulptur, die einen bärtigen Mann mit entschlossener Miene darstellte. In der einen Hand hielt er einen Speer, in der anderen eine Machete. Dieser wehrhafte Geselle stellte laut Sockelinschrift König Adjahouto dar. Der Tafel zu seinen Füßen entnahm ich außerdem, dass dieser ausgesprochen bodenständig wirkende Krieger den Voodoo nach Allada gebracht hatte.

Der Sage nach geschah dies zu einer Zeit, in der auch in unseren Breiten noch finsteres Mittelalter herrschte. Adjahouto war der Sohn des Königs von Tado (im heutigen Togo) und einer Frau, deren Geheimnis niemand kennen durfte. Gbe Kpoye konnte sich nämlich in eine Leopardin verwandeln. Obwohl er nicht der älteste Sohn war, wurde Adjahouto von seinem Vater zu seinem Nachfolger bestimmt. Unmittelbar vor der Inthronisation verriet einer der übergangenen Halbbrüder das Geheimnis von Adjahoutos Herkunft, woraufhin auch der Sohn der Leopardin die Gestalt des gefürchteten Raubtiers annahm und seinen Bruder köpfte. Es folgte eine komplizierte Flucht, die schließlich in Allada ihr Ende nahm. In Togoudo, dem Sitz auch des heutigen Regenten, befahl Adjahouto, einen Tempel zu errichten, denn die Kräfte der Natur hatten den Sohn der Leopardin gerettet.

Der Glaube an die Wahrhaftigkeit solcher Mythen ist in Afrika sehr stark, und dass Kpodegbe den Leoparden als Wappentier führt, erscheint vor diesem Hintergrund in einem ganz anderen Licht.

Ich riss meine Augen von der mächtigen Gestalt los und deutete auf zwei rund 60 Zentimeter hohe Haufen aus erhärtetem Lehm. »Und was ist das da?«, fragte ich.

»Dort wird Legba geopfert«, wusste Maurice, »dem Gott des Wissens und der Fruchtbarkeit.«

Sympathischer Gott, folgerte ich, wenn er sich mit ein paar Erdklumpen zufrieden gibt. Legba ist übrigens eine der wenigen Gottheiten, die Alkohol ablehnen. Hochprozentiges stimmt ihn nicht wohl, sondern verwandelt ihn in einen Wüterich, aber solche Dinge kennt mancher auch von normal Sterblichen …

Neben diesem Ensemble wirkte unser Mercedes, gleichwohl selbst schon 15 Jahre alt, wie eine Raumfähre. Maurice hatte davon gesprochen, dass der junge König Tradition und Moderne verknüpfen wolle, und offensichtlich trugen wir nun unseren winzigen Teil dazu bei.

Aus der rosafarbenen Eingangshalle eilte uns ein halb nackter, älterer Mann entgegen, dessen dunkle Haut matt in der Sonne glänzte. Um die Hüften hatte sich dieser Berater des Königs einen knöchellangen, weißen Stoff gewickelt, der am Bauch zu einem dicken Wulst zusammengerollt war. Der Weise begrüßte Maurice überaus freundlich, umfasste seine beiden Hände, schüttelte anschließend meine und geleitete uns vorbei an den Leoparden in den eigentlichen Hof. Auch hier hatte man auf jeden äußeren Prunk verzichtet, so bestanden die Häuser beispielsweise aus Lehm, dem die Sonnenglut längst jede Feuchtigkeit entzogen hatte. Nur ein

Gebäude machte einen relativ neuen Eindruck und unterschied sich durch seine Rundbauweise von den anderen. Vor der Umzäunung aus Lehm und geflochtenem Palmstroh fristeten ein paar eingestaubte Büsche ein tristes Dasein.

Wir erreichten ein flaches Haus und mussten die Schuhe ausziehen. »Das ist der Empfangssaal des Königs«, informierte mich Maurice.

»Empfangskammer wäre passender«, verbesserte ich ironisch.

Maurice flüsterte grinsend: »Ansichtssache.«

Saal hin, Kammer her – spartanisch war der Raum auf alle Fälle. In der Mitte der linken Wand stand ein Holzstuhl mit Armlehnen, der mit einem schweren Stoff bedeckt war, auf dem Boden lagen Strohmatten mit farbig eingeflochtenen Plastikschnüren. Das schlichte Ambiente erforderte gleichwohl Demut, wie uns der Berater demonstrierte. Er kniete sich vor dem leeren Stuhl nieder und berührte mit der Stirn den Boden.

Maurice beantwortete meinen fragenden Blick: »Man muss sich immer vor dem Thron des Königs verneigen.«

Also folgten wir dem Beispiel des Weisen und durften anschließend auf höchst profanen weißen Plastiksesseln Platz nehmen. Nach und nach betraten mehrere ältere Männer den kleinen Saal, die alle ähnlich gekleidet waren wie der erste. Manche trugen außerdem lange, schlichte Perlenketten um den Hals. Jeder Einzelne verneigte sich vor dem leeren Stuhl, dann ließen sie sich daneben auf dem Boden nieder. Verließ jemand den Empfangsraum, tat er es nicht ohne vorherigen Kotau vor dem Königsthron.

Während wir auf die Ankunft des Königs warteten, ließ ich den Blick unauffällig über die Mienen der Versammelten schweifen. Ihre Gesichter drückten keinerlei Emotion aus, aber ihre Augen waren hellwach, der Blick erschien mir manchmal geradezu durchdringend. Sie wirkten auf mich, als ob sie im Stande wären, meine Gedanken zu lesen. Dennoch ging von diesen Gelehrten nicht jenes Kribbeln des Unbehagens aus, das ich vermutet hätte – immerhin saß hier das geballte Wissen des Voodoo. Ich sah nur eine harmlose Versammlung in sich gekehrter, älterer Herren. Vielleicht, überlegte ich, muss das so sein in der Höhle des Löwen – dort ist es bekanntlich am stillsten.

Andererseits, rief ich mich zur Ordnung, was für einen Schrecken des Voodoo hatte ich denn schon erlebt? Hantierte hier vielleicht irgendjemand mit Wachspüppchen und spitzen Nadeln herum? Diese friedlichen Herren jedenfalls entsprachen nicht dem gängigen Klischee einer finsteren Bedrohung. Eigentlich wirkten sie so, wie ich mir wahre Weisheit immer vorgestellt hatte: abgeklärt und mehr im Jenseits zu Hause als in jener materiell orientierten Welt, aus der wir angereist waren. Dort, wo bei unserer Rückkehr einer dieser Würdenträger auf uns wartete – ganze 40 Zentimeter groß und aus Bronze ...

Bislang war ich die einzige Frau in dem Empfangsraum gewesen, doch jetzt trat eine üppige, bildschöne, in weite, weiße Stoffe mit bunten Applikationen gekleidete Dame ein, die schweren Schmuck trug. Ihr ganzes Auftreten wirkte enorm selbstbewusst, als sie erst vor dem leeren Stuhl einen flüchtigen Knicks machte und sich dann zu uns umdrehte. Ihre hohe Stellung als Königin verbot es ihr, Maurice auch nur die Hand zu reichen. Diese Etiketteregel betraf mich jedoch nicht und so empfing ich ausgesprochen warmherzige Wangenküsse.

Ihre unkomplizierte Herzlichkeit befreite mich von dem Gefühl einer bevorstehenden Prüfung. Nach einem gepflegten Smalltalk über unser Befinden servierte eine Frau einen Korb mit kühlen Getränken: Limonade, Mineralwasser, Bier und Cola. Danach folgten die Speisen, die die Königin gemeinsam mit einer weiteren Frau servierte. Die Auswahl war landestypisch: in Palmblätter gewickelter Grieß, eine Schüssel mit gegrilltem Fisch, garniert mit Zwiebeln und Tomatenscheiben.

Doch wie isst man in Afrika bei Hofe? Mit Besteck oder ohne? Die Königin reichte es uns zwar, doch Maurice bat um eine Schale Wasser für die Hände, und somit blieb das westliche Esswerkzeug unbenutzt.

Die Königin lächelte mir zu und sagte: »Du weißt, wie das Essen am besten schmeckt.« Bevor sie ging, wünschte sie uns einen guten Appetit. Das Gleiche taten die Weisen auf Fon, bevor sie einer nach dem anderen aufstanden und hinausgingen. Das Essen mundete mindestens so gut wie bei meiner Leib- und Magenköchin Maman Poste in Cotonou. Nach dem Mahl beteiligte sich die Königin am Abräumen und ließ uns angemessen Zeit zum Verdauen, während wir auf den weiteren Verlauf des Empfangs warteten. Währenddessen fragte ich mich, ob wohl jemals ein europäischer Regent vor der Audienz seine Gäste derart familiär verköstigt hatte.

Nach ungefähr 20 Minuten kündigten Stimmen das Nahen des Königs an und eine Tür links neben dem Thron wurde geöffnet. Als Erste traten würdevoll und gemessenen Schrittes zwei weiß gekleidete Frauen ein.

»*Kpèlêkpelê!*«, rief eine der Verkünderinnen mehrmals, was sich wie »pälähpäläh« anhörte. Das Fon-Wort bedeutet so viel wie »langsam« und heißt im übertragenen Sinne »Vorsicht«. Die Ruferin, so erfuhr ich später, war die Schwester des Königs, seine *táyinon*, sozusagen die Protokollchefin der Familie. Sie war eine hagere, in sich gekehrt wirkende Frau etwa Mitte 50.

Die Königin schritt ihrem Gemahl voran, der sich gewissermaßen vor seinem eigenen Empfangsraum verbeugen musste. Denn anstelle des von mir erwarteten, kleinen rundlichen Monarchen erschien eine mindestens zwei Meter große Gestalt, die trotz ihrer weiten Gewänder sehr schlank wirkte. Auch der König trug wie seine Frau ein voluminöses Gewand aus meterlangen weißen Stoffbahnen, auf die die Krafttiere Seiner Majestät aufgenäht waren – freundliche Leoparden mit riesengroßen Augen.

Der einsame Jäger des Urwalds, berühmt für seine unnachgiebige und listenreiche Jagd, zierte auch den schweren rechtwinkligen Messingstab, den Kpodegbe an die Schulter gelehnt trug, sowie den kunstvoll verzierten Stock, den er führte. Platz nehmen konnte der Regent erst, nachdem seine Hofdamen die Massen von Stoff gebändigt hatten.

Mich beschäftigte unterdessen bereits das weitere Zeremoniell. Maurice stand auf, kniete vor dem König nieder und berührte mit dem Kopf den Boden. Ich folgte einfach seinem Beispiel und harrte der Dinge. Dann hob mein Mann den Kopf wieder, woraufhin Majestät den kurzen Stab von der Schulter nahm und Maurice damit sanft berührte, wobei er auf Fon Worte der Begrüßung sprach. Wenige Augenblicke später wurde mir die gleiche Segnung zuteil. Danach durften wir den mit Leoparden geschmückten Spazierstock anfassen, was von weiteren Willkommensformeln begleitet wurde.

Den König selbst zu berühren war jedoch undenkbar. Dass es dieselbe Bedeutung hat, wenn man seine Machtinsignien anfasst, wusste ich damals noch nicht. Angeblich sind diese Gegenstände magisch aufgeladen, wodurch die darin enthaltene Energie auf den Berührten übergehen soll. Solche Finessen machen das Wesen des Voodoo aus.

Magisch begrüßt – und möglicherweise auch aufgeladen, was vor lauter Nervosität nicht klar zu unterscheiden war – durften wir uns wieder auf den Gartenstühlen niederlassen. Die Königin stand neben ihrem Gemahl und wedelte Majestät mit einem aus getrockneten Palmblättern geflochtenen Fächer Luft zu. Die anderen Damen verharrten abwartend hinter seinem Stuhl. Wie ich später erfahren sollte, hatte jeder, der sich in der Nähe des Königs befand, eine genaue Funktion inne. Nichts geschah ohne ein festgelegtes System.

Meine Aufmerksamkeit richtete sich auf den König. Ich schätzte ihn auf höchstens Anfang 40. Auf seinem Gesicht lag ein dezentes Dauerlächeln, das auf mich leicht verschmitzt wirkte. Sobald sich unsere Blicke kreuzten, was des Öfteren geschah, zeigte er ein breites, stimmloses Lachen, das seine perfekten, strahlenden Zähne offenbarte. Sein wacher, klarer Blick wies ihn als einen zielbewussten Mann aus, der sich über seine Wirkung absolut im Klaren war. Er wirkte auf mich wie ein Leopard, ständig auf der Lauer, bereit zur Jagd und seines Erfolges sicher. Dennoch strahlte er für mich jene majestätische Ruhe aus, die seinem Wappentier entsprach. Ich wusste zu diesem Zeitpunkt ja nicht, dass er es nicht selbst gewählt hatte, sondern dass das Orakel der Hofweisen es für ihn bestimmt hatte. Mir wurde in diesem Moment nur deutlich, dass es hervorragend zu ihm, dem Nachfahren Adjahoutos, passte. Immerhin floss Leopardenblut in seinen Adern ...

Da ich von Maurice wusste, dass Kpodegbe noch vor fünf Jahren den weltlichen Beruf eines Lehrers für Wirtschaftswissenschaften ausgeübt hatte, wunderte ich mich nicht allzu sehr über sein Auftreten. Zwar waren seine Umgangsformen ausgesprochen würdevoll, aber lange nicht so gestelzt wie jene der alternden Majestäten von Ketou, Nikki und Parakou, die wir einst kennen gelernt hatten. So verzichtete er beispielsweise auf einen so genannten Linguisten und kommunizierte direkt mit uns. Königlich langsam fügte er ein Wort an das andere und sein Französisch, mit rollendem R gesprochen, wirkte durch und durch aristokratisch. Seine Stimme war kehlig und hoch.

»Möge der königliche Friede mit euch sein«, lautete seine Begrüßungsformel. Mit sorgfältig gewählten Worten, die er wahrscheinlich aus Rücksicht auf mich in Französisch vortrug, begann er über den Voodoo zu sprechen, und zwar in einer Art, die ich nie zuvor gehört hatte. Hier ging es nicht um das Zerrbild eines Horrorglaubens, sondern das genaue Gegenteil. »Voodoo ist die Liebe, die Einheit, die uns lehrt, dass alles auf Erden miteinander verbunden ist«, begann er. »Nichts steht für sich allein, sondern alles bezieht seine Kraft aus einem harmonischen Miteinander.«

Das, so erklärte der Würdenträger weiterhin, sei die wahre Aufgabe seiner Religion. »Voodoo ist der Mittler zwischen den Menschen und der Natur.« Das erklärte auch die vielen Rituale, die die Brücke zwischen uns und unserer – wie wir sagen – Umwelt herstellten. Dann übersetzte er den Begriff Voodoo, wobei er ihm eine mir unbekannte Bedeutung zuwies. »Lehn dich zurück und nutze die Kraft der Natur, um deine Seele zu Gott zu erheben.« Er bekundete außerdem seinen Glauben an den Frieden, an die Einigkeit und die Versöhnung. Die positive Kraft hinter allem aber sei die Liebe, eine alles umfassende, verzeihende Liebe.

Ich blickte bei diesen Worten zu Maurice, sah das glückliche Lächeln in seinem Gesicht und hatte verstanden. Vor diesem Voodoo brauchte er sich nicht zu fürchten, er war das Gegenteil von Neid, Eifersucht und Hass. Allerdings verdrängte ich in diesem Augenblick die Frage, wieso nicht nur wir Voodoo so ganz anders kennen gelernt hatten …

König Kpodegbe erläuterte uns noch einiges im Hinblick auf die bevorstehende Krönung und teilte uns mit, welchen Termin seine *bokonons* anhand verschiedenster Ahnenbefragungen festgelegt hatten. Das Orakel kannte offensichtlich unsere Reisepläne und datierte die Krönung entsprechend. Bereits am folgenden Tag sollten die zuständigen Priester mit den notwendigen Opferungszeremonien beginnen, bei denen verschiedene Tiere geschlachtet werden sollten. In einer der darauf folgenden Nächte hatte das Einweihungsritual stattzufinden, das Maurice zum Mitglied des Königshofs von Allada erhob. Für den Morgen danach war die offizielle Krönung angesetzt.

»Möge der königliche Friede mit euch sein«, verabschiedete sich seine Majestät, bevor die versammelten Damen den Herrscher unter erneuten *kpèlêkpelê*-Rufen wieder hinausgeleiteten. Wir verneigten uns tief und erhoben uns erst wieder, nachdem das gesamte Gefolge entschwunden war. Kurze Zeit später bat Königin Djehami meinen Mann in das Büro des Königs.

Ich blieb allein in dem kleinen Empfangssaal zurück und fühlte mich, um die Anwesenheit so vieler Menschen beraubt, mit einem Mal seltsam nachdenklich. Gedanken und Eindrücke purzelten in meinem Kopf wild durcheinander. Von Traditionen, Wurzeln und Liebe hatte der König gesprochen und eigentlich doch nichts anderes gesagt als Oma Akouavi und Odette, die mich immer wieder darauf hingewiesen hatten, dass Maurice genau diese Anbindung an seine Heimat gefehlt hatte. Nun sah ich das kleine Stückchen Pappe mit den Kulistrichen darauf vor mir, sein *fa*, das seine Berufung voraussagte. Nun, er war zwar kein König, aber immerhin ein Prinz – ein kleiner Unterschied, im Grunde unwesentlich, wenn es darum ging, den inneren Frieden zu finden. Es war offensichtlich, dass Maurice ihn gefunden hatte: das Licht nach langer Finsternis, das Ziel nach vielen Umwegen.

Fast elf Jahre zuvor hatte ich einen jungen Mann auf Reisen in einem Zug getroffen. Jetzt endlich war er angekommen. Es wäre übertrieben gewesen zu sagen, dass ich mir im Laufe unserer Beziehung einen Augenblick wie den soeben vergangenen gewünscht hätte. Dennoch hatte ich etwas Ähnliches gehofft, und ich war Odette zutiefst dankbar, dass sie mir damals in unserer frisch bezogenen Wohnung diesen kleinen Trost in Aussicht gestellt hatte. Selbst wenn es nur ein winziges Pappstück gewesen war.

Das Orakel weist den Weg, sagen die Weisen, aber es heißt auch, dass man ihn allein finden müsse.

Ich fühlte mich geborgen in diesem kleinen Empfangsraum mit den Lehmwänden, die vielleicht einmal die Wurzeln von Gräsern und Büschen gehalten hatten. Ich erhob mich aus dem Plastikstuhl, auf dem ich gesessen hatte, und ließ mich auf eine an die Wand gemauerte Bank sinken.

Während ich im Rücken den warmen Lehm spürte, dachte ich an die Worte des Königs, mit denen er für mich völlig verblüffend den Begriff Voodoo neu definiert hatte: »Lehn dich zurück und nutze die Kraft der Natur.«

Eine Königin mit Computer

Die Königin fand mich wenig später in dieser friedlichen Stimmung vor und setzte sich völlig unkompliziert zu mir.

»Ich bin Djehami«, sagte sie und fragte dann nach meinem Vornamen. Wir unterhielten uns auf Englisch, was den Umgang miteinander von Anfang an vereinfachte. Aber auch später benutzten wir unsere Titel nur, wenn wir uns in der Öffentlichkeit ansprachen, und ihre offene Art kam mir sehr entgegen. »Zukünftig werden wir viel miteinander zu tun haben«, meinte sie.

Doch bevor wir diesen Punkt näher erörterten, führten wir erst mal ein richtiges Frauengespräch. »Wo sind eigentlich deine Kinder?«, fragte sie. Ich erklärte, dass die beiden in die Schule gehen müssten, und zeigte ihr die mitgebrachten Fotos von Anna und Ina. Sie überhäufte mich mit Fragen nach den Mädchen und reichte mir die Bilder zurück. Mit gesenktem Blick meinte sie dann: »Ich wünsche mir so sehr, Kinder zu haben.«

Die Höflichkeit verbot mir, genauer nachzufragen, aber ich spürte deutlich, dass dieses Thema, das für Afrikanerinnen so wichtig ist, sie sehr bedrückte. Vorsichtig lenkte ich unsere Unterhaltung auf ihre Familie.

»Mein Vater ist König eines Reiches in Kamerun«, berichtete sie daraufhin.

»Dann bist du also von klein auf mit all den Regeln eines Palasts vertraut«, meinte ich.

Aber das war ihr gar nicht so wichtig. »Ich habe in Frankreich studiert. In Paris, es war eine wundervolle Zeit. Danach habe ich bei einer afrikanischen Fluggesellschaft gearbeitet«, erzählte sie weiter.

Die Frage lag nahe, ob sie dabei ihren Gemahl kennen gelernt hatte. »Ich arbeitete auf dem Flughafen meiner Heimatstadt Douala. König Kpodegbe war auf Reisen und musste in Kamerun zwischenlanden. Unter den vielen Menschen hatte ich ihn erst gar nicht gesehen. Plötzlich kam jemand zu mir herüber und bat mich, ihm zu folgen. ›Unser König will dich sprechen‹, sagte der Mann.« Djehami lächelte versonnen. »Er führte mich zu einem großen, gut aussehenden Mann und sagte: ›Verneige dich vor unserem König.‹« Sie unterbrach sich und schüttelte amüsiert den Kopf.

»Was hat er daraufhin gesagt?«, wollte ich wissen.

»Du sollst meine Frau werden«, antwortete sie und lachte.

Mein erstaunter Blick über den unkomplizierten Antrag überraschte sie nicht.

»Unter all den vielen Menschen hat er mich sofort entdeckt, dabei habe ich ihn gar nicht wahrgenommen. Er hat auf mich gezeigt und zu seinen Begleitern gesagt: ›Diese Frau soll meine Gemahlin werden. Bringt sie zu mir.‹ So hat er selbst es mir später erzählt.«

»Kein Flirt, kein Werben, kein Kennenlernen?«, fragte ich verblüfft.

»Ich war für ihn bestimmt«, antwortete sie mit schlichter Überzeugung.

»Und du bist ihm gleich gefolgt?«

»Nein, erst einige Wochen später bin ich zu ihm nach Allada gereist. Er hat mich dann gefragt, ob ich mit ihm hier leben wolle. ›Ich bin ein armer König, wenn du magst, dann bleibe‹, hat er gesagt. Dann hat er mir den Palast gezeigt und mir seine anderen Frauen vorgestellt. Anschließend bin ich nach Hause gefahren und habe mich mit meiner Familie beraten, doch meine Eltern wollten ihre Zustimmung nicht geben.«

»Warum?«, erkundigte ich mich erstaunt. »Du bist eine Königstochter und hättest standesgemäß geheiratet.«

»Meine Familie ist wohlhabend und mein Vater ein sehr fortschrittlicher Mann, immerhin hat er mein Studium in Frankreich finanziert. Ich glaube, er wollte nicht, dass ich meinen Beruf aufgebe. Er hätte sich gewünscht, dass ich ein Leben in Wohlstand führe, so wie mein Bruder, der in Paris wohnt und dort ein angesehener Mann ist.«

»Aber du konntest deinen Vater überzeugen?«, fragte ich weiter.

»Ich habe mich durchgesetzt«, antwortete Djehami nachdenklich.

Nachdem ich den König mit dem Blick und dem Blut eines Leoparden selbst erlebt hatte, konnte ich mir in etwa vorstellen, was in Djehami vorgegangen sein mochte: »Du warst ziemlich heftig in den König verliebt, nicht wahr?«

»Ja, vom ersten Augenblick an«, bestätigte sie meine Vermutung mit einem verschmitzten Lächeln.

Die Liebe und die Magie, dachte ich, scheinen sich des gleichen Zaubers zu bedienen …

»Mein Mann gab mir zu unserer Hochzeit vor zwei Jahren meinen jetzigen Namen. Er bedeutet ›Komm und bau mit mir auf‹«, berichtete sie.

Nun begann ich zu verstehen, weshalb der einstige Ökonom sich nicht etwa ein junges Mädchen an die Seite geholt hatte, sondern eine stolze, selbstbewusste Frau von damals gewiss mehr als 30 Jahren. Djehami spielte für Kpodegbe eine ähnliche Rolle wie ich damals für Maurice. Sie war für ihn nicht nur eine Ehefrau, sondern vor allem jene Gefährtin, die ihrem Mann mehr als nur den Rücken stärkt.

Nun erzählte ich der Königin vom wechselvollen Weg meiner eigenen Ehe und sie erkannte die Parallelen ebenso wie ich. »Wir haben ähnliche Schicksale, das ist ein gutes Zeichen.«

Allerdings gab es da einen Punkt, der mir im Gegensatz zu der Afrikanerin durchaus Kopfzerbrechen bereitete. Als Djehami den König zwei Jahre zuvor geheiratet hatte, verfügte er bereits über eine stattliche Anzahl von Gemahlinnen.

»Es hat mich nicht weiter gestört«, meinte sie selbstbewusst. »Ich wusste ja, dass ein König mehrere Frauen braucht. Eigentlich kann eine Frau allein die vielen anstehenden Aufgaben gar nicht bewältigen. Ich habe auch immer versucht, gut mit den anderen auszukommen.«

Nun wurde ich hellhörig. Das klang nach mehr als den üblichen Reibereien, wenn plötzlich eine neue Frau in die fest gefügte Gemeinschaft der anderen aufgenommen werden soll. Es klang eher danach, dass die anderen Damen mit Djehami nicht zurechtkamen.

»Es war nicht einfach«, bestätigte Djehami meine Vermutung. »Mein Studium und meine Arbeit hatten mich westlich geprägt, und ich war mir sicher, dass mein Mann mich nicht zuletzt auch deswegen geheiratet hat. Sein Ziel war und ist, den Königshof an die Moderne heranzuführen, und das sah natürlich nicht jeder gern. Viele«, so umschrieb sie höflich ihre Probleme, »wollten die alten Traditionen nicht um die Errungenschaften des Westens ergänzen.«

Kpodegbe stärkte seiner modernen Frau bei jeder Gelegenheit den Rücken. So beließ er es beispielsweise nicht dabei, dass sie bei offiziellen Anlässen nahezu gleichwertig an seiner Seite repräsentieren durfte, sondern er übertrug ihr die Schlüsselpositionen seiner weltlichen Macht.

»Ich bin Ministerin für auswärtige Angelegenheiten und Zusammenarbeit«, erklärte sie sehr sachlich, »und außerdem für die Finanzen des Königshofs zuständig.«

Das nötigte mir gehörigen Respekt ab – vor ihr und dem König gleichermaßen. Soweit ich Benin zu diesem Zeitpunkt kannte, kamen Frauen zwar durchaus verantwortungsvolle Aufgaben zu, aber eben nur in den eigenen vier Wänden. Positionen wie die von Djehami geschilderten gingen weit darüber hinaus, das klang ja schon nach Gleichberechtigung.

Nach einem, sogar entsprechend unserer deutschen Vorstellungen, zeitgemäßen Gedanken von den Eheleuten als Team, das sich ergänzt. Den anderen Gemahlinnen ging so viel Westlichkeit natürlich gegen den Strich und so hatten sie den König verlassen. Denn für sie war es inakzeptabel, dass die junge Frau, die als Letzte gekommen war, über den anderen rangierte.

»Komm mit. Ich zeige dir mein Büro. Dann siehst du, wovon ich spreche«, meinte die Königin.

Wir verließen den traditionellen Raum und überquerten den Königshof, der aus einem regelrechten Gewirr von engen Gassen und zahlreichen Lehmhäusern bestand. Sie führte mich in ein kleines, aus Zementsteinen gebautes Haus, das etwas abseits der anderen stand.

»Wir haben durchaus Anschluss an den Rest der Welt«, sagte Djehami. Was ich sah, bestätigte ihre Worte. In dem einzigen Raum des Gebäudes stand ein hochmodernes Computer-Terminal, ausgerüstet mit allem, was sich auch in meinem Berliner Büro befand. Mit geübter Hand klickte die junge Königin die entsprechenden Felder auf dem PC-Monitor an und drehte sich lächelnd zu mir um: »Wenn du möchtest, können wir uns künftig E-Mails schreiben, das wäre doch viel einfacher. Weißt du, es gibt nämlich viel zu tun, mein Mann und ich, wir haben große Pläne.«

Dann berichtete sie mir von jener Initiative, die noch im gleichen Jahr ins Leben gerufen werden sollte: dem Rat der Afrikanischen Könige. »Mein Mann hatte diese wirklich sehr gute Idee, die unter anderem die Position der Könige stärken wird. Dieser Verbund gleich denkender Monarchen wird durch die Tradition dem Geist der Moderne zu neuer Blüte verhelfen. Wir werden die Politik und die Wirtschaft unterstützen, indem wir als eine Art Mittler auftreten. Das ist eine große und sehr wichtige Aufgabe, die nicht nur für unser Land, sondern für ganz Afrika von Bedeutung ist. Unser Kontinent führt ein Schattendasein am Rand der Welt, daher ist es unser erstes Ziel, wahrgenommen zu werden. Doch wir wollen dabei nicht blind dem Westen nacheifern, sondern unseren eigenen Weg gehen. Wir vergessen darüber die Traditionen nicht, schließlich sind sie gut und dürfen nicht verloren gehen. Gleichzeitig müssen wir den Anschluss an eure Standards schaffen.«

»Du bist damit also die Außenministerin deines Gemahls«, resümierte ich, »das heißt, die Organisation dieses Königsrats liegt in deinen Händen?«

Djehami zeigte mir die am Computer erstellten Entwürfe für diverse Einladungen an Könige und betonte ernsthaft: »Es ist eine große Aufgabe, bei der wir jede Hilfe nötig haben. Es wäre daher schön, Annette, wenn ich dabei auf dich zählen könnte. Wir müssen endlich den Schritt nach Europa tun, denn wir brauchen die Investitionen eurer Wirtschaft. Ihr lebt in Deutschland. Dein Mann wird nicht nur Prinz, sondern erhält gleichzeitig den Titel eines Generalbevollmächtigten für Europa-Angelegenheiten. Damit wird er einer der wichtigsten Vertreter des Königstuhls von Allada im Ausland. Sobald es den Rat der Könige gibt, wird diese Aufgabe noch bedeutender.«

Ich war, gelinde ausgedrückt, ziemlich überrascht. Bislang hatte ich die Funktion meines Maurice – neben der positiven Auswirkung auf unser Reisebüro – vor allem unter dem privaten Aspekt gesehen. Er würde endlich zu seinen Wurzeln finden, die Angst vor dem Voodoo ablegen und sich mit seiner Heimat aussöhnen. Doch es steckte weit mehr dahinter: eine richtige Aufgabe, viel größer noch als sein leider nie erfüllter Jugendtraum vom Bau einer Bahnlinie in den wirtschaftlich rückständigen Norden seines Landes. Wenn Maurice es richtig anpackte, konnte er einer ganzen Region helfen.

Er? Ich stutzte. Ich befand mich zwar im Büro einer Königin, doch die war gleichzeitig Außen- und Finanzministerin ihres Gemahls. Und ich? Hatte ich nicht auch für meinen Maurice bislang sämtliche geschäftlichen Belange geregelt?

Diese energische Frau in meinem Alter hoffte ganz offensichtlich, in mir eine Verbündete gefunden zu haben. Als könnte sie meine Gedanken lesen, umarmte sie mich und küsste mich auf beide Wangen. »Schon sehr bald wirst du eine Prinzessin sein. Das ist mehr als nur ein Titel, es ist auch eine große Verantwortung.« Peng, das saß. Moderne Zeiten, dachte ich, da reicht es wohl nicht mehr, wenn Majestät königlichen Charme versprüht und mit dem Schmuck klimpert.

Wir verabschiedeten uns wie Freundinnen mit Wangenküssen. »Ich freue mich schon, wenn du wiederkommst«, meinte Djehami warmherzig. Das konnte nicht mehr lange dauern und ich war sehr gespannt. Das Leben als Prinzessin versprach wesentlich interessanter zu werden, als ich angenommen hatte.

Die Ahnen klopfen an

Es war bereits stockfinstere Nacht, als unser Fahrer den Wagen durch den Heiligen Wald zurück zur Straße nach Cotonou lenkte. Mein Mann war ebenso müde wie ich, aber dieser aufschlussreiche Tag, der für uns beide ganz andere Erkenntnisse gebracht hatte als erwartet, hatte uns euphorisch gestimmt. Maurice hatte vom König Ähnliches erfahren wie ich, und noch dazu Dinge, die den alten Rahmen für den Aufbruch in moderne Zeiten liefern sollten.

»Ich werde mein eigenes Wappentier erhalten«, berichtete er.

»Welches wird das sein?«, fragte ich völlig pragmatisch.

»Das werden die Ahnen bestimmen«, meinte Maurice, der sich schon ganz in die Rolle des Traditionalisten fügte. So, als hätte er die Welt niemals mit anderen Augen gesehen.

Das brachte mich auf eine Idee. »Weißt du, welches Tier für dich das richtige wäre?«, fragte ich. Der Antwort, die ich mir selbst gab, saß der Schalk heftig im Nacken. »Du solltest ein Chamäleon als Wappentier bekommen.«

»Warum denn das?«, wollte Maurice wissen.

»Die ändern doch mitunter ihre Farbe. Das letzte Mal, als wir in Benin waren, hast du dich mit Begeisterung den Christen angeschlossen. Diesmal der Voodoo-Religion«, erklärte ich.

Mein Prinz blieb gelassen. »So ein Chamäleon ist ein kluges Tier. Es schützt sich, indem es die Farbe seiner Umgebung annimmt, und trotzdem bleibt es sich immer selbst treu.« Er machte eine kleine Pause. »Wusstest du eigentlich, dass König Kpodegbes Vorgänger es in seinem Wappen trug?«

Er hat seine Hausaufgaben offensichtlich gemacht, dachte ich anerkennend. »Welches Tier fändest du denn passend für dich?«, fragte ich dann.

»Die Schildkröte«, meinte Maurice. »In den afrikanischen Fabeln ist sie die Verkörperung der Weisheit. Sie ist sehr langsam, ebenso wie die Weisheit, und sie wird sehr alt, weil es viel Zeit braucht, um alles zu verstehen.«

Ich schwieg, hundemüde und gedankenschwer. Mein Mann betrachtete seine Berufung zum Prinzen mit anderen Augen als ich – verständlicherweise. Es war sein Weg, ich begleitete ihn nur. Was ich bei Hofe gesehen und gehört hatte, faszinierte mich. Die Aufgaben, die mir die Königin in Aussicht gestellt hatte, entsprachen meinem Organisationstalent und der Fähigkeit, Verbindungen mit einem völlig neuen Kreis von Menschen zu knüpfen. Doch darüber durfte ich nicht aus den Augen verlieren, dass wir ein Paar aus Berlin waren, und zwar mit zwei Töchtern, einem Taxibetrieb und einem viel versprechenden Reiseunternehmen.

Maurice jedoch, der sich zwar immer schon für Spiritualität interessiert, ihre Auswüchse aber abgelehnt hatte, könnte in diesen Voodoo-Kosmos abtauchen. Von einer Einweihung war die Rede gewesen, eine Bemerkung, die ziemlich untergegangen war. Mein Maurice – ein *voodoono*, ein Eingeweihter? So sehr ich, von ihm selbst unbemerkt, zu dieser Entwicklung beigetragen hatte, so sehr verwirrte mich nun der Gedanke, dass die weiteren Veränderungen umfassender sein könnten, als ich angenommen hatte. Die ersten Anzeichen dafür waren bereits unübersehbar. Bevor er zu Bett gegangen war, hatte er in dieser Nacht erstmals Speisen auf dem Tisch bereitgestellt.

»Für die Ahnen«, hatte er gesagt.

Während er in unserem Hotelzimmer bereits fest und wohl auch selig schlief, tat ich wieder einmal kein Auge zu. Mich plagte Durst, doch ich traute mich kaum aufzustehen, um die hungrigen Vorfahren nicht zu stören. Schließlich ging ich doch zum Kühlschrank neben der Eingangstür und erschrak prompt zu Tode. Plötzlich hörte ich vom Fenster ein lautes Klopfen. Es klang, als wollte jemand zu uns ins Zimmer hinein. Einen Moment zögerte ich, was ich tun sollte, dann erinnerte ich mich daran, dieses Geräusch im Vorjahr schon einmal gehört zu haben. Und zwar kurz bevor Maurice seinen zweiten Anfall während der Reise mit den Kindern gehabt hatte, damals hatte er geträumt, dass ihn jemand »holen« wollte ...

Mit aufkommender Panik schlich ich zu Maurice, der schlief wie ein Stein.

Das Klopfen ertönte erneut, ich vernahm es sehr deutlich. Trocken und hart knackte es gegen das Glas. Tok, tok.

Zur Salzsäule erstarrt stand ich mitten im Raum. Sollte das etwa der Vorbote eines neuen Anfalls sein? Schon im Vorjahr war mir aufgefallen, dass dieses Klopfen der einzige Hinweis darauf gewesen war, dass nicht nur Maurice die gespenstischen Zeichen wahrnehmen konnte. Pragmatisch wie meine Erinnerung nun mal funktioniert, hatte ich das glatt verdrängt.

Tok, tok.

Ich atmete tief durch und hastete durch das Zimmer, riss den Vorhang zur Seite und das Fenster auf. Mein couragierter Einsatz erbrachte das Gleiche wie im Vorjahr: nichts. Kein Mensch zu sehen, kein Ast weit und breit, der gegen das Fenster schlug.

Ich verriegelte das Fenster und schob die Vorhänge zu, dann redete ich mir ein, das würde nützen. Ich verkroch mich ins Bett zu Maurice, lauschte auf seinen gleichmäßigen Atem und wartete. Das Geräusch meldete sich nicht zurück.

Am nächsten Morgen stellte ich fest, dass die Ahnen die von Maurice bereitgestellten Speisen nicht angerührt hatten.

Beim Herumtollen im Hotelpool vergaß ich die seltsame Nacht und genoss, dass mein Prinz endlich einmal unbeschwert war. Es war eine gute Gelegenheit, ihn darum zu bitten, zu Odette zu fahren, um mit ihr die neuesten Entwicklungen zu besprechen.

»Zu ihr wollte ich ohnehin«, meinte Maurice. »Weißt du, sie ist nämlich die *táyinon* der Familie.« Mehr als diese Andeutung machte er nicht.

Zu meiner Überraschung fuhren wir nicht nach Porto-Novo, wo ich Odette im Vorjahr getroffen hatte, sondern nach Missebo, zum Anwesen ihrer Familie. Von dort war Odette damals fortgezogen, um bei ihrem neuen Mann Clement zu leben. Ihre Rückkehr warf ein paar Fragen auf und natürlich tippte ich als Erstes auf eine Ehekrise, denn Odette ist eine durchaus lebensfrohe Person.

Odettes Orakelei bei unserem letzten Abschied schien sich wirklich zu bewahrheiten. Sie empfing uns glücklich, bewirtete uns und jegliche Missstimmung zwischen Cousin und Cousine hatte sich in Luft aufgelöst.

Maurice' rührige Cousine hatte das vergangene Jahr dazu genutzt, das vom Großvater ererbte Grundstück in ein Schmuckstück umzugestalten, das die Anmutung eines kleinen Dörfchens hatte. Zunächst erkundigte ich mich nach dem Grund für den überraschenden Umzug. Er lag nicht in einer Ehekrise, sondern am Grundstück selbst, wie Odette erklärte. »Hier befinden sich die Wurzeln meiner Familie. Von diesem Land darf ich mich niemals trennen«, sagte sie und zeigte auf ein Haus an der Ostseite des Hofes. »Das ist das *hunkpáme*, ein Kloster, das der Ahnengottheit Egungun geweiht ist«, fuhr sie gewichtig fort. »Mein verstorbener Großvater, der Ehemann von Oma Akouavi, war ein sehr bedeutender Mann. Codjo Dassi war ein *bokonon* und ein *houno,* das ist sehr selten. Der *bokonon* ist nämlich fürs Orakel zuständig, der *houno* hingegen für sämtliche Ritualfragen.«

»Hat dein Großvater dieses Kloster gebaut?«, wollte ich wissen.

»Es ist für ihn gebaut worden. Niemand kann die Anweisung dafür geben. Wenn solch eine Stätte zum Leben eines Menschen gehört, dann wird sie für ihn errichtet, und zwar ohne sein Zutun und an dem Ort, an den sie gehört«, war ihre Antwort. Sie führte aus, dass die Ahnen den Lebenden auf ihre Weise mitteilten, wie dies zu geschehen habe. Das Band zwischen den Generationen blieb auf diese Weise immer lebendig und Vergangenheit, Gegenwart und Zukunft bildeten eine Einheit.

»Nur Eingeweihte dürfen in das *hunkpáme*. Ich selbst gehöre zu den wenigen Frauen, die diese Stätte betreten dürfen«, berichtete Odette unter dem wissbegierigen Blick ihres Cousins.

»Wenn ich mich einweihen lasse, darf ich dann auch hinein?«, lautete meine logische Schlussfolgerung.

Odette lächelte. »Nicht jeder, der eingeweiht ist, darf überall hin. Du kannst nicht einfach bestimmen, welche Einweihung du machst. Es ist dir vorbestimmt, wie alles im Leben. Wenn die Zeit reif ist, wird das geschehen, was für dich richtig ist.«

»Warum hast ausgerechnet du diese wichtige Position inne?«, erkundigte ich mich.

»Nach Großvater Codjos Tod gab es keine männlichen Nachkommen, die infrage kamen, und so übertrug mir das Orakel die Funktion einer *houssi*«, führte Odette aus.

»Ich dachte immer, dass im Voodoo nur Männer solch bedeutende Positionen bekleiden dürften«, meinte ich.

Odette lachte fröhlich. »O nein, Annette, der Voodoo ist nicht der Islam. Bei uns haben Frauen ebenfalls hohe Positionen innerhalb der Religions-Hierarchie inne.«

»Was bedeutet eigentlich Einweihung?«, fragte ich bewusst naiv, um meine Freundin aus der Reserve zu locken.

»Nichts anderes, als eine Schranke zu überschreiten oder ein Tor zu neuem Wissen zu öffnen. Mit jeder Einweihung erreichst du eine neue Dimension des Bewusstseins«, antwortete Odette. Sie erzählte, dass sie erst vor kurzem mehrere Wochen fastend in ihrem Kloster verbracht hatte, um sich auf eine weitere Einweihung vorzubereiten.

Ich erinnerte mich an die Show, die Odette für mich ein Jahr zuvor in ihrem Haus in Porto-Novo abgezogen hatte. Sämtliche Schränke und Schubladen hatte sie damals aufgerissen, um mich davon zu überzeugen, dass sie Maurice nicht verhext hatte. Wenn, dann hätte sie mich an diesen Platz hier führen müssen, wo die wahren Geheimnisse gehütet wurden. Aber es war einerlei. Ich vertraute ihr, nicht nur als *houssi*, sondern vor allem als Mensch. Ihre Geheimnisse gehörten eben zu ihr und ich ließ sie ihr auch.

Mich beschäftigte in erster Linie die bevorstehende Krönung. »Maurice sagt, du seist eine *táyinon*. Was bedeutet denn das?«

»Innerhalb seiner Familie achte ich darauf, dass die Traditionen eingehalten und gepflegt werden«, erklärte sie. »Wenn Zeremonien stattfinden, führe ich die Rituale durch.« Sie lächelte. »Was das im Einzelnen bedeutet, wirst du noch erfahren, Annette.« Wieder einmal sagte sie mir nur das Wichtigste.

Maurice verwickelte Odette in ein auf Fon geführtes Gespräch, das ich staunend verfolgte. Mein Mann hörte seiner Cousine wie ein eifrig nickender Schüler zu, und sie war ihrerseits zufrieden, dass Maurice nun endlich ihre Position innerhalb der Familie und der Religion würdigte. Sie wusste, er war an jenem Punkt angekommen, den sie vorausgesagt hatte: bei seinen Wurzeln.

Schließlich bezogen die beiden mich wieder mit ein. »Odette wird uns als *táyinon* zu meiner Einweihung und zur Krönung begleiten«, verkündete mein künftiger Prinz feierlich.

Das war ein willkommener Grund, meine Vertraute zu umarmen, denn nun wusste ich, dass ich einen Beistand hatte. »Ich werde euch in eurem Hotel abholen und alles mitbringen, was nötig sein wird. Ihr müsst euch um nichts kümmern, es wird alles gut.« Sie zwinkerte mir zu. »So wie ich es dir gesagt habe, Annette.«

Ich nahm sie für einen Augenblick zur Seite. »Maurice macht wieder einmal alles hundertprozentig, Odette. Also, ein bisschen sorge ich mich ja denn doch um ihn.«

Sie lachte herzhaft. »Habe ich dir nicht schon einmal gesagt, dass du Geduld haben sollst, Annette?« Ich stimmte kleinlaut zu und sie ergänzte: »Ihr beide gehört zusammen, du bist sein Halt. Vertrau dir selbst.«

Etwas schwermütig, aber doch erleichtert über ihren versprochenen Beistand stieg ich mit Maurice ins Auto.

»Odette weiß wirklich alles«, sagte Maurice bewundernd.

»Das ist mir schon lange bekannt«, gab ich zurück.

Er legte den Arm um mich. »Ach, gut, dass ich dich habe.«

In der Nacht meldete es sich wieder, dieses seltsame Klopfen am Fenster: tok, tok. Es musste wohl schon eine Zeit lang versucht haben, sich bemerkbar zu machen. Im Traum hatte ich einen Vogel gesehen, der mit seinem kräftigen Schnabel versuchte, das Fenster zu öffnen. Beinahe automatisch blickte ich zu Maurice hinüber und erkannte schemenhaft seinen ausgestreckten Körper. Das Licht anzumachen traute ich mich nicht, dennoch wollte ich dem Hinweis aus meinem Traum nachgehen und tastete mich zum Fenster.

Tok, tok, klang es nach wie vor.

Mit der gleichen hastigen Bewegung wie in der Nacht zuvor sah ich nach, um erneut in tiefe Schwärze zu blicken. Ich rief, jedoch nicht allzu laut, hinaus in die Finsternis. Die Nachtluft war warm und würzig und die friedliche Stimmung wirkte alles andere als gespenstisch. Vielleicht ist es ein Nachtvogel?, überlegte ich. Das Hotel hatte nämlich nur wenige Gäste und die schliefen sicher alle. Möglicherweise quartierte sich eine Eule hier öfters ein, schließlich bot der große Garten viel Nahrung. Eine Weile wartete ich noch, dann schloss ich die Fenster und legte mich wieder hin.

Soll sie nur klopfen, dachte ich. Es gibt keine Gespenster, sondern für alles einen Grund. Und siehe da: Die mysteriöse Klopferin ließ mir meinen Schlaf.

Odette holte uns schon am Nachmittag von unserem Hotel ab. Sie hatte sich besonders fein gemacht, trug Gewänder aus kostbarem – selbstverständlich weißem – Stoff, ein kunstvoll geschlungenes Kopftuch und jede Menge Halsketten und Armbänder. Für meinen Mann war es selbstverständlich, dass er für uns beide jene Kleidungsstücke wählte, die wir bei unserer Verlobung elf Jahre zuvor getragen hatten. Seine Familie konnte zwar bei diesem wichtigen Schritt nicht anwesend sein, durch die beiden Gewänder war meine Schwiegermutter aber zumindest symbolisch dabei.

»Wäre es denn nicht schön, wenn deine Mutter uns begleiten dürfte?«, schlug ich vor.

Odette, die in alle Geheimnisse eingeweiht war, antwortete für ihren brüderlichen Cousin. »Das geht leider nicht, Annette, das Ritual ist völlig geheim. Niemand darf anwesend sein, der nicht selbst initiiert oder – so wie du – mit dem künftigen Prinzen vermählt ist.«

Während wir in Richtung Allada fuhren, erzählte ich Odette von dem merkwürdigen Klopfen am Fenster.

Unsere im Voodoo beschlagene *táyinon* blieb gelassen, als sie antwortete: »Das werden die Ahnen sein, die Maurice an seine Aufgabe erinnern.«

Entgeistert blickte ich sie an. »Die kann ich auch hören?«

Odette lächelte so, als habe sie etwas Mitleid mit der weißen Frau ihres Cousins. »Du hast nicht die Ahnen gehört, Annette, sondern bist überzeugt, dass es ein Vogel war, der vor eurem Fenster saß.« Sie nahm meine Hand in ihre. »Und so ist es auch in Ordnung. Das schützt euch beide.«

Das geheime Ritual

Ein hünenhafter Monarch mit Leopardenblick und eine emanzipierte Königin mit Sinn fürs Weltliche – unsere neuen blaublütigen Bekannten waren fraglos interessante Menschen. Mir war jedoch klar, dass ich bisher nicht viel mehr als eine ungewöhnliche Oberfläche bestaunt hatte. Was sich darunter verbarg, entzog sich noch meinem Blick, doch es musste einiges sein. Denn von ungefähr rührte die Angst so vieler Menschen vor dem Voodoo nicht. Die unzähligen Gegenbewegungen in Form von Sekten wie den Himmlischen Christen waren Beweis genug. Nun stand ich kurz davor, einen tieferen Einblick zu bekommen. In der folgenden Nacht sollte die Aufnahme von Maurice an den Königshof stattfinden. Es stand außer Frage, dass es sich dabei um nichts anderes als eine Voodoo-Zeremonie handelte.

König Kpodegbe und Königin Djehami empfingen uns nach einer angemessenen Wartezeit auf die gleiche würdevolle Weise, die wir bereits kannten. Während Majestät uns mit salbungsvollen Worten auf unsere künftige Funktion als bedeutende Mitglieder und Repräsentanten des Hofs hinwies, die einen untadeligen Lebenswandel zu führen hätten, suchte mein Blick jenen der Königin. All die Nähe, die ich während unseres ersten Gesprächs gespürt hatte, war verflogen und ich sah nur mehr die offizielle Maske einer Würdenträgerin. Als höchste Gefühlsregung huschte gelegentlich der Anflug eines gewissermaßen diplomatischen Lächelns über ihr Gesicht, während ihr Mann sprach.

Nichts an diesem perfekten Erscheinungsbild deutete darauf hin, dass hinter den Mauern dieses schlichten Palasts eine von der Spitze verordnete Revolution vonstatten ging, nämlich der Einzug der Moderne. Maurice und ich, wir beide waren ein Teil davon. Vielleicht, dachte ich, ist meine Rolle wesentlich ungewöhnlicher, als mir bislang bewusst war: eine *yovo*, die schon sehr bald den Titel einer Prinzessin von Allada tragen wird. Ich dachte an den alten König von Parakou, der sich so sehr nach einer weißen Frau gesehnt hatte, dass er mich Maurice abschwatzen wollte. Nicht nur der würde über meine unverhoffte »Karriere« staunen ...

Meine Aufmerksamkeit richtete sich wieder auf die Rede des Königs. Wie von ihm angedeutet, führte der Weg zu moderneren Zeiten über die Tradition und die bedeutete eine große Opferzeremonie für sämtliche seit 1613 verstorbenen 15 Könige von Allada. Jeder der Herren sollte eine ganze Kuh erhalten nach dem Motto: Gleichbehandlung schützt vor dem Neid toter Monarchen.

Ich schluckte. Wo sollten wir eine ganze Kuhherde herbekommen? Wir hatten lediglich eine Flotte Berliner Taxen anzubieten, die teilweise den Banken gehörten.

Der König mochte meinen erschrockenen Blick bemerkt haben. »Die große Opferzeremonie findet nur alle zwei Jahre statt zu Ehren des Gründers des Königshauses Allada, des ehrwürdigen Vorfahren Adjahouto. Es wird sich ein Weg finden, wie Sie daran teilhaben können«, beschwichtigte der ökonomisch versierte Regent.

Ich atmete auf. Vielleicht können wir uns, bis es so weit ist, an einer Art Opferkuh-Sharing beteiligen, mutmaßte ich, womit ich übrigens gar nicht so weit von der tatsächlichen Lösung entfernt war: Zwei Jahre später kaufte sich Maurice mit dem Erwerb von lediglich einer Kuh in das wichtige Ritual ein und danach genoss er den Schutz von Kpodegbes Ahnen.

Der König erhob sich nun und schritt aus dem Empfangssaal, wobei er mühsam versuchte, die schweren Stoffbahnen, die seinen schlanken Körper umhüllten, zu bändigen.

»Wir sollen ihm folgen«, raunte mein Mann mir zu.

»Ihm? Einfach so?« Ich war platt und blickte mich Hilfe suchend nach Odette um. Die verharrte in ihrem Plastiksessel, zwar mit einem aufmunternden Lächeln, aber regungslos. Das geheime Ritual, flüsterte meine Erinnerung mir zu. Odette hatte sich offenbar getäuscht, denn sie blieb ausgeschlossen.

Die Nacht war bereits hereingebrochen, während wir dem König schweigend durch seine weitläufige Anlage folgten, die großteils im alles verschlingenden Dunkel lag. Der Hüne schritt würdevoll zu einem Platz in der Nähe des einzigen Rundbaus, wo uns ein hoher Priester erwartete. Für den König und mich standen die einzigen beiden Stühle bereit und wir nahmen Platz.

Der hohe Priester opferte zunächst eine kleine Ziege, deren Blut in der Erde versickerte. Das war der Tribut an jene Vorfahren, die der Aufnahme von Maurice zugestimmt hatten. Anschließend grub der *houno* selbst mit bloßen Händen eine Vertiefung in den Boden, während Maurice etwas hilflos daneben stand. Als die kleine Grube die richtige Größe hatte, forderte der Voodoo-Priester meinen Mann auf, sich seines Oberteils zu entledigen.

Neben dem flachen Erdloch stand eine Kalebasse bereit, in der einige grüne Blätter einer heiligen Pflanze schwammen, daneben eine Flasche Gin. Alkohol gehört im Voodoo zu jeder Zeremonie dazu, über die Bedeutung lässt sich allerdings nur rätseln. Sie hängt aber gewiss mit der pflanzlichen Basis des Hochprozentigen zusammen, das somit ein Derivat der Natur darstellt.

Ich war gespannt auf die Reaktion meines Mannes, der so viele Opfer auf sich genommen hatte, um dem Voodoo zu entkommen, und jetzt selbst Mittelpunkt einer solchen Zeremonie war. Obendrein befand er sich direkt an den Wurzeln der so lange abgelehnten Religion – und wirkte geradezu glücklich. Auf seinem Gesicht lag der Anflug eines sanften Lächelns, eine milde Art von Entrückung, wie ich sie an ihm schon während seines letzten »Heilungs«-Aufenthalts in der Kirche der Himmlischen Christen bemerkt hatte. Geht es etwa darum, grübelte ich, dass Maurice eine spirituelle Heimat sucht?

Inzwischen hatte der *houno* die Arme meines Mannes umfasst und redete eindringlich in Fon auf ihn ein. Nach der längeren Ansprache schüttelte der Priester, ein beleibter Mann, meinen Maurice ziemlich kräftig, als wollte er ihn von etwas befreien. So, wie der Wind einem Baum die welken Blätter abstreift. Mit eckigen Bewegungen dirigierte er meinen Mann in die zuvor gegrabene Erdvertiefung. Mit dieser Geste, das war ziemlich eindeutig, wies er Maurice einen festen Platz zu, an den er künftig gehörte. Der Priester hatte Maurice sozusagen symbolisch aus seiner alten Umgebung herausgeholt und einer neuen zugewiesen.

Was jetzt noch fehlt, überlegte ich, ist das Wässern des jungen Bäumchens Maurice. Das geschah auch so, allerdings übersetzt in die Sprache des Voodoo. Der Alte goss den bereitstehenden Gin in die Kalebasse mit dem Wasser und den Kräutern und nahm davon einen großen Schluck in den Mund. Zuerst spuckte er die Mischung auf den Boden als angemessenes Opfer für die Ahnen. Dann spie er es gegen den nackten Oberkörper meines Mannes. Dieser Vorgang wiederholte sich einige Male. In der Luft lag jetzt ein ganz eigentümlicher Geruch aus Alkohol, Kräutern, Schweiß und dem Blut des geopferten Zickleins, das auf dem warmen Boden verdampfte. Es war eine Mischung aus Schärfe und Süßlichkeit, Leichtigkeit und dumpfer Schwere. Der Geruch des Voodoo, dachte ich, so entsteht er also …

Maurice' Gesicht behielt trotz dieser recht ungewöhnlichen Behandlung den Ausdruck friedvoller Entrückung. Mir kam es sogar so vor, dass er gar nicht richtig wahrnahm, was konkret mit ihm geschah. Er stand zwar bespuckt in einem Erdloch, wirkte jedoch unendlich weit entfernt. Irgendwie war mir der Anblick unheimlich.

Plötzlich kam mir ein Gedanke, den ich nicht mehr verdrängen konnte. Wir beide hatten uns auf eine Zeremonie eingelassen, die wir nie mehr oberflächlich abtun konnten als ein Ritual, das eben irgendwie zu Maurice' Prinzwerdung dazugehörte. Das Kräuter-Spucke-Alkohol-Gemisch rann über die Haut meines Mannes und vermischte sich mit seinem eigenen Schweiß. Es wurde, wenn auch nur für Minuten, zu einem Teil von ihm. Was dadurch geschah, konnte ich in all seinen Konsequenzen nicht beurteilen, doch ich hatte erlebt, mit welch leidenschaftlicher Hinwendung er die Himmlischen Christen als Teil seines Lebens aufgenommen hatte.

Was, dachte ich, wird der Voodoo aus ihm machen? Wird er den in Berlin ebenso leicht wieder abstreifen können wie die Ansichten der christlichen Sekte? Ich ahnte die Antwort. Er kehrte als ein Prinz heim und das würde er auch bleiben, eine Rückverwandlung war diesmal ausgeschlossen. Die Würde, die er erhielt, konnte er in keinen Keller verbannen, sie würde zweifelsohne zu einem Teil seines Selbst werden. Zu einem Teil? Sagte das *fa* nicht mehr als das? Ein König … Seltsam, ich hatte das Gefühl, ihn gerade jetzt zu verlieren, wo er dort stand wie ein junger Baum, der in neuer Erde Wurzeln schlägt.

Der König riss mich aus meinen schweren Gedanken. Zu meiner Verwunderung sprach er mich auf Englisch an, was aus seinem Mund charmant klang. »Ihr Mann hat seinen Platz am Hof gefunden, Madame. Er ist nun vor allen Angriffen auf seine Person geschützt, denn er ist ein untrennbarer Bestandteil unseres Hauses.«

Damit hatte Seine Königliche Hoheit nichts anderes zum Ausdruck gebracht als meine ganz und gar geheimen Gedanken: untrennbar.

Kpodegbes große, schlanke Hände mit den schweren goldenen Ringen bedeuteten mir, mich zu erheben und ein paar Schritte bis zum *houno* zu gehen. Der weise Mann gab mir auf Fon zu verstehen, dass ich mich vor ihm niederzuknien hätte. Leicht verunsichert blickte ich zu Maurice hinüber, doch der verharrte unverrückt in seiner Kuhle.

Mich konnte der Zauber dieses feierlichen Moments, in dem mein Leben als *princesse d'Allada* begann, nicht so gefangen nehmen wie ihn. Das lag natürlich auch daran, dass ich von den langen, feierlichen Gebeten, die der Priester sprach, kein Wort verstand. Dennoch hatte ich sie zu bekräftigen.

»*Dit: amie*«, forderte der Geistesmann und mein entsprechender Einsatz wurde mir vom Priester mit einem leichten Klaps auf die Schulter signalisiert. Schließlich hatte ich dieses *amie*, so oft wiederholt, dass ich es automatisch von mir gab und mich dabei an das kirchliche Amen erinnert fühlte. Doch das franzözische Wort *amie* bedeutet auch »Freund«. Ich denke, wenn ich meinen Schwur in diesem Sinne interpretiere, tue ich niemandem weh, denn eine Freundin des Gedankens will ich gern sein.

Ein nettes *amie* reichte jedoch nicht, um meine Aufnahme zu besiegeln. Der *houno* reichte mir nun jene Kalebasse, in der sich die mit Schnaps gemischten Kräuter befanden. Der würzige Geruch stieg mir in die Nase, bevor ich die Schale an die Lippen führte und einen Schluck trank. Es schmeckte etwas wässrig, aber nicht übel. Dann nahm mir der Priester das offene Gefäß ab und übergab es dem König, der seinerseits etwas davon zu sich nahm. Danach geschah für eine Weile gar nichts und es herrschte andächtiges Schweigen.

Ein weiteres Gebet des Priesters beendete die Zeremonie. Sowohl Maurice als auch ich hatten vor dem König niederzuknien und seinen schönen Leopardenstock mit beiden Händen zu umfassen, während er den kurzen Stab, den er gewöhnlich an die Schulter gelehnt mit sich führte, nacheinander auf unsere Köpfe legte. Auch ohne des Fon mächtig zu sein, ahnte ich, dass dies der Treueschwur auf den König war.

»Sie sind nun Prinz und Prinzessin von Allada«, verkündete Majestät würdevoll.

Wir durften aufstehen – ich im Verlobungskleid, mein Mann halb nackt und immer noch bespuckt an meiner Seite. Mit einem freundlichen Lächeln zog sich der König zurück, nicht ohne seine Abschiedsformel zu sprechen. »Möge der königliche Friede mit euch sein.« Der Priester folgte ihm wortlos.

Während Maurice sich anzog, blickte ich mich um. Wir standen allein im königlichen Hof, über uns der sternenklare Nachthimmel. »Geht es dir gut, Maurice?«, fragte ich sanft.

Er strahlte mich an. »Es ging mir niemals besser.«

»Du hast keine Angst?«

»Nein, wovor denn?«

»Dann ist es gut«, sagte ich.

Da eilte uns Odette entgegen. Sie umarmte mich erleichtert und führte uns in den Empfangssaal, wo die Königin wenige Augenblicke später erschien. Djehami drückte mir zwei Küsse auf die Wangen. »Prinzessin Annette, ich wünsche dir, dass dir deine neue Aufgabe Erfüllung schenkt und du dem Königshaus von Allada eine treue Dienerin sein wirst.«

»Ich werde mein Bestes geben«, versprach ich.

Mit einem kurzen Nicken begrüßte sie dann meinen Mann. »Prinz Alain-Maurice Bokpê d'Allada, auch Ihnen meine besten Wünsche. Unsere Ahnen haben Sie für eine bedeutende Aufgabe vorgesehen. In meiner Funktion als Außenministerin sehe ich einer guten Zusammenarbeit mit Ihnen als Generalbevollmächtigten für Europa entgegen.«

Dann überreichte sie uns die ganz und gar weltlichen Urkunden unserer Ernennung, die am Computer hergestellt worden waren. Es war kein wirklicher Schönheitsfehler, wenngleich ich insgeheim Büttenpapier mit verschnörkelter Schrift erwartet hatte. Märchen aus dem Jahr 1998 müssen eben mit der Zeit gehen und für die wahre Aufnahme an den Königshof war dies höchstwahrscheinlich ohnehin zweitrangig. Die fand nämlich an ganz anderer Stelle statt, schließlich werden die Ahnen niemals über Computer verfügen. Ebenso wenig werden sie auf Büttenpapier Wert legen ...

Die Aufgabenteilung des Königspaares funktionierte perfekt. Nachdem der weltliche Teil abgeschlossen war, kehrte der König zurück, sprach noch ein Gebet und entließ uns. »Wir sehen Sie morgen wieder, Prinz und Prinzessin von Allada«, meinte er abschließend, »zur Krönung.«

Nun trat Königin Djehami neben ihn und überreichte jedem von uns einen Anzug. Auf dem ockerfarbenen Stoff waren die Porträts aller 16 Könige von Allada aufgedruckt, jenes des gegenwärtigen am größten. »Wir würden uns freuen, wenn Sie das morgen tragen«, meinte die Königin. Ich freute mich sehr über die herzliche Geste, die fast schon familiär wirkte, dennoch hatten wir uns tief zu verbeugen, als das Paar den Raum verließ.

Odette begleitete uns nach Hause. »Wie geht es euch?«, erkundigte sie sich unterwegs.

»Königlich«, murmelte ich nur.

Über das Gesicht von Maurice huschte ein leises Lächeln, er wirkte verklärt, geradezu selig. Odette und ich wechselten einen Blick, der jedes weitere Wort überflüssig machte. Ich wusste ebenso gut wie sie, dass wir beide dasselbe dachten.

Auch in dieser Nacht stellte Maurice seinen Ahnen ein Opfer auf den Tisch, wie sie es von ihm erwarteten.

In meinen Träumen sah ich meinen Mann immer wieder an seinem Platz in der Erdvertiefung stehen, glücklich und unendlich weit von allem entfernt, vor allem aber von mir. Ich wollte zu ihm gehen, hockte aber wie festgeklebt in meinem Plastiksessel. Als ich von dem üblichen tok, tok am Fenster aufwachte, lag er tief schlafend neben mir. Ich hätte mich gern an ihn geschmiegt, so wie früher, aber ich traute mich nicht.

Tok, tok, klopfte es weiterhin. Diesmal hatte ich keine Lust, irgendjemandem zu öffnen.

Prinzessin in Not

Königin Djehamis Schneider hatte offenkundig für eine echte afrikanische Prinzessin gearbeitet. Ich verschwand fast völlig in dem großzügigen Oberteil und der von einem Gummizug gehaltenen Hose. Maurice jedoch wirkte in dem mit so vielen unterschiedlichen Königsköpfen bedruckten Anzug wirklich wie ein Prinz. Zu meiner Überraschung rückte Odette am Krönungsmorgen mit weiteren Textilien an, da sie als *táyinon* auch für meine Kleidung zuständig war.

»Das wirst du nach der Krönung anziehen«, bestimmte sie. »Es ist ein Stoff, den ich von Großvater Codjo für eine wichtige Zeremonie erhalten habe. Bis du einen eigenen hast, kannst du diesen hier behalten.«

Etwas hilflos besah ich das beeindruckend schöne dunkelblaue und türkisfarbene Mitbringsel, denn es war nichts als eine lange Stoffbahn. Die hatte ich offenbar auf irgendeine Weise um mich zu wickeln. Fragend sah ich meine Ratgeberin Odette an.

»Ich ziehe dich dann schon an«, sagte sie, von Lachen geschüttelt. Dennoch vertraute ich der in Aussicht gestellten Wickelmethode keineswegs und packte vorsichtshalber einige Sicherheitsnadeln in meine Kameratasche.

Maurice drängte zum Aufbruch und rückte an diesem frühen Morgen samt Aktentasche aus zur Krönung, doch die

Eile reichte nur bis zum nächsten Stau. Da wurde mein Mann plötzlich auf höchst deutsche Weise nervös.

»Du bist hier in Afrika«, beruhigte ihn Odette. »Ohne Maurice kann Maurice nicht gekrönt werden«, scherzte sie, ganz die Ruhe selbst. Was war ich froh, dass sie bei uns war, denn auch ich hätte vor Nervosität platzen können. Sicherlich waren der ganze Hofstaat und wohl auch nicht wenige Leute aus Allada anwesend, die gewiss allesamt interessierte Zuschauer abgaben, wenn die *yovo*-Prinzessin gegen sämtliche Benimmregeln verstieß ...

»Diesmal bin ich die ganze Zeit an deiner Seite«, beruhigte mich Odette.

Neben dem blassrosa getünchten Eingang ebenso wie zu Füßen des stämmigen Adjahouto hatte sich bereits eine stattliche Anzahl von Menschen versammelt. Dabei war es erst wenige Minuten nach neun Uhr morgens. Dem Klang der Trommeln und der Gesänge nach zu urteilen, musste schon Hochstimmung bei Hofe sein.

Die Musiker gaben sich mit lachenden Gesichtern leidenschaftlich ihrer Arbeit hin. Einige hatten so große Trommeln, dass sie die Instrumente mit Steinen am Boden abgestützt und sie sich mit einem Strick um den Bauch befestigt hatten. Andere saßen auf Hockern und hatten kleinere Trommeln zwischen die Beine geklemmt. Mehrere große und kleine aus Kalebassen gefertigte Rasseln, die von Netzen mit eingeknüpften Kaurimuscheln überzogen waren, untermalten die Trommelklänge rhythmisch.

Vor dem Portal war ein weiter gelber Stoffschirm aufgespannt, der mit den Herrschersymbolen Alladas verziert war. Immer wieder traten junge Frauen und Männer aus dem Kreis der Zuschauer hervor, führten kurze Tänze auf und mischten sich anschließend wieder unter das Publikum. Verschwenderisch warf die Sonne ihr goldenes Licht auf diese lebenslustige Szene.

Ich schickte einen raschen Blick zu König Kpodegbes wehrhaftem Vorfahr, dessen langes Buschmesser über die beschwingte Versammlung hinwegdeutete. Zu Lebzeiten hatte er mit solch einem Ding seinen Bruder geköpft, nun konnte ich nur hoffen, dass er mir jeden meiner möglichen Fehler verzieh. Nicht, dass da plötzlich ein Leopard durch die Menge spazierte. Mit leichten Beklemmungen marschierte ich hinter Odette und Maurice in den Hof. Ich sprach mir selbst Mut zu, schließlich hatte ich in diesem Land schon ganz andere Dinge gemeistert.

Einer der alten Priester des Königs kam auf uns zu und begrüßte uns. Zuerst reichte er Maurice beide Hände und neigte den Kopf. Ich staunte nicht schlecht, als er Odette ebenfalls mit einer Verbeugung seine Achtung erwies. Die Begrüßungsrituale des Voodoo sind eine Wissenschaft für sich, ich weiß nur, dass der Grad der Einweihung sowie die Funktion und die Stellung damit zu tun haben. Demnach hatte Odette als *houssi* innerhalb ihres Glaubensgefüges eine bedeutende Funktion inne, die jener des höchsten Würdenträgers des Königs ähnlich sein musste. Mir gab der Priester ganz normal die rechte Hand.

Wir liefen das kurze Stück zum Empfangsraum, und ich spürte, wie die Sonne trotz der frühen Morgenstunde unbarmherzig niederbrannte. Plötzlich verspürte ich noch ein anderes, sehr menschliches Bedürfnis: Der Tee, den ich zum Aufwachen im Hotel getrunken hatte, wollte wieder fort. Ich biss die Zähne zusammen, verneigte mich wie die anderen brav vor dem Thron Seiner Majestät und beobachtete den Aufmarsch der schweigsamen Würdenträger.

Ich stellte mich auf eine längere Wartezeit ein, doch glücklicherweise erlöste uns Königin Djehami schon bald. Sie hatte diesmal auf ihr Kopftuch verzichtet und ihre Haare waren kunstvoll geflochten, was ihre Schönheit betonte. Ihre Augen verrieten Müdigkeit, doch das war nicht weiter verwunderlich. Eine Krönungszeremonie will schließlich wohl vorbereitet sein. Sie begrüßte mich wie eine Vertraute mit Wangenküssen und nannte mich Prinzessin. Das war ich seit gerade mal zwölf Stunden, weshalb mich die ungewohnte Anrede auch noch leicht irritierte.

Die Königin führte uns durch das Labyrinth des Palastgeländes zu einem Platz im Schatten, wo wir auf Stühlen Platz nehmen durften. Es sah nach erneutem Warten aus, denn vor dem Palast bearbeiteten die Musiker ihre Trommeln, Glocken und Rasseln, während die Geschichtenerzähler ihre Stimmen erklingen ließen und wir untätig herumsaßen. Das war nichts für mich. Kurz entschlossen holte ich meine Kamera hervor, aber Maurice hielt mich zurück.

»Du kannst auf gar keinen Fall fotografieren«, sagte er gebieterisch und ließ den Fahrer die Kamera ins Auto sperren. Hilfe suchend schaute ich zu Odette hinüber, die mit einem Nicken die Entscheidung meines Mannes bestätigte. Damit war ein für alle Mal geklärt, dass Etikette vor Prinzessinnen-Wunsch ging.

Das änderte jedoch nichts daran, dass meine Blase die Zeichen der Zeit noch nicht verinnerlicht hatte, sie drückte inzwischen mörderisch. Verstohlen sah ich mich um und suchte nach einem dezenten Hinweis, wohin Prinzessinnen eventuell mal schnell verschwinden konnten. Fehlanzeige. Aber ich hatte ja meinen Hofstaat – wieder wandte ich mich an Odette. Die klärte das Problem, kehrte zurück und lotste mich durch allerlei Schleichwege, die unter anderem an einer Art Loggia vorbeiführten, in der die Sänfte des Königs parkte. Daneben lümmelten drei Männer, die das kostbare Teil zu bewachen hatten.

Odette deutete auf eine aus Palmstroh locker geflochtene Wand, die im Halbkreis aufgestellt und an einer Seite offen war. Ein echter Sichtschutz war den Handwerkern da nicht gerade gelungen. Die Toilette, ein wahrer Turm aus Stein mit einer Öffnung in der Mitte, war für einen Menschen meiner Statur unbezwingbar. Die Höhe der Konstruktion ließ eher auf königliches Gardemaß schließen. Odette hockte sich kurzerhand in eine Ecke, und sie war gewiss nicht die Erste, was tausende von Fliegen lange vor mir bemerkt hatten.

Die Männer neben der Sänfte schwatzten fröhlich; ich konnte sie deutlich sehen – und sie mich? Dann schon lieber mit Tee-Blase zur Krönung, dachte ich und änderte meine Meinung! Odette, die längst fertig war, amüsierte sich über meine Hemmungen, die mich daran hinderten, meine Notdurft vor des Königs stillem Thron zu verrichten. Dennoch befreite mich meine *táyinon* für alle Lebenslagen aus meiner Not, zog sich flugs ihren Stoff von den Hüften und breitete ihn wie einen Vorhang vor mich.

Erleichtert floh ich anschließend aus dem unköniglichen Verschlag. Odette folgte mir und wickelte sich völlig unkompliziert im Laufen den Stoff wieder um die Hüften, während ich sie und mich verschwenderisch mit Parfüm einsprühte. Einer der Männer machte laut und grinsend eine Bemerkung über die *yovo*. Odette gab ihm barsch Antwort.

»Was hat er gesagt?«, fragte ich sie.

Sie winkte ab. »Die sollen nicht so viel dummes Zeug quatschen, sondern besser ihre Kräfte für den König aufheben.« Sie spielte auf die Sänfte an.

»Benutzt der denn dieses Ding?«, erkundigte ich mich.

»Das ist alles so wie vor hunderten von Jahren. Du wirst es erleben, Annette.«

Ich dachte an das keineswegs stille Örtchen und fand, dass es dem Hofe nicht schlecht täte, wenn an mancher Stelle die Moderne etwas schneller Einzug hielte.

Draußen erklangen immer noch die verlockend heiteren Klänge, während drinnen alles feierlich still war. Odette lehnte mein Ansinnen, mir das Spektakel aus der Nähe anzugucken, entsetzt ab: »Annette, das geht nicht. Du kannst dich doch hier nicht wie eine Touristin benehmen!«

Du meine Güte – sie hatte ja Recht! Ich, die frisch gebackene Reisebürobesitzerin, hatte die Fronten gewechselt und stellte nun selbst etwas dar. Es würde wohl noch einige Zeit dauern, bis ich das verinnerlicht hatte …

Während ich brav auf meinem Prinzessinnen-Platz an der Seite meines Prinzen wartete, ärgerte ich mich über meine Dummheit. Bis auf den Tee am frühen Morgen hatte ich nämlich nichts zu mir genommen und mein Magen rumorte mit den Trommlern vor dem Palast um die Wette. Endlich holten uns zwei Priester ab. Mir fiel auf, dass einer der beiden ein recht junger Bursche war, übrigens der erste, den ich unter den sonst so betagten Würdenträgern sah. Der junge Priester war im Gegensatz zu seinem älteren Kollegen barhäuptig und ungeschmückt, während der Alte ein Kopftuch und eine zweireihige Perlenkette trug, die ihm bis zum Ansatz seines um die Hüfte gewickelten Tuchs reichte.

»Die Kulte haben es alle schwer, Nachwuchs zu finden«, erklärte mir Odette. »Viele waren jahrzehntelang verboten und während des Sozialismus war der Voodoo verpönt.« Was sie mir nicht sagte, erfuhr ich später. Die Religion wurde während jener Zeit im Verborgenen ausgeübt.

Vor dem Rundbau hatten wir unser Ziel erreicht. Odette erklärte mir, dass dies der Tempel sei, in dem die 15 toten Könige der Dynastie Allada ihren Ehrenplatz hatten. Das Gebäude war absolut schmucklos und mit einem schlichten Wellblechdach gedeckt. Über der einzigen, viel zu niedrigen Tür staken auf einem etwa einen Meter breiten Stück getrocknete Halme hervor. Auf einer Steinbank davor saßen mehrere ältere Priester, deren stumme Blicke uns verfolgten. In ihrer Nähe lag auf Matten am Boden ein Bündel, in dem sich scheinbar sperrige Gegenstände befanden. Es erinnerte ein wenig an ein Geschenk, das es abzuholen galt.

Jener *houno*, der Maurice in der vergangenen Nacht seinen Platz am Hofe zugewiesen hatte, trat auf meinen Mann zu, umfasste seine Oberarme und redete eindringlich in Fon auf ihn ein. Gerade mal eine ältere Frau entdeckte ich in der Männergesellschaft, die ich bisher bei jedem Auftritt des Königs in dessen Nähe gesehen hatte. Sie war hager und verzog keine Miene, was ihr den Anschein gab, als ob sie sämtliche Voodoo-Gesetze höchstpersönlich verkörperte. Ein Augenlid hing infolge einer Erblindung herab, was den Eindruck der Vergeistigung, den sie auf mich machte, nur noch verstärkte.

»Das ist die *táyinon* des Königs«, flüsterte mir Odette zu, »seine älteste Schwester.«

Maurice hatte nun sein Oberteil auszuziehen, wobei ihm mehrere Priester halfen. Sie reichten den Stoff Odette, die ihn sich über den Unterarm legte. Dann dirigierten sie meinen Mann zu einer ähnlichen Grube wie jene, in die er in der Nacht zuvor »eingepflanzt« worden war. Statt der Kalebasse stand diesmal eine Tonschale bereit, in der wieder zahlreiche saftig grüne Blätter in einer Flüssigkeit schwammen. Daneben stand eine bauchige Kanne mit dünnem Hals, der durch ein Blatt verlängert wurde.

Dieses Ritual erfolgte gewissermaßen in umgekehrter Reihenfolge wie das uns bereits bekannte. Der *houno* stieg in die Vertiefung und griff nach Maurice' Handgelenken, sprach auf ihn ein und umfasste sodann das linke Fußgelenk meines Prinzen. Er führte es leicht nach vorn und erklärte ihm dabei etwas. Das Ganze wirkte wie die Erläuterung eines Tanzes. Wie beim Ballett war es offenbar von besonderer Bedeutung, dass er den Fuß in einer bestimmten Weise an genau der richtigen Stelle aufsetzte.

Nun führte Maurice aus, was der Mann ihm zuvor erklärt hatte. Er bewegte seinen linken Fuß nach vorn, um dann mit der Ferse den Rand der Vertiefung zu berühren und gleich darauf die Fußsohle wieder fest auf den Boden oberhalb des Randes zu stellen. Das wiederholte er dreimal, erst beim dritten Mal tat er einen Schritt in Richtung des Alten und zog den rechten Fuß nach. Nun standen sich die beiden in der Vertiefung gegenüber. Jetzt fasste der Priester, der jede dieser Bewegungen begleitet hatte, Maurice wieder an den Schultern.

Der war vollkommen konzentriert und achtete genau auf jede Geste, jede Anweisung und jeden körperlichen Impuls des alten Mannes. Auch Odette schien in die Zeremonie derart vertieft zu sein, dass ich den Eindruck hatte, sie atme gar nicht mehr. Zu dieser mit unglaublicher Langsamkeit ausgeführten Bewegungsabfolge tobte draußen die Trommelmusik – gerade so, als würde im Zirkus jeden Augenblick der Salto mortale aufgeführt. Der Gegensatz aus Kontemplation drinnen und furiosem Wirbel draußen verlieh dem Ereignis den Charakter intensiver Spannung.

Maurice und der Priester standen sich nun Auge in Auge

gegenüber, doch nun übernahm ein anderer, hochstehender Geistlicher. Er kratzte Erde vom Boden und krümelte sie in das Tongefäß zu den darin schwimmenden Blättern. Dann fasste der *houno* mit beiden Händen in die Flüssigkeit, um sie über Maurice' nackten Oberkörper zu verteilen. Die Art und Weise, wie er ihm über den Kopf, den Hals, die Schultern, die Brust und schließlich über die Arme strich, hatte etwas Fürsorgliches, fast Liebevolles. In diesem Moment schienen die beiden Personen eine Einheit zu bilden.

Auf dem Gesicht meines Mannes lag wieder dieses leicht entrückte, fast kindlich zu nennende Lächeln. Er nahm offenbar nichts um sich herum wahr und der Augenblick hatte auch tatsächlich etwas Ergreifendes. Obwohl ich einige Schritte von ihm entfernt stand, fühlte ich mich Maurice dennoch sehr nah. Ich kritisierte nichts, war sogar selbst ein bisschen benommen und mit meinem Mann so eng verbunden, dass ich glaubte, die Hände des Priesters an meinen eigenen Oberarmen zu spüren. Dieser Moment war beinahe noch bedeutender als jener der Nacht zuvor.

Plötzlich rempelte mich jemand hinter mir versehentlich an.

»Pardon«, flüsterte eine Stimme ganz leise.

Ich erschrak. »Wie bitte?«, sagte ich.

Obgleich die Berührung nur sehr kurz war, hatte sie mich völlig aus dem Geschehen gerissen. Niemand hatte den winzigen Vorfall bemerkt, bis auf Maurice. Er blickte plötzlich nervös um sich, machte aber den Eindruck, als ob er nicht wüsste, was er suchte. Die stille Einheit zwischen dem Priester und meinem Mann war ebenfalls dahin.

»Pass auf, dass dich niemand während der Zeremonie berührt«, hatte Maurice am Morgen gesagt. Ich hatte es nicht ernst genommen, ja sogar vergessen, doch jetzt erkannte ich den Sinn. Ich war nicht nur irgendeine Beobachterin, sondern Bestandteil des Rituals. Wie sonst hätte mein Mann diesen winzigen Zwischenfall spüren können?

Der Priester wechselte einige Worte mit Maurice und umfasste erneut seine Oberarme, als wollte er das Band zwischen den beiden wiederherstellen. Es gelang ihm auch und Maurice wirkte sehr konzentriert. Von mir wich die kurze Anspannung ebenfalls und ich war ihm wie zuvor sehr nah. Unsere Blicke berührten sich die ganze Zeit kein einziges Mal, trotzdem war es, als würden wir uns unentwegt ansehen.

Nun schüttete der Alte aus der kleinen Kanne etwas Flüssigkeit in seine Hand, führte sie zum Mund und trank davon. Andächtig verfolgte Maurice, wie der Priester auch ihm etwas von dem geheimnisvollen Nass in die gewölbten Handflächen goss. Der Moment erinnerte mich an den Empfang der geweihten Oblate während der Kommunionsfeiern in unserer katholischen Kirche zu Hause in Tabarz. Vorsichtig führte nun Maurice die Hände zum Mund und trank zum Zeichen seiner inneren Reinigung. Noch einmal strich der *houno* ihm über Brust und Arme, drehte dann seinen Körper um 180 Grad.

Der Abschied aus der Grube verlief komplizierter als der Eintritt. Der Priester führte Maurice' linke Ferse sanft an den Boden und zog den Fuß wieder zurück, insgesamt neunmal. Nach der zehnten Berührung erst führte der Priester den jungen Prinzen wie ein kleines Kind aus der geschützten Ecke heraus. Das war übrigens auch einer der Gründe für die Zeremonie: Ähnlich einem Baby sollte Maurice wieder gehen lernen, diesmal in seiner neuen Haut als Würdenträger des Hofes. Deshalb auch das peinlich genaue Führen seines Fußes und seine Waschung, die ihn symbolisch reinigte wie ein Neugeborenes.

Der *houno* geleitete meinen Mann – gefolgt von Odette und mir – um den runden Tempel, vorbei an den anderen Würdenträgern bis zur Zementbank des Rundbaus. Dort lagen auf einer Bastmatte einige mehrmals zusammengelegte Stoffe, die ein Sitzkissen darstellten. Der Alte packte meinen Mann wieder an den Oberarmen, murmelte einige Worte und schob ihn wie eine Puppe zu seinem Sitz, auf dem mein Prinz sich auch brav niederließ. Damit, so schien diese Geste zu sagen, hatte er seinen Platz nach der transzendenten Zeremonie von vergangener Nacht nun auch in der weltlichen Hofgesellschaft gefunden.

Was es nun noch brauchte, befand sich in dem Geschenkbündel, das inzwischen aufgeschnürt und vor unser aller Augen ausgebreitet worden war. Es waren jene Utensilien, die Alain-Maurice Kodjo Bokpê für alle Welt sichtbar zum Prinzen Bokpê d'Allada machten, nämlich ein runder Holzhocker mit vier kurzen Beinen, ein mit Schnitzereien verzierter schwerer Holzstock, der jenem aus Metall gefertigten des Königs sehr ähnlich sah, sowie ein kurzer geschnitzter Holzstock, auf dessen dickerem, rechtwinklig gebogenem Ende ein geschnitzter Elefant stand.

Die beiden größeren dieser Stöcke heißen *kpoguè*, doch die Bedeutungen sind – wie Odette mir erklärte – unterschiedlich. »Der schwere, reich verzierte Stab ist das Symbol eines Gebietsherrschers, der oben gekrümmte, den Maurice sich mit der Biegung auf die Schulter legt, ist sein Befehlsstab.«

Unter den Schmuckstücken stachen mir sofort zwei circa 20 Zentimeter breite Armreifen aus gehämmertem Blech ins Auge. Neben mehreren Ketten und Ringen lag eine schwarze Kappe, auf die bunte Applikationen gestickt waren – auch hier war der Elefant deutlich zu erkennen. Außerdem hatte man einen weißen, zusammengefalteten Stoff und ein Paar bunte, große Lederschlappen bereitgelegt. Mit dem geübten Blick der Ehefrau erkannte ich sofort, dass sie für meinen Mann viel zu groß waren. Trotzdem oder gerade deshalb war ich überaus gespannt, wie mein Prinz aussehen würde, wenn er mit all diesem Zierrat angetan umherlief.

Die Verwandlung

Noch war Maurice ein Prinz im Unterhemd. Um ihn zu einem respektablen Würdenträger werden zu lassen, nahm eine langwierige Zeremonie ihren Lauf. Zunächst brachte die älteste Schwester des Königs zwei Flaschen Alkohol – *sodabi* und, wie es sich gehört, Gin der Marke *Royal.* Beides stellte sie zu den diversen Schalen vor den Rundbau, an dem Maurice und die Priester warteten. Nun kroch der *houno* durch die winzige Tür in den Tempel hinein. Erst lange Minuten später mühte sich der alte Mann mit der Tonkanne magisch aufgeladenen Wassers, die wir schon von vergangener Nacht kannten, wieder heraus. Alles, was er nun tat, geschah mit der gemächlichen Präzision eines Uhrwerks.

Direkt vor dem Eingang ertastete er eine Stelle im Boden und stellte eine Holzschale dort ab, in die er etwas Gin goss. Jeder einzelne der übrigen Priester zog dann einen Halm aus dem Dach oberhalb des Tempeleingangs und platzierte ihn in der Schale. Der *houno* zerkleinerte eine Kolanuss und fügte sie hinzu, bevor er weitere Nüsse und die Alkoholflaschen nach einem undurchschaubaren Muster ordnete, Halme brach und noch mehr Alkohol zu der angerührten Mixtur gab. Zum Abschluss falteten zwei Priester und eine Frau eine mehrere Meter lange weiße, breite Stoffbahn auseinander, die Maurice wie hinter einem Vorhang abschirmte. Er war verschwunden …

Da für mich als Theaterwissenschaftlerin das Geschehen hinter dem Vorhang nun einmal das interessantere ist, pfiff ich auf etwaige Etikettefragen und marschierte einfach auf die andere Seite, wo Maurice inzwischen kniete.

Mit erstaunlicher Geschwindigkeit machte sich die Priesterschaft daran, Maurice in das lange, weiße Gewand zu wickeln. In all dem Durcheinander war der junge Prinz nicht mehr zu sehen und ich erblickte ihn erst nach einer Weile wieder. Beide Arme ausgestreckt kniete er am Boden, der Stoff hing zusammengerafft über seiner linken Schulter und um seinen Bauch. Zwei Priester steckten je einen Halm aus dem Tempeldach in die chaotisch um den Körper meines Manns drapierte Prinzenrobe, wodurch die Kraft der königlichen Ahnen auf ihn übergehen sollte. Einer der Priester bat nun Odette, sich neben ihn zu knien, mich schob er hinter meinen Mann. Dann reichte mir eine der Frauen die beiden Stoffe, die Odette für mich mitgebracht hatte; sie waren in der Zwischenzeit im Tempel magisch aufgeladen worden. Aus dem Vorangegangenen war zu schließen, dass nun auch für mich der Zeitpunkt der Verwandlung nahte.

Zuvor jedoch verfolgten Odette und ich, wie sie Maurice die Prinzeninsignien übereigneten. Zuerst überreichten sie ihm einen weiteren Plastikreifen mit einem rosafarbenen Garnbündel, das fortan in seinem Nacken baumelte, dann eine lange Metallkette. Beides führten sie, bevor sie es ihm umlegten, mehrmals sanft an seinen Kopf. Dann banden sie ihm ein kunstvoll gefaltetes, weißes Tuch um den Kopf, das insgesamt drei Priester fachmännisch in die richtige Position brachten.

Ich schielte auf den Rest der bereitliegenden Utensilien und malte mir aus, wie kurzweilig es werden würde, wenn wir künftig zu einem Termin fahren wollten. Einfach mal eben so … Die breiten Armreifen aus kunstvoll gearbeitetem Blech legte der Priester, links beginnend, sehr sorgsam an. Wie bei allen anderen vollzogenen Schritten murmelte er auch jetzt eine Reihe langer Beschwörungsformeln. Die Schmuckstücke haben nämlich eine durchaus praktische Funktion: Sie schützen vor Angriffen böser Geister. Schließlich erhielten Maurice und Odette je einen der Halme aus dem Tempeldach.

Jetzt fanden die sorgfältig aufgereihten Kolanüsse Verwendung. Der *houno* biss von einer der rötlichen Früchte ein kleines Stück ab und legte es auf Maurice' linke geöffnete Handfläche. Er beugte seinen Kopf herab bis zur Hand meines Mannes, berührte die Nuss mit der Zungenspitze und richtete sich wieder auf. Danach platzierte er die Frucht in Maurice' rechter Hand, die er sodann an Maurice' Mund führte. Nachdem mein Mann die Nuss gleichfalls mit der Zungenspitze berührt hatte, klebte der Priester flache, befeuchtete Stückchen an Maurice' Stirn. Auf die gleiche Weise verfuhr er anschließend mit Odette.

Diese ungeheuer intim wirkende Zeremonie schien sehr bedeutsam zu sein, denn die Kolanuss, die auch für Orakel verwendet wird, ist die wichtigste aller rituell verwendeten Früchte. Ich fühlte mich von diesem Ritual ausgeschlossen und musste feststellen, dass Odette, der schwesterlichen Cousine und Zeremonienmeisterin der Familie, eine wesentlich größere Bedeutung zukam als mir, der Ehefrau. Als hätte er meine Grübelei bemerkt, legte mir einer der Priester die Hand auf die Schulter und schob mich dicht neben Maurice. Er bedeutete mir, mich niederzuknien.

Der oberste Priester begann nun jenen Trank zuzubereiten, der unsere Krönung endgültig besiegeln sollte. Zu der in der Holzschale bereits schwimmenden Melange hatten Odette, Maurice sowie sämtliche Priester Schnaps, Nüsse und Halme hinzuzufügen. Die Kraft dieses Gebräus bestand jedoch aus mehr als nur materiellen Bestandteilen: Blicke und vor allem Worte gehörten eindeutig dazu.

Der alte Priester musterte mich aus seinen kleinen, dunklen Augen, in denen eine ungekannte Intensität lag. Für kurze Zeit hatte ich das Gefühl, es gäbe nur ihn und mich und er könne in meinen Gedanken lesen wie in einem offenen

Buch. Obwohl uns drei Meter trennten, glaubte ich seinen Atem auf meiner Haut zu spüren und seine Ausdünstungen nach Schweiß, Alkohol, Kräutern und Erde wahrzunehmen. Es war derselbe Geruch, den auch die Geister verströmten, die uns übers Meer bis nach Deutschland gefolgt waren – wieder einmal begegnete mir der Voodoo-Geruch.

Ich fühlte mich erlöst, als der Mann mich freigab, und blickte wie magisch angezogen zu den Priestern hinüber, die vor dem Tempel saßen. Die Blicke der Anwesenden ruhten auf mir, was mich ein wenig nervös machte. Sekunden später richteten sie ihre Aufmerksamkeit jedoch wieder auf Maurice und Odette. Das alles geschah völlig synchron, obwohl niemand sie dazu aufgefordert hatte. Es herrschte Schweigen, und selbst die Trommeln draußen hatten aufgehört zu spielen, wie mir mit einem Mal bewusst wurde.

Den Augenblicken der Stille folgte nun eine Ansprache des *houno*, die er mit seiner etwas krächzenden Stimme in Fon hielt. Ein anderer Priester übersetzte alles ins Französische, doch ich war noch immer von den vorangegangenen Momenten wie gelähmt und bekam kaum etwas davon mit. Nachdem der Priester geendet hatte, begannen sämtliche Weisen, *bokonons* und *voodoonos,* gleichzeitig zu sprechen, und zwar alle durcheinander. Sie riefen oder murmelten ihre Worte, die sie mit ausgreifenden Gesten in unsere Richtung untermalten, als wollten sie dadurch sicherstellen, dass das Gesagte uns auch tatsächlich erreichte.

Nachdem die Worte den Weg bereitet hatten, folgte der Trank. Der Oberpriester hob dazu den Tonkrug zum klaren, blauen Himmel, goss sich ein wenig auf die Handfläche, schlürfte es ab und wendete sich der *táyinon* des Königs zu, die dicht neben ihm stand. Sie empfing etwas von der Flüssigkeit aus seiner Handfläche, bevor er Maurice drei Schlucke und Odette einen spendierte. Ich ging dabei leer aus, was mich daran erinnerte, dass ich inzwischen vor Durst schier umkam. Doch ganz unbenetzt sollten meine Lippen nicht bleiben, ich war nämlich beim nächsten »Gang« dran. Der so sorgfältig bereitete Trank aus der Holzschale harrte seiner Zweckerfüllung, wurde allerdings zuerst dreimal gegen das Tempeldach gehoben. Begleitet von einem priesterlichen Gebet nippten zuerst mein Mann, Odette und zum Schluss ich an der Schale.

Der magisch aufgeladene Cocktail hatte auf meinen seit Stunden leeren Magen eine revolutionsartige Wirkung und die war alles andere als heilig: Feuer im Mund, Brennen im Schlund, dazu Schweißausbruch aus allen Poren.

Darauf folgte nun wieder eine Kolanuss und diesmal war ich nach dem Priester zuerst an der Reihe. Bitter, schrien meine Geschmacksnerven unisono, sehr bitter. Vielleicht hatte ich vor lauter Eifer auch zu viel erwischt, jedenfalls ließ sich die Masse nicht schlucken, verklebte Zähne und sämtliche Zwischenräume und drohte mich gar zu ersticken. Ich schmatzte mit zwangsweise geöffnetem Mund und genierte mich wegen meiner Ungeschicktheit. Doch dann sah ich erleichtert, dass es Maurice und Odette genauso erging, ebenso der hochwohlgeborenen Königsschwester und allen Priestern. Es schien wohl die einzige Möglichkeit zu sein, mit dem bitteren Zeugs, das einem alles zusammenzog, umzugehen. Mit vollen Backen saßen wir im Kreise, mümmelten mit offenem Munde Kolanuss und boten einen wahrhaft königlichen Anblick …

Die Wirkung der heiligen Nuss war ein Durst ungekannter Dimension, dafür war wenigstens mein Hunger, der mich zuvor fast umgebracht hatte, schlagartig verschwunden. Als Diätvorschlag ist diese Frucht trotzdem nicht empfehlenswert, wegen der Nebenwirkungen.

Zum Abschluss dieser Phase des Rituals bekam der verwaist vor dem Tempel stehende Hocker eine Verpackung aus dem dunklen Stoff, den ich mir wenig später um den Oberkörper wickeln sollte. Eine Frau lud sich das Sitzmöbelchen auf den Kopf und marschierte von dannen, gefolgt von einer anderen, die eine in den gleichen dunklen Stoff gehüllte Flasche *sodabi* auf dieselbe Weise transportierte. Auf ein Zeichen des *houno* hin folgten wir den Damen, während das Einsetzen der Musik auf der anderen Seite der Hofmauern signalisierte, dass der heiligste Teil der Zeremonie abgeschlossen war.

Einer Prozession gleich gelangten wir in eines der Häuser des Königshofes – einen extrem engen und dunklen Raum, in dem sich gewiss ein Dutzend Menschen drängten. Offensichtlich war ich nicht die Einzige, die merklich erleichtert wirkte. Zwei der Priester ließen eine Flasche *sodabi* kreisen, aus der jeder einen Schluck trank, wobei sie entspannt mit Maurice plauderten und lachten. Sie reichten ihm eine weiße, weite Hose und wickelten ihn noch einmal in seine unglaublich lange Stoffbahn, was angesichts der Enge nicht gerade einfach war.

Die stickige Luft war mit den Ausdünstungen der Menschen, dem Geruch des leicht muffigen Stoffs, dem süßlichscharfen Parfüm des Palmweinschnapses und den Rückständen der Kräuter erfüllt. Ich empfand es nicht als unangenehm, sondern fühlte mich auf sonderbare Weise stimuliert und hätte Maurice gern ganz für mich alleine gehabt. Es war eine Erfahrung von ganz spezieller Sinnlichkeit.

Verliebt legte ich den Kopf an die Schulter meines Mannes. Er befreite einen Arm aus den Stoffbahnen, legte ihn mir um die Taille, drückte mich fest an sich und meinte lachend: »Später, wir haben erst noch einiges zu tun.«

Odette begann bereits, an dem Stoff herumzuzupfen, den ich erhalten hatte. »Wir müssen dich jetzt umziehen«, sagte sie.

Ich sollte mich also hier und jetzt entkleiden, in einem Raum voller Priester. Prinzessin hin, Prinzessin her – draußen hatte ich oft genug beobachtet, wie die Frauen ohne Scham ihre Stoffe vom Oberkörper nahmen und kurz barbusig dastanden, um sich anschließend wieder einzupacken. Es ist ohnehin zappenduster, dachte ich und ließ mir von Odette helfen.

»Wie zieht man das denn an?«, fragte ich mit krächzender Stimme. Erst jetzt wurde mir bewusst, dass ich den ganzen Vormittag über kein Wort gesprochen hatte. Meine Freundin wickelte mir den weißen Stoff, den ich von den

Priestern erhalten hatte, um die Hüften und versuchte ihn richtig festzustecken. Ich merkte sofort, dass ich ihn beim ersten Schritt verlieren würde, doch die Sicherheitsnadeln, die ich eigens eingesteckt hatte, lagen natürlich im Auto. Geduldig folgte ich Odettes Anweisungen. Nun fehlte nur noch das Oberteil, für das ich den dunklen Familienstoff benutzen sollte.

Meine Freundin lachte Tränen, während sie mir dabei zusah, wie ich unzählige vergebliche Versuche unternahm, mich in eine afrikanische Prinzessin zu verwandeln. Erst nach ihrem beherzten Eingreifen hielt der Stoff und mir rann der Schweiß aus allen Poren. Das war aber auch kein Wunder. Meine Garderobiere hatte mich derart fest verschnürt, dass das mit Silberfäden durchwirkte Tuch auf meiner schweißnassen Haut wahnsinnig kratzte. Tapfer beschloss ich, die mühevolle Konstruktion nicht mehr anzurühren.

Die Prozedur war gerade abgeschlossen, als direkt vor der Tür des Umkleidekämmerchens ein lautstarkes Blaskonzert einsetzte. Jemand stieß die Pforte auf und zum Takt, den eine Glocke ohne Klöppel vorgab, gegen die mit einem langen rostigen Nagel geschlagen wurde, mühte sich die königliche Hofkapelle ab. Auf langen Büffelhörnern erzeugten sie die unterschiedlichsten Töne.

Nun brachte der *houno* gemeinsam mit einigen Männern und Frauen Maurice die noch fehlenden Prinzen-Utensilien. Zuerst drückte er meinem Mann den Herrschaftsstock in die rechte Hand, dann legte er ihm den Befehlsstab auf die linke Schulter. Jetzt trug er auch seine würdevolle Kappe mit dem Elefantenzeichen, genannt *gola,* und damit waren endgültig alle Zweifel beseitigt. Das Orakel hatte weder Chamäleon noch Schildkröte für passend gehalten, sondern einen Dickhäuter.

»Bist du zufrieden mit deinem Wappentier?«, fragte ich meinen Prinzen.

Seine glückliche Miene sprach bereits Bände, als er erwiderte: »Die Elefanten treten die Schneise durchs Buschwerk, durch die andere folgen können«, meinte er. »Sie haben Kraft und Ausdauer. Wenn das Orakel mich so sieht, ist das sehr ermutigend.«

Für den nun folgenden Marsch standen allerdings weniger Elefanten als Gänse Pate. Der oberste Zeremonienmeister ließ die Schnapsträgerin vorangehen, dann folgten die Hockerträgerin, Odette und Maurice, während ich das Schlusslicht bildete. Endlich setzte sich der Zug in Bewegung. Maurice hatte alle Mühe, in den viel zu großen Schlappen zu gehen, und kämpfte zudem mit den etlichen Metern Stoff, die bei jedem Schritt zu rutschen drohten. Meine Kostümierung hielt dank einer eng gebundenen Schnur, die das grob gewebte Material nach wie vor schmerzhaft in meine Haut presste.

Aber auch sonst fühlte ich mich nicht sonderlich wohl. Die Sonne brannte auf meine nackten Schultern und meinen unbedeckten Kopf, die Brille rutschte ständig und mein Mund war staubtrocken. Ich hätte dringend eine Auszeit gebraucht. Soll ich Maurice fragen, ob eine Pause möglich ist?, dachte ich. Doch daran war nicht zu denken, eine Prinzessin tanzte nun mal nicht aus der Reihe. Der Marsch endete gleich neben dem Palasteingang, wo der Hocker für Maurice aufgestellt wurde, damit das geneigte Publikum den wahren Prinzen bestaunen konnte.

Odette, die fürsorgliche *táyinon,* richtete seine Kleidung, während Maurice im Handumdrehen in seine neue Rolle hineinfand und erhobenen Hauptes breitbeinig Hof hielt. Sein rechter Arm ruhte majestätisch auf dem Regentenstab, die Linke lag auf dem Befehlsstab. Leider gab es nichts zu befehlen und zu regieren, sondern nur zu repräsentieren, aber das klappte durchaus schon ganz gut. Würdevoll wie eine Skulptur stand er da und schaute mit mildem Blick auf die Menschenmenge, die sich inzwischen um den Palast herum versammelt hatte, um dem Schauspiel beizuwohnen. Odette und ich rahmten ihn ein.

Ich selbst spielte nur die Rolle einer afrikanischen Prinzessin. Was auch sonst? Man kommt schließlich nicht in

Gotha – gleichwohl für den deutschen Adel eine bedeutende Stadt – zur Welt und nimmt im reifen Alter von 37 Jahren mal eben so eine völlig neue Identität an. Maurice, und das offenbarte sich mir in diesem Augenblick, hingegen hatte das Wesen eines Prinzen offensichtlich im Blut. Herrschaftssymbole und Kleidung betonten lediglich die Würde, die er im Grunde immer schon ausgestrahlt und die mich von Anfang an fasziniert hatte. Ich erinnerte mich daran, wie Anna und Ina gekichert hatten, als ein Polizist Maurice bei unserer ersten gemeinsamen Reise mit »Herr Minister« angesprochen hatte. Ich hatte damals mitgelacht, ohne mir etwas dabei zu denken, doch nun begriff ich. Gene, Ahnen, Schicksal – egal welche Deutung man bevorzugt –, solche Dinge wohnen einem Menschen inne. Es braucht nur den richtigen Zeitpunkt, damit sie hervortreten.

Wir formierten uns erneut und umrundeten nun unglaublich langsam den königlichen Palast. Dabei bekam ich endlich auch einen Eindruck, wie weit gefasst das Areal war. Unbarmherzig grillte die Sonne meine weiße *yovo*-Haut, während der glühend heiße Boden meine nackten Füße kochte. Ohne Pardon gingen wir zu einer neuen Runde über. Der König ist groß und der Weg zu ihm weit – das sollte wohl die Botschaft sein, die ich nach der siebten Umrundung schließlich verstanden hatte.

Trommler und königliche Blaskapelle kündigten gemeinsam das Nahen des Monarchen an, der wie eine Märchengestalt aus längst vergangenen Zeiten auftrat. Den Musikern folgte ein buntes Gewimmel von Menschen, denen sowohl im weltlichen als auch im mystischen Sinne hohe Funktionen zukamen. Hinter den versammelten Priestern, die völlig unterschiedlich gekleidet waren, schritten unter anderem der *migan*, der Premierminister des Königs, sowie zwei *táyinon* einher, die riesige Schirme aufspannten. Danach kamen etliche weitere Angehörige des Hofes, die durch laute Rufe Seine Majestät als mächtigen Herrscher lobpriesen.

Der König wurde von mehreren Männern in jener Sänfte getragen, die ich am Morgen schon gesehen hatte. Der leuchtend blaue Stoff seiner Kleidung und die im Sonnenlicht funkelnde Messingkrone mit dem Leoparden an der Spitze zogen die Aufmerksamkeit der Anwesenden wie ein Magnet an. Königin Djehami, die nach Beniner Sitte dasselbe Gewand trug wie ihr Gemahl, war es gestattet, neben der Sänfte herzugehen. Mich beeindruckten vor allem ihre meterlangen Perlenketten, die allerdings eine unschöne Geschichte haben. Die Glasperlen stammen aus Venedig und dienten vor Jahrhunderten als Zahlungsmittel für jene Sklaven, welche die heute so verehrten Ahnen einst an die weißen Händler verkauften.

Zu den vielen magischen Mitteln, die Kpodegbe beim Verlassen seines Palasts beschützten, gehörten auch einige geheimnisvolle Gegenstände, die seine älteste Schwester in einer runden, verschlossenen Holzdose mit sich trug. Längst hatten Odette, Maurice und ich uns tief vor dem König verbeugt und beobachteten nun, wie sein Zug mehrmals einen Baum mitten auf dem Platz umrundete. Die Würde des Königs kostete deutlich sichtbar den Schweiß seiner Sänftenträger, deren Gesichter vor Anstrengung verzerrt waren. Endlich setzten sie ihn vor seinem Thron ab, der nun vor der Eingangshalle stand, und die königliche Entourage nahm Aufstellung. Zu Majestäts Füßen kniete sein kostbar gekleideter *migan*, hinter und um ihn herum die alten Priester und das sonstige Gefolge, von denen vor allem die Damen viel Mühe auf ihr Erscheinungsbild gelegt hatten. Djehami stand hinter ihrem Gemahl und bedachte die große Versammlung mit würdevollen Blicken.

Kpodegbe hielt sich stets unter einem weit gespannten Schirm auf, damit die Götter im Himmel nicht von oben auf ihn herabblickten. Ein königlicher Schirm erscheint nur dem Unwissenden als solcher, er ist nämlich mit aufwändigen, jahrhundertealten Ritualen aufgeladen. Da aber nur einem König solch ein magischer Schirm zugestanden wurde, gab es für uns leider keinen entsprechenden Sonnenschutz.

Inzwischen war es früher Nachmittag und endlich sollte der weltliche Teil der Krönung folgen.

König Kpodegbe schickte einen seiner hohen Priester zu Maurice, der meinen Mann aufforderte, für Seine Majestät zu tanzen. Der *houno* selbst machte vor, wie es ging, und bewegte sich zum Klang der Trommeln ausgesprochen würdevoll. Dennoch wirkte er sehr dynamisch, während er das Gesicht die ganze Zeit über den unter dem Baum sitzenden Musikern zugewandt hielt. Maurice fand nur mühsam in eine Art Tanz, nachdem der Priester ihm die beiden *kpoguè*-Stäbe und die voluminösen Umhänge abgenommen hatte.

Dann forderte der Oberpriester zu meinem Entsetzen auch mich auf, dem König zu Ehren meinen verschwitzten, müden und hungrigen Leib in Schwingungen zu versetzen. Eigentlich tanze ich ganz gern, aber diese Bedingungen und meine Mattigkeit waren wenig geeignet, mich in Stimmung zu bringen. Während ich mich unter Afrikas sengender Sonne abmühte, hoffte ich nur, dass aus meinen verkrampften Bewegungen keine irrigen Schlüsse über die schlappe Weiße gezogen wurden. Meine Qual dauerte zum Glück nur Minuten, dann endlich schritt der König persönlich zur Tat.

Würdevoll erhob er sich, sortierte die Stoffmassen um seinen schlanken Leib, staffierte sich mit all seinen Insignien aus und betrat die Mitte des Platzes, Königin Djehami stets mit zwei Schritten Respektabstand hinter sich. Eine Hand auf den Kopf des knienden Maurice gelegt, begann Kpodegbe eine lange Rede, deren Inhalt besagte, dass Prinz Bokpê sein Amt als Botschafter des Königreiches in Europa im Namen aller Vorfahren des Königs von Allada auszuführen habe. Dann legte er meinem Mann eine königliche Perlenkette zum Zeichen seiner Mitgliedschaft am Hofe um den Hals und übergab ihm anschließend eine zweite Prinzenkappe. Auf der dunkelblauen Mütze stand in dunkelgelben Lettern: *Haut dignitaire dah vignon.*

Ich glaubte nicht richtig zu sehen, da stand doch tatsächlich: *Hoher Würdenträger, kraftvoller König*. War nicht immer von einem Prinzentitel die Rede gewesen?, wunderte ich mich. Hatte Maurice etwa eine Blitzkarriere gemacht? Ich suchte Odettes Blick.

Sie lächelte mich an. Habe ich es dir nicht immer gesagt, Annette?, schien ihre Miene mir zuzurufen.

Die Krönungsurkunde sowie ein geschnitzter dunkler Leopard wurden ihm außerdem als königliche Geschenke überreicht, dann folgte ein langes Gebet des Monarchen. Dazu hatten wir seinen *kpoguè* mit beiden Händen zu umfassen, damit die majestätische Kraft auf uns übergehe. Für den sich anschließenden weltlichen Teil war Königin Djehami zuständig. Die Außenministerin las die Vollmacht vor, die Maurice offiziell ermächtigte, als Botschafter des Königreiches Allada aufzutreten und dessen Interessen zu vertreten.

»*Kpèlêkpelê*«, klang es danach aus den Kehlen des Hofstaats, während der König sich ins Innere des Palastes zurückzog. In gebührendem Abstand folgte mein frisch gebackener Prinz samt seinem aus Odette und mir bestehenden Minigefolge. Innerhalb des Hofes war ein Teppich ausgelegt worden, um den herum Plastikstühle aufgestellt waren. Mittendrin der Prinzenhocker meines »hohen Würdenträgers«. Odette half ihm, sich entsprechend auf dem niedrigen Stühlchen niederzulassen, und staffierte ihn mit seinen schön geschnitzten Stäben aus.

Während ich die beiden beobachtete, den *dah* und seine *táyinon*, dachte ich an Odettes und mein Gespräch Jahre zuvor. »Er wird einmal ein großer König«, hatte sie prophezeit. Doch nun, in diesem Moment der Erfüllung des Orakels, stellte sich mir eine ganz andere Frage: Wie würde Maurice mit dieser nun nach außen sichtbaren Würde umgehen? Er war ein junger Mann von 35 Jahren, gut aussehend und nicht uneitel. Würde er den höchstwahrscheinlich mannigfaltigen Versuchungen widerstehen können, die an ihn herangetragen würden? Und was würde das für mich bedeuten?

Ich ließ mich auf dem einzigen Holzstuhl nieder, der wohl für mich gedacht war und direkt neben dem Hocker stand. In diesem Moment eilte unser Fahrer mit meiner Kamera herbei, um Maurice und mich zu fotografieren. Instinktiv richtete ich mich auf und legte die Hände auf meine Oberschenkel, als wollte ich mir selbst beweisen, dass ich an der Seite des Prinzen bestehen konnte. Ich lächelte und Maurice legte den Kopf leicht schief. Vielleicht wirkte er etwas müde, auf jeden Fall aber stolz. Der schwere Regentenstab, groß wie ein junger Baum, schien seinen leicht geneigten Körper zu halten und er lehnte sich dadurch etwas zur Seite. Fort von mir …

Dann drückte unser Chauffeur auf den Auslöser und hielt diesen Augenblick für die Ewigkeit fest.

Es war ein wundervoller Moment der Ruhe, wir beide hatten es geschafft. Damit meine ich nicht den Titel, sondern die Versöhnung von Maurice mit seiner Herkunft. Er war immer schon ein König gewesen, er hatte es nur nicht gewusst.

Odette blickte uns beide milde lächelnd an. Fast auf den Tag genau vor zwölf Monaten hatte Maurice sie noch für seinen schlimmen Anfall verantwortlich gemacht, und nun war sie an seiner Seite gewesen, als sich alles zum Guten wendete. Ihr schienen ähnliche Gedanken durch den Kopf zu gehen, aber wir waren alle drei zu erschöpft, um darüber zu sprechen.

»Komm, Annette«, sagte sie irgendwann, »wir beide gehen jetzt etwas essen.« Maurice, der junge König, der mit Sicherheit genauso hungrig war wie wir, blickte sie verdutzt an. »Du musst leider hier warten, aber ich werde dir etwas bringen«, meinte sie verschmitzt. Sie hätte auch sagen können: Ja, mein Lieber, es hat eben alles seinen Preis. Als *dah* musst du dich bedienen lassen.

Im Empfangsraum erwartete uns ein wirklich königliches Büfett mit allen Köstlichkeiten des südlichen Benins. Odette belegte einen Teller für Maurice mit Fisch, Grieß, *moyo* und Brot, während ich mir von fast allem, was hier angeboten wurde, ein wenig auftat. Selten habe ich eine Mahlzeit so genossen wie diese, schließlich war es das Erste, was ich an diesem langen Tag aß. Mit meinem gefüllten

Emailleteller kehrte ich zurück und das Essen löste im Handumdrehen auch Maurice' königliche Erstarrung.

»Da wirst du in Zukunft aber immer eine Menge mit dir herumschleppen, mein lieber Prinz«, scherzte ich.

»Nur dorthin, wo es sein muss«, gab er zurück. Die Antwort erschien mir rätselhaft und erinnerte mich an seine familiären Probleme. Nahte jetzt etwa der Tag der Abrechnung mit dem bösen Onkel Théodore? Nach einer kurzen Besprechung mit dem König, der Maurice bat, ihn am nächsten Tag zum Voodoo-Fest in Ouidah abzuholen, klang es für mich fast so.

»Wir werden jetzt meine Mutter besuchen«, verkündete Maurice, als wir wieder in unserem angenehm gekühlten Wagen saßen. Ich lehnte mich zurück und schloss die Augen. Mit einem Mal kam es mir irgendwie so vor, als wäre dieser Tag nur ein Traum gewesen, von dem ich gerade erwacht sei. Ich konnte damals ja nicht wissen, dass dieses Erwachen noch eine böse Überraschung mit sich bringen sollte.

Die Unterwerfung

Die Anspannung der vergangenen Stunden fiel von mir und wich einer kindischen Albernheit. Endlich war ich erlöst von all der bedeutungsschweren Symbolik, mit der jede kleine Geste aufgeladen gewesen war. Im geschützten Raum unseres alten Benz, der uns mit seinem gewohnten Luxus verwöhnte, fand ich wieder zu mir selbst. Plötzlich sah ich den Mann neben mir nicht mehr als den frisch gebackenen Prinzen, sondern als jenen Gefährten, mit dem ich die letzten zwölf Jahre meines Lebens geteilt hatte. Vielleicht war alles, der zelebrierten Langsamkeit zum Trotz, zu schnell gegangen.

Ich lehnte mich zurück, um Maurice von der Seite anzusehen. Noch immer in seinen weißen Stoff gehüllt saß er kerzengerade neben mir im Auto. Der gebogene Befehlsstab ruhte in seinem Schoß, der wuchtige Regentenstock stak neben der Tür. Auf seinem edlen Kopf thronte wie ein Pfropf die Prinzenkappe, unter der das kompliziert gefaltete Kopftuch hervorlugte, das wiederum mit dem übrigen Gewand verschmolz. Seine Körperhaltung war seltsam starr.

Ich hingegen war so locker, fröhlich und unbeschwert wie schon lange nicht mehr. »Ach, Maurice, du siehst aus wie eine umwickelte Spule.« Ich kicherte. »Nein, besser: wie ein Ei, aus dem oben ein Küken den Kopf rausstreckt«, gluckste ich auf Deutsch.

Mein Prinz ließ sich von meiner Fröhlichkeit anstecken. Lachend übersetzte er Odette meine Worte, die sich kichernd auf die Beine schlug und ihrerseits Witze über Maurice' Outfit machte. Meine Freundin zog auch mich durch den Kakao und imitierte mit übertriebenen Gesten, wie ich mein Oberteil ständig gerafft hatte.

»Ich hatte echt Angst, plötzlich oben ohne vorm König zu stehen«, prustete ich los. Da ich gerade mal in Schwung war, lästerte ich munter weiter über die gesamte Veranstaltung.

Da spottete Maurice: »Man merkt, dass du lange nicht gesprochen hast, das muss jetzt wohl alles nachgeholt werden.« Dennoch amüsierte auch er sich über meine Späße.

In Wirklichkeit überdeckte meine Albernheit nur meine Unsicherheit, die mich seit der nächtlichen Einweihung erfasst hatte. Meine Vorahnung äußerte sich noch nicht in konkreten Bildern, sondern steckte nur als kleiner Stachel oberhalb meines Magens. Ich hatte nicht einmal gefragt, was es überhaupt bedeutete, dass Maurice nicht nur Prinz, sondern auch *dah* war. Das sollte sich in den nächsten Minuten allerdings drastisch ändern ...

Als wir uns Pahou, dem Wohnort meiner Schwiegermutter, näherten, verebbte unsere Fröhlichkeit. Das Gesicht meines Mannes gefror zu einer Maske, er rollte die Schultern nach hinten und richtete seinen Oberkörper auf. Dann ordnete er seine Kleidung, befühlte den richtigen Sitz des Faltenwurfs, platzierte seinen gebogenen Befehlsstab peinlich genau auf der linken Schulter, rückte die blaue Mütze zurecht, die ihn als Minister auf Lebenszeit auswies, und umfasste den massiven Regentenstock fest mit der rechten Hand.

Als er auch noch das Kinn reckte wie ein Krieger, der sich wagemutig in die Schlacht stürzt, war ich zunächst eher belustigt. Vor allem aber war ich hilflos, so, wie schon acht Jahre zuvor, als er seine Besessenheitsanfälle durchlitten hatte. In Maurice' Kopf lief jetzt ein Film ab, den ich nicht verstand, weil ich naturgemäß nur Zuschauerin sein konnte, sobald es um seine innere Auseinandersetzung mit dem Voodoo ging.

Wieselflink sprintete der Fahrer nach hinten und riss Maurice den Schlag auf. Odette, die allerdings nicht so schnell wie der junge Kerl war, hatte offensichtlich dasselbe mit meiner Tür vor. Ich raffte meine Gewänder und kam ihr zuvor. »Lass den Quatsch, Odette«, sagte ich zu ihr. »Wir sind zu Hause.«

Maurice stand in vollem Prinzenornat auf dem Platz vor dem neuen, angeblich fluchfreien Häuschen seiner Mutter, in dem wir gemeinsam mit den Kindern ausgelassen das vorletzte Weihnachtsfest gefeiert hatten. Wie immer war niemand über unser Kommen informiert.

Eine der Tanten meines Mannes, eine rundliche, fröhliche Person, die uns gewöhnlich mit ausgiebigen Wangenküssen begrüßte, hatte unsere Ankunft als Erste bemerkt. Zuerst erstarrte sie, als hätte sie einen Geist erblickt, dann stieß sie einen kurzen, gellenden Schrei aus und verstummte.

»*Dah*«, kam es wie ein Stöhnen aus ihrem Mund, bevor sie vor uns auf die Knie sank.

Ich begriff gar nichts mehr, Maurice war doch ihr Neffe! »Was ist denn mit der los?«, fragte ich ihn leise.

Dann sah ich das Gesicht meines Mannes, in dem sich nicht ein Muskel bewegte. Seine Augen waren auf einen imaginären Punkt in der Ferne gerichtet, das Kinn energisch nach oben gereckt. Er nahm seinen Befehlsstab würdevoll von der Schulter, streckte den Arm weit aus, legte den *kpoguè* auf den Kopf der Tante und murmelte eine kurze Segnung.

»*Amie!*«, bestätigte die Verwandte gehorsam.

Es war ein gespenstischer Anblick: eine staubige Straße im grellen Sonnenlicht, ärmliche Hütten, ein reich geschmückter Mann in weißen Gewändern, eine schlichte Frau demütig am Boden vor ihm und immer mehr Menschen, die nun vorsichtig die Köpfe aus den Hütten streckten. Unwillkürlich dachte ich, dies könnte genauso gut das Theaterstück eines verrückt gewordenen Regisseurs sein.

Bevor ich weiter nachdenken konnte, schritt Maurice erhobenen Hauptes auf das Haus seiner Mutter zu. Die war bereits durch den gellenden Schrei der Tante aufmerksam geworden und lugte ebenfalls aus der Tür. Als sie erkannte, was hier vor sich ging, riss sie Mund und Augen auf und stand wie angewurzelt da. Ich war mindestens so verblüfft wie sie und wollte auf sie zugehen, um sie zu begrüßen.

Aber da fetzte sich Micheline auch schon das Tuch vom Kopf und streifte ihre Bluse ab, die sie sich so umband, dass ihre Schultern entblößt waren. Drei Schritte vor ihrem Sohn brach sie zusammen, warf sich mit ausgebreiteten Armen auf die Knie und presste, die angewinkelten Beine an den Oberkörper gezogen, den Kopf voller Demut in den Staub. Ihr gehetzter Atem verriet ihre ungeheure Aufregung.

Voller Stolz ignorierte Maurice die unglaubliche Demutsbezeugung seiner Mutter, noch immer hielt er den Kopf hoch erhoben und den Blick in die Ferne gerichtet.

Ich war so fassungslos, dass ich mich nicht in der Lage sah, auch nur ein Wort herauszubringen, und hatte das Gefühl, zwischen Maurice und mir würde ein tiefer Abgrund klaffen. Was ging hier eigentlich vor? War er ebenso wie seine Familie plötzlich übergeschnappt?

Endlich richtete mein stolzer Prinz das Wort an seine Mutter, die daraufhin ihren Kopf aus dem Sand erhob und sich aufrecht vor ihm hinkniete. Maurice legte auch ihr den Befehlsstab auf den Kopf und sprach einige kurze Sätze in Fon, die meine Schwiegermutter jeweils mit »*amie*« beantwortete. Nach dieser Segnung, mit der sie ihren Treueschwur geleistet hatte, stand sie langsam wieder auf und musterte ihren Sohn von oben bis unten mit Tränen in den Augen.

Dabei sagte sie kein Wort.

Ich schluckte trocken, das war zu viel für mich. Gab es innerhalb des Spektrums des Voodoo denn nichts anderes als Dominanz und Gehorsam, Wahnsinn und Hingabe? Oder erschien das nur mir als Weiße so? Waren die Maßstäbe, mit denen ich durchs Leben ging, in Benin eine viel zu kleine Recheneinheit, um das Zusammenspiel unter dem

Zeichen des Voodoo auch nur annähernd begreifen zu können?

Immer mehr Menschen erschienen und verneigten sich tief vor Maurice, der sie einen nach dem anderen segnete. Jetzt kamen auch zwei seiner Brüder herbei, doch Léandre, der Zweitälteste, verweigerte die Unterwerfung. Er meinte das gar nicht unfreundlich, sondern wollte den Prinzen begrüßen wie immer, mit Handschlag und Umarmung.

Mein Mann drückte ihm energisch den Befehlsstab auf die Schulter und sagte zornig: »Verbeuge dich!«

Mir stockte der Atem. Einen Herzschlag lang geschah nichts.

Dann ging Léandre langsam in die Knie und verneigte sich tief, wenn auch mit trotzigem Gesicht.

Ich hätte vor Wut platzen können. Das war nicht mehr mein Mann. Ein paar Tage zuvor noch hatten uns alle bei unserer Ankunft lachend umarmt, um Geld gebeten und schließlich zum *sodabi* eingeladen. Heute wagte keiner, uns anzurühren, und sogar das Lachen war der stummen Ehrfurcht gewichen. Aber offenbar hatte nur ich das Gefühl, Maurice wäre verrückt geworden, alle anderen hingegen schienen sein Verhalten völlig normal zu finden.

Als *Maman* uns schweigend in ihr Haus führte, lag unverkennbar Stolz in ihrem Blick.

»Immerhin werden sie Mütter von Prinzen und steigen in der Achtung, das macht sie glücklich«, hatte Maurice damals gesagt, als wir vom steinalten König von Parakou fortfuhren, der willens war, alle gebärfähigen Landestöchter unter seine Pfauenfittiche zu nehmen.

Nun war meine Schwiegermama also doch noch die Mutter eines *dah* geworden.

Ich hoffte, dass Mutter und Sohn wenigstens in ihren eigenen vier Wänden wieder zu einem normalen Miteinander zurückfänden, doch weit gefehlt. *Maman* wischte zwar wie immer mit einem Stück Stoff über die Sitzflächen der Stühle, obwohl die ohnehin blitzsauber waren, aber es konnten ja unsichtbare Spuren von Flüchen darauf haften. Danach schob Odette meinem Prinzen eilfertig einen Stuhl unter den Königspo. Sie machte bei diesem irrsinnigen Spiel auch noch mit! Und mein Maurice thronte wie eine Salzsäule, nicht einmal den Kopf bewegte er.

Micheline reichte uns zunächst Wasser, dann schenkte sie *sodabi* ein, und den hatte ich jetzt auch bitter nötig nach dem Spießrutenlauf durch die sich verbeugende Verwandtschaft. Ich leerte mein Glas in einem Zug und das Lachen meiner Schwiegermutter schien zu signalisieren, dass sie wusste, was ich mitmachte. Sie schenkte nach ...

Meine Verärgerung über meinen Mann konnte der Schnaps jedoch nicht hinunterspülen. In diesem Moment betrat einer der Verwandten unter vielen Verbeugungen den Raum und sagte etwas auf Fon zu Maurice, um sofort wieder zu verschwinden.

Mein Prinz bewegte nicht einmal den Kopf, als er mir mitteilte: »Oma ist da.«

Ich erschrak. Würde sich jetzt etwa diese mir so würdelos erscheinende Unterwerferei fortsetzen? Wenn das der Fall wäre, beschloss ich, würde ich Oma Akouavi höchstselbst wieder auf die Beine stellen.

Als die alte Frau eintrat, erhoben Schwiegermutter, Odette und ich uns, was nichts weiter als ein ganz normales Zeichen unserer Ehrerbietung dem Alter gegenüber war. Nur Maurice blieb weiterhin sitzen. Die alte Dame umarmte mich mit der gleichen Herzlichkeit wie immer, doch diesmal betrachtete sie mich anerkennend von oben bis unten.

»*Dêkpê miton*«, unsere Schönheit, meinte sie dann, bevor sie Platz an *mamans* einzigem Tisch nahm. Einfach so. Keine Verbeugung, keine Geste, die darauf hinwies, dass sie sich über Maurice' neuen Status wunderte oder gar freute. Ich fasste es nicht. Stattdessen sprach sie ein paar Worte mit dem frisch gebackenen Prinzen, die ich nicht verstand, er jedoch signalisierte mit stummem Kopfnicken seine Zustimmung.

»Was sagt Oma?«, erkundigte ich mich.

»Sie meint, es sei gut, dass jetzt alles geregelt ist. Sie wusste, dass mein Weg mich irgendwann dahin führen würde, wohin ich gehöre«, antwortete er mir.

Damit schien für die alte Frau alles gesagt zu sein, was ihr wichtig war. So viel Understatement tat richtig gut. Maurice war durch seine Großmutter auf jenes Maß zurechtgestutzt worden, das mir angebracht erschien. Erstaunlich war trotzdem, dass sie nicht die geringste Spur einer Verwunderung zeigte. Hatte ihr etwa ein Orakelpriester vorausgesagt, an welchem Tag Maurice *dah* werden würde?

Ich erinnerte mich wieder an ihre Worte, als wir nach den Besessenheitsanfällen bei ihr gewesen waren. »Habe Geduld, er wird schon seinen Weg finden«, hatte sie damals zu mir gesagt.

Während alle anderen sich voller Ehrfurcht kaum trauten, Maurice anzusprechen, nutzte Oma die Gunst der Stunde: Wir hatten veranlasst, dass auf Schwiegermutters neuem Grundstück in Pahou ein Brunnen ausgehoben und massiv gemauert wurde, was für die ganze Nachbarschaft ein enorm nützliches Projekt war. Ein tiefes Loch war schon ausgeschachtet worden und nun, da man auf Wasser gestoßen war, konnten die Maurerarbeiten beginnen. Oma erinnerte uns daran, dass wir das nötige Geld dalassen sollten, um das Baumaterial und den Transport zu finanzieren.

Während Maurice seinen Bruder Léandre zum Auto schickte, um seine Tasche holen zu lassen, musterte Oma ihren Enkel eingehend. Aus Oma Akouavis Gesichtszügen irgendwelche Schlussfolgerungen über ihre Empfindungen zu ziehen, war wirklich schwierig, aber eine gewisse Zufriedenheit und ein kleines bisschen Stolz meinte ich dennoch in ihrem Blick erkennen zu können.

Da kam Léandre mit der Tasche zurück. Als mein Mann einige Geldscheine herauszog, um sie seiner Mutter zu geben, rieb Oma kurz die Handflächen aneinander – ein Zeichen, dass nun auch dieses Problem für sie erledigt war. Was für eine praktisch denkende Frau, überlegte ich mit leiser Bewunderung. Als wir uns kurz darauf verabschiedeten, umarmte ich sie mit besonderer Herzlichkeit.

Ich war froh, dass Omas Auftauchen der gespenstischen Veranstaltung eine menschliche Note gegeben hatte. Es kann ja wohl nicht angehen, dachte ich, dass Maurice in Zukunft nicht mehr von seiner Familie umgeben ist, wenn er heimkehrt, sondern nur noch von Untergebenen!

Kaum saßen wir im Auto, schnauzte ich Maurice an: »Sag mal, was ist eigentlich in dich gefahren! Deine Mutter hat dich zur Welt gebracht, wie kannst du da nur zulassen, dass sie sich vor dir in den Dreck wirft?« Ich kochte dermaßen vor Wut, dass ich den Befehlsstab am liebsten zu einem völlig anderen Zweck missbraucht hätte ...

Eine Weile schwieg Maurice, während Odette sich gelegentlich zu uns umblickte. Ihr schien ebenfalls eine Menge durch den Kopf zu gehen, aber sie mischte sich nicht ein. In diesem Moment ärgerte mich das natürlich, doch ich hatte ja erlebt, wie sie sich vorhin im Haus von seiner Mutter ganz in die Rolle der *táyinon* gefügt hatte. Folglich stand es ihr jetzt schlecht zu Gesicht, meine Partei zu ergreifen.

Maurice nahm den Befehlsstab von der Schulter und seine Körperhaltung entspannte sich. »Annette«, begann er, »meine Mutter hat sich nicht vor ihrem Sohn verbeugt, sondern vor meiner Funktion, vor dem Amt, das ich nun innehabe. Ich bin jetzt ein *dah.*« Er lächelte. »Glaub mir, *maman* weiß schon, was sie zu tun hat.«

»Und deine Brüder?«, fragte ich keinesfalls besänftigt. »Du hast Léandre gezwungen. Wusste der denn nicht, was er zu tun hat?«

»Er hat nur nicht geglaubt, dass ich jetzt ein *dah* bin, sonst hätte er es freiwillig getan«, interpretierte Maurice das Verhalten seines Bruders mit königlichem Langmut.

»Wozu ist das denn notwendig, Maurice? Ich meine, das ist deine eigene Familie, die musst du doch nicht in den Staub zwingen. Als du so mit deinen Leuten umgesprungen bist, habe ich mir vorgestellt, mein Bruder würde mir befehlen, mich vor ihm in den Sand zu werfen. Dem würde ich vielleicht was erzählen.«

»Das kann man doch gar nicht vergleichen«, protestierte

Maurice. »Die deutsche Kultur kennt ganz andere Umgangsformen. In Benin ist es eben so.«

Jetzt endlich meldete sich Odette zu Wort, die ja seit jeher mit den traditionellen Regeln vertraut war. »Maurice ist jetzt nicht nur ein Prinz, Annette. Gleichzeitig mit dem Ritual, das ihn am Hof aufgenommen hat, ebenso wie mit dem zweiten, mit dem König Kpodegbe ihn zum Prinz und außerdem zum Minister auf Lebenszeit ernannt hat, wurde Maurice zum *dah*. Das bedeutet, er ist nun das Oberhaupt aller Nachfahren, die vom ersten Bokpê abstammen.«

Odettes nun folgende Erklärung verdeutlichte mir die Dimension von Maurice' wahrem Rang. »Das sind viele tausend Menschen, Annette, die über das ganze Land verteilt leben. Für jeden von ihnen hat Maurice jetzt die Funktion des *dah* und sie werden ihn alle darin unterstützen.« Sie blickte mir fest in die Augen. »Aber dafür müssen sie seine Autorität anerkennen.« Sie hob die Schultern, als ob sie Vorgänge erklären müsste, von denen sie zwar wusste, dass ich sie nicht verstand, die ich aber dennoch zu akzeptieren hatte. »Du hast von Benin schon viel gesehen. Du hast erlebt, wie die Menschen sich benehmen. Es ist genau so, wie du es eben mitbekommen hast. Sie müssen sich wirklich der Macht beugen. Tun sie es nicht …«

Odette beendete den Satz nicht, ich begann auch so zu verstehen. Der Neid und die Missgunst waren ihrer Meinung nach nur durch die Unterwerfung in Schach zu halten, es war also ein ganz einfaches Prinzip. Aber warum galt das auch für die Mutter? Sie neidete Maurice doch gewiss nichts. Ich fragte nach.

Diesmal antwortete mein Mann. »Indem *maman* sich mir als *dah*, nicht als Sohn, unterwarf, ging sie mit gutem Beispiel voran. Sie hat damit bewiesen, dass ich nun das Oberhaupt bin.«

In meinen Gedanken sah ich meinen Maurice, wie er zu Hause in Berlin geschickt Autos reparierte, kumpelhaft mit den Taxifahrern umging und vor keiner Arbeit zurückschreckte. Bis tief in die Nacht saß er im Büro und fuhr sogar an Feiertagen Taxi, um das gute Geschäft mitzunehmen. Bei *maman* in Pahou diskutierte er interessiert mit seinen Verwandten über deren Zukunft und hörte sich stundenlang die Sorgen seiner Brüder an. Selbst jeden Schuhputzer in Cotonou behandelte er wie einen Geschäftsmann.

Der Mann, den ich kannte, hatte mit demjenigen, der jetzt neben mir im Wagen thronte, fast nichts mehr gemeinsam. Ich spürte schon in diesem Augenblick, dass mir der alte Maurice, der fleißige, demütige, weitaus lieber war.

Wem gehorchen eigentlich die Menschen, wenn sie sich Maurice unterwerfen?, fragte ich mich schließlich.

Die Bilder dieses langen Tages liefen während der Rückfahrt nach Cotonou noch einmal vor meinen Augen ab. Maurice, bespuckt und gereinigt. Maurice, kniend und geführt. Maurice, gekleidet und ausstaffiert. Maurice, tanzend und gekrönt.

Diesen Gesten gehorchten die Menschen.

Maurice war das Werkzeug des Königs und der König jenes des Voodoo.

Und ich? *Amie*, befreundet? Oder gar verbündet? In welcher Form? Wie weit? Wie stark? Mit wem? Meinem Mann? Dem *dah*? Oder dem Voodoo?

Im Hotel beeilte ich mich, meine Kleidung zu wechseln. Als ich mich aus meinem juckenden Oberteil wickelte, sah ich überall rote Streifen und Kratzer auf meiner Haut und unterhalb meiner Brust zog sich ein dunkelroter, tiefer Striemen rund um den Körper. Das Naturmaterial hatte auf meiner schweißnassen Haut gerieben und einen brennenden Schmerz hinterlassen. Wie Balsam fühlte sich das kalte Duschwasser an. Als ich ins Zimmer zurückkehrte, wickelte sich Maurice gerade aus seiner weißen meterlangen Verpackung und verwandelte sich zumindest äußerlich wieder in jenen Menschen, den ich kannte.

»Dieser Stoff ist genauso wie jener, den du als Wickelrock getragen hast, magisch aufgeladen«, erklärte er mir. »Die im Tempel geweihte Kleidung ist ein Schutz. Denk bitte daran, dass sie nicht einfach gewaschen werden darf. Vor allem aber darf sie niemand in die Hände bekommen, am besten, wir überlassen sie allenfalls Odette«, erklärte er feierlich. Mit großem Ernst sortierte er seine rituellen Gegenstände, bevor er selbst in die Dusche ging.

Erfrischt und mit einem weiten Baumwollkaftan bekleidet setzte ich mich nach draußen und rauchte genüsslich eine ganz und gar unheilige Zigarette. Die Ereignisse der letzten Nacht und des zu Ende gehenden Tages verfolgten mich immer noch. Es war genau das eingetreten, was ich mir doch eigentlich gewünscht hatte. Maurice identifizierte sich mit seiner Kultur, er war zu seinen Wurzeln zurückgekehrt.

Diese Wurzeln hatten sich jedoch flink und fest wie die Arme einer Krake um ihn gewickelt und so fest an sich gezerrt, dass es mir Angst machte. Ich beruhigte mich mit dem Gedanken an Deutschland, dort würde sicher alles weitergehen wie bisher. Wenn wir erst wieder zusammen im Büro unsere Arbeit zu bewältigen hatten, wäre sicher alles so wie immer.

Wie sehr ich mich da getäuscht hatte!

Prinzen küsst man nicht

Es hat auch durchaus schmeichelhafte Seiten, als Prinzenpaar aufzutreten, zum Beispiel, wenn man eine Verabredung mit dem Königspaar hat. Am Morgen nach der Krönung, so war es geplant, sollten wir Kpodegbe und Djehami im Palast von Allada abholen, um die beiden nebst Gefolge zu dem berühmten Voodoo-Fest von Ouidah zu begleiten.

Die Majestäten waren wie immer märchenhaft gekleidet. Sie in Weiß und einem edlen Goldton, er in Weiß mit goldenen, stilisierten Blumen, deren Köpfe aus Lochstickerei bestanden. Inzwischen wusste ich, dass die Berge von Stoff ein reines Statussymbol waren, das hohe Stellung und Reichtum verkörperte.

Vor allem aber waren die Hoheiten bester Laune und Kpodegbe ließ mit jedem Raubtierlächeln seine phantastischen Zähne aufblitzen. Oben auf seinem Haupt thronte eine riesige Mütze, mit roten und gelben Masken auf blauem Grund. Der Clou an diesem Kopfputz war allerdings der Vorhang vor seinem Gesicht. Winzig kleine Perlen, die auf hauchdünne Bänder aufgefädelt waren, hingen ihm wie ein filigraner Schleier bis auf die Brust. Dahinter lauerte sein intensiver Blick. Er wirkte wie sein Krafttier, das hinter Büschen verborgen alles umso besser wahrnimmt. Doch seinem kräftigen Ahnherr Adjahouto vor dem Palast hatte er voraus, dass zumindest ich ihm sein wahres Ich ansah ...

Was ich salopp als Perlenvorhang bespöttelte, hatte natürlich eine dem Voodoo entsprechende Bedeutung: Heiligkeit und Unnahbarkeit. Kpodegbe benutzte das Erbe seiner Ahnen, das diese noch als Schleier oder gar Kettenvorhang kannten, nur bei Auftritten vor großem Publikum. Im kleineren Kreis gab er sich mit diversen, kunstvoll verzierten Mützen zufrieden. Eigentlich schade, dachte ich. So ein Mann hinterm Vorhang hat schon was ...

Die Sänftenträger waren an diesem Tag arbeitslos, immerhin benutzte ein moderner Voodoo-Monarch durchaus auch Flugzeuge oder er begnügte sich, wie an diesem Morgen, mit unserem bislang ministeriellen und nunmehr zur königlichen Karosse geadelten Mercedes. Das Einsteigen bereitete dem um seinen beeindruckenden Kopfschmuck verlängerten Zwei-Meter-Mann zu meiner Belustigung nicht geringe Probleme. Maurice setzte sich neben ihn in den Fond, während Odette vorn Platz nahm. Unsere *táyinon* hatte die Verteilung auf die insgesamt drei Autos geregelt, wozu Maurice eigens zwei Wagen angefordert hatte, die auf unser Tourismusunternehmen zugelassen waren. Ein weiteres Auto transportierte den *migan*, der für alles Weltliche zuständig war, sowie drei Priester, abgesandt zu unserem spirituellen Schutz und Beistand.

Die *táyinon* des Königs, die Königin und ich teilten uns eine unserer früheren Berliner Taxen, die wir nach Benin verschifft hatten, um sie hier als Firmenwagen zu benutzen. Wie es sich für eine vernünftige Eskorte gehört, bahnten wir Damen den Weg. Während der Fahrt durch den Heiligen Wald öffnete die Königin ihr Fenster und warf eine Kaurimuschel hinaus.

»Was hat das zu bedeuten?«, fragte ich.

»Ich muss den Weg durch dieses Gebiet für den König erkaufen«, erklärte sie etwas vage. »Die Geister, die hier wohnen, wollen milde gestimmt werden.«

Aus einer ausgemusterten Berliner Taxe heraus entrichtete eine Königin einen Wegezoll an die Waldgeister. Die Unterschiedlichkeit der Beniner und Berliner Taxitarife ließ mich lächeln.

Djehami verstand meine leise Belustigung natürlich falsch. »Mein symbolisches Opfer respektiert die übergeordnete Stellung der Geister gegenüber den Menschen«, fügte sie erläuternd hinzu.

Die Königin, die im tausend Kilometer entfernten Kamerun geboren und mit einer anderen Religion aufgewachsen war, kannte sich mit den hiesigen Gepflogenheiten nicht hundertprozentig aus. Mehrmals fragte sie daher die *táyinon*, bevor sie wieder neue Kauris hinauswarf. Irgendwie wurde ich das Gefühl nicht los, dass zwischen ihr und der älteren Frau eine unangenehme Spannung herrschte. Zwischendurch plauderten die Königin und ich in englischer Sprache über Kosmetik, Kleidung und Figurprobleme. Wir kicherten, als wir jeweils unsere Hinterteile wegen des zu großen Umfangs kritisierten, und je lustiger wir waren, umso verschlossener wurde das Gesicht unserer hageren Begleiterin, die das Gegenteil der lebenslustigen Königin zu sein schien.

Dann erzählte Djehami mir von ihrem Computerschulungszentrum, das sie mit der finanziellen Hilfe ihres in Paris lebenden Bruders aufgebaut hatte. Sie erteilte dort jungen Leuten aus Allada Unterricht im Umgang mit PCs.

»Es ist nicht leicht, die Leute davon zu überzeugen, dass sie sich an die Dinger gewöhnen müssen, wenn sie vorwärts kommen wollen«, sagte Djehami.

Ich lobte sie für ihre Initiative und meinte, dass die Leute in Allada sie dafür sicher verehrten.

»Gerade damit habe ich mir viele Feinde gemacht«, meinte sie zu meinem Erstaunen kopfschüttelnd. »Vor allem die Alten am Königshof wollen einfach nicht wahrhaben, dass es für die Jugend wichtig ist, mehr zu tun, als nur die Traditionen zu pflegen. Sie können heutzutage nicht mehr leben wie noch vor hundert Jahren. Auch moderne Kommunikationsmittel tragen dazu bei, die alten Werte zu verbreiten.«

Sie stöhnte. »Das ist einfach nicht in die Köpfe der großen alten Männer zu bekommen.«

Ich blickte zur Königsschwester, die vorn neben dem Fahrer saß, und spürte, wie sehr sie sich darüber ärgerte, unser Gespräch nicht verfolgen zu können. Aber vielleicht war es auch gut so. Sie war eine der Traditionalistinnen, stand den Priestern nahe und würde ihnen womöglich die offenen Worte der Königin zutragen. Am Beispiel von Maurice hatte ich selbst erlebt, wie der lange Arm der Vergangenheit nach Menschen griff, die eigentlich mit beiden Beinen fest auf dem Boden der Gegenwart standen. Wie überbrückt Djehamis Mann nur die Kluft zwischen diesen Gegensätzen?, fragte ich mich. Erleichtert er seiner fortschrittlichen Frau ihren schweren Stand? Hält er das Versprechen, das mit der Wahl ihres Namens verbunden war: Bau mit mir auf? Kurz entschlossen offenbarte ich der Königin meine Gedanken.

Djehami lächelte zurückhaltend. »Es ist nicht leicht für ihn. Er muss Rücksicht nehmen auf die wichtigen Ratgeber. Ich will dir mal ein ganz privates Beispiel nennen, Annette. Ich darf nicht gemeinsam mit meinem Mann essen. Das ist sogar strengstens verboten.« Sie genoss meine ungläubige Reaktion. »Ja«, bestätigte sie dann, »das ist nur jenen Personen gestattet, die mit dem König aufgewachsen sind. Deshalb wirst du auch nie erleben, dass er in der Öffentlichkeit einen einzigen Bissen zu sich nimmt. Selbst dann nicht, wenn er ein Bankett oder einen Empfang gibt.«

»Ein gemeinsames Essen ist doch etwas wunderbar Intimes«, sinnierte ich eingedenk der ausgedehnten Mahlzeiten, die für uns jedes Mal ein richtiges Familienerlebnis waren. »Aber das ist ja nicht nur für dich unangenehm. Fühlt er sich denn nicht ausgeschlossen, wenn in seiner Gegenwart alle gesellig sind?«, fragte ich die Königin.

Djehami schüttelte ganz leicht den Kopf. »Nein, er hat sich inzwischen daran gewöhnt.« Sie lächelte. »Und nicht nur daran. Weißt du, in diesem Land lebt ein König mit einer Menge Einschränkungen. So musste er auch seinen Beruf aufgeben, da ein Regent nicht dienen darf. Er hat Wirtschaftswissenschaften unterrichtet und nach hiesigen Regeln ist das eine dienende Funktion. Oder nimm das Autofahren: ebenfalls verboten. Die Priester haben auch genau festgelegt, welche Strecken er zu Fuß gehen darf. Er kann doch nicht wie ein normal Sterblicher den Boden berühren. Um das zu verhindern, ist die Sänfte da.«

»Bist du sicher, dass ihn das nicht belastet?«, fragte ich.

Die Königin dachte einen Moment nach, bevor sie antwortete. »Die Regenten in Benin haben es in der Vergangenheit sehr schwer gehabt. Zu den Zeiten, als Präsident Kérékou noch als sozialistischer Herrscher regierte, hat er die Könige ganz verboten und sie schwer gedemütigt. So ist er beispielsweise eines Tages zum Vorgänger meines Gemahls, König Toyi, gegangen, der gerade in seiner Sänfte saß, und hat ihn angeknurrt: ›Steh gefälligst aus deiner Hängematte auf!‹« Sie lächelte diplomatisch, und ich dachte daran, dass ich immerhin mit der Außenministerin des Reiches von Allada sprach.

»Vor ein paar Jahren hat die Regierung dann eine Kehrtwende gemacht«, berichtete Djehami weiter. »Jetzt werden die Könige wieder aufgewertet. Die politische Führung hat erkannt, dass es wichtig ist, die Bedeutung der Tradition zu stärken, denn sie eint das Volk und verleiht ihm eine Identität.«

Was sie mir in diesem Moment nicht verriet, erfuhr ich später: Der früher sozialistische und nun demokratische Beniner Präsident Mathieu Kérékou war verheiratet mit einer Frau, die aus Allada stammte. Die Franzosen haben für solche Fälle mysteriösen Sinneswandels ein interessantes Sprichwort: *cherchez la femme*. Das bedeutet so viel wie: Wenn du das Verhalten eines Mannes nicht verstehst, sieh dir die Frau an, mit der er zusammenlebt …

Djehami stellte mir auch den nun folgenden Verlauf der Dinge aus ihrem Blickwinkel dar. »Mein Mann hat an dieser Entwicklung einen großen Anteil. Die Politiker schätzen seine Ideen, zu denen auch die Einrichtung des Rats der Könige gehört, von dem ich dir erzählt habe.« Sie blickte mich aufmerksam an. »Ich werde dich beim nächsten Mal ebenfalls einladen, Annette. Du sollst dabei sein, wenn die Königinnen und Könige sich treffen.« Ihre eigene Idee begeisterte sie zusehends. »Das ist sehr wichtig, damit sie merken, dass wir auch im Ausland Unterstützung finden.«

Nun schien sie selbst Politikerin geworden zu sein, dabei hatte unser Gespräch einen ganz privaten Ausgangspunkt gehabt. Damit begriff ich, wie sehr im Leben dieses prominenten Beniner Paares das öffentliche und das private Leben ineinander verzahnt waren. Die Abstriche, die beide an ihren rein persönlichen Ansprüchen in Kauf nahmen, waren der Preis, den sie für das Wiederaufblühen des einst so mächtigen Hofes von Allada zahlten.

»Ein Königstreffen«, griff ich Djehamis Gedanken auf, »daran würden wir gewiss gerne teilnehmen.«

Meine Worte schienen sie auf etwas aufmerksam gemacht zu haben, über das ich noch gar nicht nachgedacht hatte. »Hat Maurice dir eigentlich schon erklärt, wie du dich in der Öffentlichkeit zu verhalten hast?«, fragte sie mich.

»Nein«, gab ich zu, »treffen denn die Einschränkungen, mit denen du und dein Gemahl leben, auch auf uns zu?«

»Ein paar Dinge wären da schon zu beachten«, räumte sie ein. »Du solltest zum Beispiel immer ein bis zwei Schritte hinter deinem Mann gehen.« Sie blickte mich verschmitzt an. »Außerdem habe ich beobachtet, dass du eine ziemlich stürmische Person bist. Das mit dem Küssen in der Öffentlichkeit ...« Sie verstummte.

Ich errötete. »Was ist damit?«, fragte ich mit einem klammen Gefühl im Magen.

»In der Öffentlichkeit küsst eine Frau ihren Prinzgemahl nicht.« Sie blickte mich um Verständnis bittend an. »Das gehört sich nicht.«

»Oh«, entrang es sich meiner Kehle. »Das habe ich nicht gewusst. Prinzen küsst man also nicht. Auch nicht, wenn es der eigene ist?«

»In Gegenwart anderer ist er nicht nur dein Mann, sondern eine Person, vor der andere Menschen Respekt haben müssen. Dein Verhalten soll ihnen das vor Augen führen«, erklärte sie mir.

»Muss ich denn auch vor ihm niederknien?«, fragte ich eingedenk der entwürdigenden Begrüßung der Verwandtschaft.

»Das muss dein Gemahl entscheiden«, zog sie sich diplomatisch aus der Affäre. Aber schon diese Antwort gab mir zu verstehen, dass es wohl nicht unüblich sein mochte, wenn die Frau eines *dah* sich so in den Staub warf, wie *maman* es mir vorgemacht hatte.

»Auf jeden Fall wäre es angebracht, wenn du seinen Befehlsstab berührst«, meinte die Königin.

Na, dann ist ja alles gut, stöhnte ich leise in mich hinein. Das war ein Punkt, den ich schleunigst mit meinem Prinzen klären musste – so weit durfte ich es unter keinen Umständen kommen lassen. Es mochte ja noch angehen, dass ich zwischen Maurice Bokpê und *dah* Bokpê unterschied, doch dann sollte auch bitte bedacht werden, dass es neben der Prinzessin Annette noch Frau Bokpê gab, geboren zu Gotha mit dem schönen deutschen Namen Kraus.

Ganz zu schweigen von unseren beiden Töchtern. Wenn Anna und Ina sahen, wie ich vor ihrem Vater in die Knie ging, wären hundert Jahre Frauenemanzipation schlagartig verraten …

Unsere kleine Wagenkolonne hatte Ouidah erreicht, das vor Menschen nur so wimmelte. Zum fünften Mal in Folge wurde dort das große Voodoo-Fest gefeiert.

Königin Djehami blickte mich mit einem warmherzigen Lächeln an. »Mach dir nicht zu viele Gedanken um das, was ich dir erklärt habe. Benin ist ein kleines Land, in dem die Bewohner an Fremde gewöhnt sind. Die Menschen nehmen Besuchern Fehler nicht übel, sie übergehen sie zumeist und bewerten sie auch nicht weiter.« Ihr weiches Gesicht nahm einen leicht schelmischen Ausdruck an, als sie hinzufügte: »Ich weiß, wovon ich spreche.«

Ihre Schwägerin, die *táyinon*, blickte immer noch ernst und verzog keine Miene.

Das Lächeln des Voodoo-Papstes

Ouidah – der Ort des Schreckens. Unzählige Unglückliche wurden zwischen dem 17. und 19. Jahrhundert von hier als Sklaven in die Fremde geschickt. Sie nahmen aus der Heimat nichts mit als ihren Glauben. Unter ihnen waren auch viele Priester, allesamt in Ungnade gefallen, verbannt und ihrem Schicksal anheim gegeben. Manche von ihnen vegetierten auf den Plantagen der weißen Kolonialherren in der Karibik und Südamerika mehr dahin, als dass sie lebten. Sie fanden inneren Halt beim Voodoo und passten die alte Religion an die vorgefundenen Verhältnisse an, unter anderem, um sich zu wehren.

Wir standen vor einem riesigen rechteckigen Tor, dahinter lag der weite Ozean. Durch diesen Ausschnitt betrachtet wirkte der Horizont, als wäre er der Eingang zum Nichts: *La porte de non-retour.* Das Tor ohne Wiederkehr, ein Mahnmal für die verschwundenen Ahnen. In der Nähe steht das Standbild eines stolz blickenden Mannes, der ein Symbol für all die namenlosen Opfer ist. Der Mann hieß Toussaint l'Ouverture, der »schwarze Napoleon von Haiti«, der die Franzosen die Angst vor der haitianischen Voodoo-Variante *santería* gelehrt, seinen Mut mit dem Leben bezahlt und in der Walhalla der Märtyrer Aufnahme gefunden hat. Toussaint war zwar kein Beniner, aber sie erklärten ihn einst zu einem der Ihren, denn seine Ahnen waren angeblich aus Allada deportiert worden. Seine Furchtlosigkeit passt unglaublich gut zur »Wiege des Voodoo«.

»Wer verstehen will, was Voodoo bedeutet, der muss Ouidah gesehen haben«, hatte Odette mir einmal gesagt. Acht Jahre zuvor waren Maurice und ich schon einmal dort gewesen, doch durch die Brille unserer eigenen Furcht hatten wir nur ein Nest der Finsternis gesehen. Jetzt kehrten wir zurück und hatten diesmal einen ganz anderen Blick auf das Innere dieser Religion.

Aber auch Ouidah war nicht mehr so wie damals. Die politische Öffnung zur Demokratie hatte den Voodoo in der Zwischenzeit aus der verborgenen Ecke des Verbots herausgeholt. Das erste Voodoo-Fest von Ouidah fand 1993 sogar mit Finanzhilfe der UNESCO statt. Der tabuisierte Glaube hatte das Siegel des Schützenswerten erhalten, das ihn mit neuem Selbstbewusstsein stärkte. An diesem Tag, dem 10. Januar, spreizte er seine Federn, um sich bestaunen zu lassen und um am Strand von Ouidah seine Auferstehung zu feiern.

Ich verließ unser Auto und blickte mich staunend um. Im Handumdrehen hatte ich meine Begleiterinnen vergessen und fühlte mich von der unvergleichlichen Stimmung regelrecht aufgesogen.

Feiner Sand vermischte sich mit dem tropisch heißen Dunst zu einem nebligen Schleier, der sich über die Wipfel der sattgrünen Palmen legte. Eine Geräuschkulisse aus Trommeln, Gesang, Rufen erfüllte die windstille Luft. Deren Salzgehalt, der meine Brillengläser im Nu beschlagen ließ, wurde von der Schwere zahlloser Parfüms und der scharfen Ausdünstung von Schweiß überlagert. Meine Kleidung, mochte sie auch noch so dünn sein, klebte am Körper, während sich meine nackten Füße durch warmen, weichen Sand wühlten. Immer wieder spürte ich den feuchten Leib eines anderen Menschen, der sich für Sekundenbruchteile an meinem rieb. Ich machte mich frei, schob mich schwitzend voran, und meine Augen suchten nach einer Orientierung in diesem kaum zu überblickenden Gewimmel.

Endlich erkannte ich den Schirm mit dem Fell des Leoparden, der schaukelnd auf die große Ehrentribüne zuschwebte. Dort mussten Kpodegbe, Maurice und all die anderen sein. Unter dem langen, nach hinten gebogenen Dach, das gelb-rot gestreift und grün abgesetzt war, tummelten sich bereits eine Vielzahl von bunt gekleideten Menschen. Im Näherkommen erkannte ich, dass ihre Mienen ernst waren und manche gar ihre Köpfe nachdenklich auf die Hand stützten. Vorne standen mehrere kleine Mädchen, einige von ihnen mit weißem Kaolin bemalt, was sie als *voodoosis* auszeichnete, dahinter ein paar Männer, deren würdevolle Haltung ausdrückte, dass sie mindestens Könige waren.

In der Mitte all dieser Voodoo-VIPs thronte eine absolut phänomenale Erscheinung. Der Mann trug einen überdimensionierten Hut in Zylinderform, der mit abertausenden winziger Pailletten besetzt war. In den Armen hielt der in mehrere Bahnen aus weißem und rosa Stoff gehüllte Würdenträger einen *kpoguè* aus hellem Holz und seinen Hals zierten zwei breite Reifen.

Ich bahnte mir den Weg zu der Gruppe, um Zeugin zu werden, wie die Erscheinung mit dem alles überragenden Hut König Kpodegbe mit einer innigen Umarmung begrüßte. Dann erklomm Königin Djehami mit würdevollen Schritten die wenigen Stufen und verneigte sich tief vor dem Glaubensherrscher, doch der wappnete sich mit dem Ausdruck eines Mannes, den nichts und niemand mehr überraschen kann. In seiner unergründlichen Weisheit kannte er wohl schon alles.

Odette stieß mich an. »Das ist der Daagbo Hounon Hounan. Wenn er Maurice und dich zu sich ruft, verneige dich ganz tief vor ihm.«

Der freundschaftliche Rempler unserer *táyinon* hatte mich aus jener merkwürdigen Stimmung befreit, die mich gefangen hielt, seitdem ich am Strand von Ouidah aus dem Wagen gestiegen war. Die kaum zu bewältigende Menge an Eindrücken hatte mich so sehr abgelenkt, dass ich Königin Djehami völlig aus den Augen verloren hatte. Doch jetzt war ich wieder umgeben von Maurice und seiner Cousine.

Mein Prinz und ich erklommen die Tribünenstufen und legten die Köpfe auf den rosafarbenen Belag, während über uns König Kpodegbe zum Daagbo Hounon Hounan sprach. Wahrscheinlich stellte er uns gerade als die neuen Mitglieder aus *djamma* vor.

Der Blick auf die Ledersandalen des Voodoo-Papstes erschien mir wenig kurzweilig, daher hob ich den Kopf und linste neugierig empor. Während »unser« König sprach, blickte die Inkarnation des Voodoo völlig emotionslos ins Leere und bestätigte durch ein Brummeln, für das er nicht einmal die Lippen bewegte, dass er alles verstand. Ich nutzte die Augenblicke, um diesen mächtigen Mann, vor dem sich sogar Könige verbeugten und Gläubige auf der ganzen Welt Ehrfurcht hatten, zu betrachten.

Seine Augen waren tiefschwarz und verrieten keine Gefühlsregung. Bis auf eine tiefe, senkrechte Falte zwischen den Augenbrauen und zwei weiteren, die in einem großen Schwung von der Nase bis zu den Mundwinkeln verliefen, war die Haut des maskenhaft starren Gesichts makellos glatt. Die scharf geschnittenen Lippen offenbarten die Entschlossenheit eines Mannes, der in der Wiege des Voodoo alles erlebt hatte – die Blüte, den Niedergang und die nun ruhmreiche Rückkehr der alten Religion – und der in all diesen Zeiten stets erhobenen Hauptes durch die Welt gegangen war.

Das weiße, lange Kleid des Daagbo betonte sein dunkles Antlitz und sein Schweigen unterstrich die entschlossene Männlichkeit und Dominanz nur noch. Der glitzernde Revuehut garantierte ihm zudem ständige Aufmerksamkeit, zumal dessen befremdliche Aufdringlichkeit überhaupt nicht zu der Introvertiertheit dieses Riesen passen wollte. Schwere goldene Ohrclips, scheinbar einer deutschen Schmuckschatulle der Siebzigerjahre entnommen, verliehen ihm darüber hinaus eine dezente Feminität, die sich auch im Rosa seines Überwurfs widerspiegelte.

Da ich mich so dicht vor diesem Mann befand, nahm ich

seinen angenehmen, ja betörenden Duft intensiv wahr. Sein schweres Parfüm verlor sich fast gänzlich in der Schlichtheit des Geruches nach Naturseife und dem Hauch von Frische und Sonne, den seine Kleidung verströmte. Es wunderte mich nicht, dass diese überaus angenehme Duftmischung mich in den Bann des wie versteinert vor mir sitzenden alten Mannes zog.

Ich versuchte ihn mir im Trikot eines Fußballers vorzustellen, der er früher einmal gewesen war, und zwar zu einer Zeit, in der ich selbst noch in den Windeln gelegen hatte. Ich erschrak über meine lebhafte Phantasie, die hinter der würdevollen Erscheinung von heute den Athleten von gestern auszumachen versuchte. In diesem Moment senkte der Daagbo den Blick und sah mich direkt an. Mir lief ein wohliger Schauer über den Rücken, und in meinem Bauch kribbelte es derart, dass mir gleichzeitig der Schweiß ausbrach und die Röte ins Gesicht stieg.

Kaum sichtbar verzog der Daagbo die Mundwinkel zu einem Lächeln und sprach, ohne groß die Lippen zu bewegen, einige wenige Worte. »*Djamma yovo*«, war alles, was ich davon verstand.

Die Stimme von Maurice holte mich schließlich in die Realität zurück. »Ich soll dich in meine Traditionen einweisen«, übersetzte mir mein Prinz, und erst jetzt wurde mir klar, dass der kurze Satz an ihn gerichtet gewesen war. Wahrscheinlich bedeutete es einen milden Tadel meines Benehmens, das gerade absolut nicht Voodoo-tauglich war. Höflich lächelte ich zurück und war gleich darauf heilfroh, dass der Daagbo seine Aufmerksamkeit wieder Maurice zuwandte.

Er betrachtete ihn mit demselben Blick wie mich, dann huschte der Schatten eines Lächelns über das Gesicht des alten Mannes. Für einen Moment glaubte ich, dass es etwas von väterlicher Wärme hätte, doch dann nickte er bedächtig mit dem Kopf und die vermeintliche Empathie kühlte zu einem Siegerlächeln herunter. Er war jetzt wie der Vater, der seinen verloren geglaubten Sohn wiedersieht und sich in seiner Autorität bestärkt fühlt.

Mein frisch gebackener Prinz blickte voller Hingabe auf zu dem mir so unnahbar erscheinenden Regenten über zwei Welten – zum einen die durch so viel Symbolik verkörperte, mit den Händen greifbare Macht, zum anderen die unfassbare Energie des Glaubens. Beides vereinte die charismatische Persönlichkeit in sich und Maurice war sichtbar gefangen in dieser unvergleichlichen Aura. Wahrscheinlich sogar noch stärker als in den schwärzesten Stunden von Maurice' Besessenheit spürte ich meine eigene Machtlosigkeit angesichts dieses Missverhältnisses. Der Daagbo Hounon Hounan verkörperte die gesamte Kraft des Voodoo.

Gleichzeitig spürte ich, wie stark diese Macht auch auf mich wirkte und wie verführbar ich plötzlich selbst war.

Maurice stieß mich leicht an, um mir zu signalisieren, dass die Audienz beendet war. Als ich mich hochrappelte, schlug die Kameratasche gegen meinen Körper und mahnte mich so, die vielleicht niemals wiederkehrende Gelegenheit zu nutzen.

»Frag ihn bitte, ob ich ihn fotografieren darf«, flüsterte ich Maurice zu.

Bevor mein Mann auch nur eine Silbe über die Lippen gebracht hatte, sagte König Kpodegbe auf Französisch zu mir: »Sie dürfen ruhig ein paar Fotos machen.«

»*Merci*«, gab ich zurück und nestelte eilig den Apparat aus der Hülle. Erst jetzt wurde mir klar, dass wir den König gar nicht angesprochen hatten. Er schien Gedanken lesen zu können …

Ich richtete meine Kamera auf den Voodoo-Papst, aber dessen Gesicht wirkte jetzt wieder so unnahbar wie zuvor. Schade, ich hätte gern sein Lächeln auf einem Bild eingefangen, doch wann immer ich zu ihm aufschaute, trug er diesen unbeirrt in die Ferne gerichteten Blick zur Schau. Zusammen mit seinem Schweigen bildete dieser Blick einen Panzer, der keine Annäherung zuließ.

Odette erklärte mir später den Grund. Alle Eingeweihten, Priester und Würdenträger bereiten sich jedes Jahr lange auf diesen Tag vor. Viele fasten, um sich für das große Ereignis zu reinigen, und auch sonst gehen wichtige Rituale dem Fest voraus. Durch die speziellen Vorbereitungen entsteht eine extrem starke Schwingung, die einen Energiefluss ermöglicht, der jeden ausgesprochenen Gedanken, selbst jeden Blick und jede Bewegung äußerst wirkungsvoll macht.

Jedes Wort und jede Geste wollte also genau überlegt sein, denn dieser Ort, zu dem die Würdenträger gekommen waren, um Frieden und Wohlergehen zu verbreiten, bündelte auch die negativen Energien, vor denen es sich zu schützen galt.

Die sichtbar zur Schau gestellte Zurückhaltung des Daagbo hatte demnach genau hier ihren Grund, sie war nämlich sein Schutz. Die scheinbare Gelassenheit, mit der sein ruhiger Blick das Terrain im Auge behielt, war also nichts anderes als höchste Wachsamkeit vor möglichen Feinden. Schließlich galt es, die positive und negative Energie, die der Voodoo gleichermaßen entfesseln kann, an diesem Tag im Zaum zu halten.

Das Lächeln, das unter diesen Umständen für eine neugierige *yovo* aus *djamma* abfiel, war somit ein überaus großzügiges Geschenk. Es für ein lächerliches Foto zu wiederholen wäre die reinste Vergeudung kostbarer Energie ...

Die eigentlichen Höhepunkte des Tages standen nun unmittelbar bevor. Nacheinander traten diverse Redner auf ein Podest mit einem Mikrofon, das ihre leidenschaftlich vorgetragenen Worte völlig verzerrte. Erst König Kpodegbe machte vor, wie es richtig ging, er artikulierte nämlich langsam und verständlich. Maurice berichtete mir, dass er von der positiven Kraft des Voodoo sprach. Nach dem König war der Daagbo Hounon Hounan an der Reihe, dessen Ansprache im lautstarken Jubel seiner dicht gedrängt stehenden Anhänger fast völlig unterging. Dass der König von Allada direkt vor dem Daagbo hatte reden dürfen, betonte das innige Vertrauensverhältnis der beiden. Später erzählte Maurice mir, dass es innerhalb des Voodoo-Kults durchaus rivalisierende Gruppen gebe. Die Autorität des Mannes mit dem Paillettenhut war demnach keineswegs so unantastbar, wie es auf mich den Anschein hatte, doch auf »seinem« Fest in Ouidah war davon nichts zu spüren.

Es ging inzwischen auf Mittag zu. »Wenn die Sonne am höchsten steht, werden die Gedanken am weitesten getragen«, erklärte mir Odette. »Deshalb opfert der Daagbo Hounon Hounan um diese Stunde eine kleine Ziege. Davor werden erst noch Kolanüsse geworfen. Dazu werden in einem genau festgelegten Ablauf Fragen zu dem bevorstehenden Ritual gestellt, die das Kola-Orakel dann beantwortet. Davon hängt ab, ob die Götter das Opfer auch wirklich annehmen. Täten sie es nicht, würden negative Kräfte das Fest beeinflussen.«

»Das muss ich sehen!«, rief ich spontan, als der Zug des Voodoo-Chefs zum Opferplatz sich formierte.

»Das darfst du nicht«, widersprach mein Mann energisch. »Du bist ein Ehrengast und hast auf der Tribüne zu verweilen.«

Ausgerechnet den Höhepunkt des Fests sollte ich nicht erleben dürfen? Ich dachte an die Worte von Königin Djehami, die gesagt hatte, die Beniner würden gewisse Regelverstöße von Ausländern höflich übergehen ... Bevor Maurice weiter protestieren konnte, wühlte ich mich durch die Leiber der Menschen hindurch zum Opferplatz. Der riesige, sandfarbene, achteckige Schirm des Daagbo, der mit diversen Applikationen von Ritualgegenständen bestickt war, wies mir den Weg.

Der Oberpriester stand über den braunen Körper der Ziege gebeugt und um ihn herum waren mehrere Kalebassen, der Opferstein und einige magische Ingredienzien aufgebaut. Während er den Kopf des Tieres mit der linken Hand fest auf eine Bastmatte presste, stach er mit dem Opfermesser tief in dessen Hals. Das stoßweise hervortretende Blut wurde in den Holzschalen aufgefangen. Ich schoss ein schnelles Foto, dann wurde ich von der Menschenmenge abgedrängt.

Als ich in den Schatten der Tribüne zurückkehrte, empfing mich Odette mit strenger Miene. »Du setzt dich wohl immer durch!«, meinte sie keinesfalls wohlwollend.

Leicht zerknirscht gestand ich mir ein, dass ich meine ganz und gar deutsche Neugier in Zukunft wohl doch ein wenig zugunsten eines Prinzessinnen-Benehmens zurückstellen sollte. Als der Daagbo wenig später seinen Rundgang über das Festareal begann, erklärte sich Odette zum Glück dennoch bereit, mich zu begleiten. Mit dem Beistand der *táyinon* war es mir offenkundig erlaubt, mich von der Seite meines Prinzen zu entfernen. Ich war nur froh, dass Odette eine so wohlwollende Protokollchefin war, ganz im Gegensatz zu jener der Königin, der offenbar jede menschliche Regung fremd war.

»Der Voodoo hat eine strenge Hierarchie«, erklärte Odette mir, während wir uns an die Fersen des Daagbo zu heften versuchten. »Und diese Rangordnung darf man nicht einfach missachten.«

»Ich werde daran denken«, versprach ich.

Obwohl das nicht gerade einfach war, denn auf mich wirkte das Voodoo-Fest wie eine ausgelassene Mischung aus ehrwürdigem Kirchentag, ausgeflippter Modenschau und exotischem Volksfest. Die saunafeuchte Luft war jetzt erfüllt von Trommelschlägen, kehligen Stimmen, Glockengebimmel und den unendlich vielen Variationen von Rasselklängen. Es war ein geradezu sinnlicher Rummel, dessen leidenschaftliche Lebenslust mich in ihren Bann zog.

Unversehens waren Odette und ich umgeben von einer Gruppe Frauen, die zu heißen Trommelrhythmen tanzten. Meine Freundin zog mich am Ärmel und schon standen wir mittendrin. Ausgelassen nahmen die Frauen uns auf, und ich beobachtete, wie Odette ihre Schultern nach vorn warf, um den ganzen Körper schlangengleich zu winden. Ich versuchte gar nicht erst, sie nachzuahmen, sondern ließ mich einfach von den mitreißenden Klängen treiben. Inmitten der unbeschwerten Menschen vergaß ich alle Hemmungen, plötzlich war es mir egal, wie meine Tanzerei aussah. Befreit von allen Überlegungen flogen meine nackten Füße über den warmen Sand, getrieben von dem furiosen Trommelwirbel. Auf einmal kam eine Frau zu mir und klebte mir ein Geldstück auf die Stirn, als Zeichen dafür, dass ihr mein Tanz gefiel. Mit tosendem Beifall und lauten Rufen bestätigten die Umstehenden das Lob der Frau und die Musik wurde wieder etwas verhaltener.

Odette fiel mir in die Arme, drückte mir einen Kuss auf den Mund und rief einigen Leuten, die sie kannte, überschwänglich zu: »Das ist meine Schwester aus *djamma*!«

Daraufhin lachten und applaudierten sie wieder. Als wir anschließend unseren Rundgang fortsetzten, hatte ich das Gefühl, eine schwere Last abgeworfen zu haben.

Wir schlenderten vorbei an provisorischen Überdachungen, die an Jahrmarktstände erinnerten. Auf Fahnen oder bunten Schildern stand jeweils der Name der Gottheit geschrieben, welcher die Menschen der jeweiligen Gruppe geweiht waren. Ihre Zugehörigkeit unterstrichen sie mit einheitlichen Stoffen, die sie für die Kleidung gewählt hatten. Jeder Voodoo-Kult warf sich für den Daagbo in Szene und gab eine kleine Kostprobe seines Könnens, so dass sich mir der Vergleich mit einer Art Theaterfestival förmlich aufdrängte. Fasziniert streiften wir weiter, als plötzlich eine junge Frau vor uns über den Strand torkelte.

Im ersten Augenblick dachte ich, sie sei betrunken, doch dann bemerkte ich, dass ihre halb geöffneten Augen verdreht waren und man nur noch das Weiß ihrer Augäpfel erkennen konnte. Sie riss sich die Kleider vom Leib, dann sank sie, nur mit kurzen, rosafarbenen Leggings bekleidet, unter den schützenden Händen einiger Menschen in sich zusammen. Zuckend lag sie im Sand, während die Leute sie vorsichtig festhielten, damit sie sich keine Verletzungen zufügen konnte.

»Sie ist in Trance«, sagte Odette. »Das ist nichts Schlechtes, ganz im Gegenteil.«

»Ich kann mir gar nicht vorstellen, dass jemand ausgerechnet bei diesem Volksfest in Trance fällt«, erwiderte ich zweifelnd.

Odette hob den Zeigefinger und schüttelte den Kopf. »Gerade hier, wo so viel Trommelmusik und Worte durch die Luft schwingen, ist es besonders leicht.« Sie blickte auf die junge Frau am Boden. »Wenn sie hier in Trance fällt, dann hat sich ihr Wunsch erfüllt und sie wird neue Energie mit sich nehmen.«

Halb nackt ruhte die junge Frau im Sand, während die Menschen immer noch um sie herumstanden. Für mich bot sie ein Bild des Ausgeliefertseins, Erfüllung konnte ich darin wahrlich nicht erkennen.

Odette umriss für mich den Zusammenhang. »Was denkst du, wie sehr sich alle, die hierher kommen, auf diesen Tag freuen. Jeder bringt irgendetwas mit«, erklärte sie mir und deutete auf eine ältere Frau. »Die Alte hier kaut auf einer Kolanuss«, setzte Odette ihre Erläuterungen fort. »Alle haben ihre Pflanzen im Mund oder am Körper, tragen ihre geweihten Talismane am Bauch oder um den Hals, kein Einziger kommt hier unvorbereitet her.«

Jetzt begann ich das ganze Fest mit anderen Augen zu sehen. Was ich für ein Volksfest gehalten hatte, war eine Demonstration spiritueller Kraft, die nur dem oberflächlichen Betrachter malerisch üppige Folklore bot. Darunter verborgen lagen das intensiv pochende Herz des alten Afrika und die Vielfalt der in den Reden beschworenen Tradition, für die in diesem Fall das Wort Ursprünglichkeit zutreffender wäre.

Es war genau das, wovor Maurice sich immer so sehr gefürchtet hatte. Aber hatte er seine Angst wirklich überwunden? Er saß, während ich mit Odette inmitten der Feiernden herumlief, auf seinem sicheren Platz auf der Tribüne. Ich schielte zu ihm hinüber und sah, dass inzwischen auch dort oben Gedränge herrschte. Jeder Einzelne dieser vielen Menschen mochte über irgendein Geheimwissen verfügen.

Es bedurfte nur ein paar Silben, Maurice ins Ohr geflüstert …

Odette betrachtete mich nachsichtig: »Da hast du etwas Wichtiges nicht verstanden, *djamma yovo*.«

Meine Freundin nannte mich nie so, demnach musste ich

mit meinem europäischen Denken gerade völlig daneben liegen. Sie erklärte mir, dass der Grundgedanke des Festes ein positiver und friedlicher sei. »Glaube mir, die Götter würden diese Party sofort platzen lassen, würden hier die negativen Gedanken überwiegen«, sagte sie lächelnd. Dann blickte sie mir tief in die Augen. »Maurice hat jetzt einen Schutz, Annette. Mach dir keine unnötigen Sorgen.«

Das klang zwar sehr beruhigend, aber mich überkam immer wieder die Erinnerung an die letzte Besessenheit, die erst ein Jahr zurücklag. Wir gingen zu meinem Mann hinüber und er wirkte in der Tat unruhig und drängte zum Aufbruch – allerdings aus einem ganz anderen Grund, als ich angenommen hatte.

»Ich habe Hunger«, verkündete mein Prinz schlicht.

Wir überließen den großen Benz dem König und fuhren mit unserer Berliner Taxe in die Stadt, in der jeder ausgelassen feierte. Der Tag des Voodoo-Festes ist in ganz Benin ein gesetzlicher Feiertag. »So wie Weihnachten bei euch in Europa«, erklärte mir Odette.

Der Tanz vor den Königen

Unglücklich blickte ich in den Spiegel, denn ich sah aus wie eine Thüringer Krautroulade. Die meterlange Bahn aus dunkelblau-nachtschwarzem, leicht changierendem Stoff wollte sich auch nach meinem zwanzigsten Versuch nicht in die Robe einer wahren afrikanischen Prinzessin verwandeln lassen. Neidisch schielte ich zu meinem Prinzen hinüber. Er trug den gleichen Stoff als weiten Umhang, jedoch zierten goldene Stickereien in Form von breiten Blättern Schultern und Brust. Darunter trug er ein weißes, kragenloses Hemd und eine Hose.

»Du siehst aus wie ein junger Gott«, jammerte ich. »Und ich wie Gemüse, das zu lange in der Backröhre geschmort hat. So kann ich doch unmöglich zum Königstreffen gehen.«

Endlich erschien Odette, unserer Zeremonienmeisterin, auf dem Kopf trug sie ein kunstvoll gebundenes Tuch, das wie das Meisterwerk einer Modistin wirkte. Odette werkelte an meiner Aufmachung so lange herum, bis der Blick in den Spiegel mein Selbstbewusstsein mit dem nötigen Rüstzeug ausstattete, um vor der illustren Schar gekrönter Häupter halbwegs bestehen zu können. Trotzdem war für mich klar, dass meine Figur in der Maßschneiderei meiner geliebten Tante Bärbel aus Tabarz wesentlich besser aufgehoben war.

Die würde nach unserer Rückkehr gewiss ein entzückendes Kostüm aus dem Stoff zu kreieren wissen …

Mein Prinz reichte mir zwei Ketten aus alten venezianischen Perlen, die aus einer Zeit stammten, in der die Afrikaner noch angenommen hatten, sie würden in fernen Ländern als Bodenschätze gefunden. Dafür hatten sie dann ihre Landsleute verkauft. Der historische Hintergrund änderte jedoch nichts an der Tatsache, dass sie wunderschön waren.

Zwei Tage nach dem Ende des Voodoo-Fests von Ouidah trafen wir in Allada-Togoudo ein. Königin Djehami hatte den kleinen Ort in der Zwischenzeit zu einer würdevollen Bühne für die Majestäten umgestalten lassen. Ein weißes Transparent hieß »unsere berühmten Gäste« willkommen, und zwar zum »ersten Gipfel der afrikanischen Könige«, der unter der Schirmherrschaft von Kpodegbe stattfand. Die Königin, in einem Gewand aus schneeweißer Spitze und mit bauchlangen Ketten geschmückt, empfing die Gäste, die vorzugsweise mit standesgemäßen, sternverzierten Karossen vorfuhren. Dabei wurden sie von einer kaum zu überblickenden Schar Neugieriger bestaunt.

Würdevolle, ernste Gesichter kontrastierten mit grünen, orangeroten, türkisfarbenen oder goldenen Stoffen, manche der Gäste trugen stilisierte Kronen oder phantasievolle Hüte und Mützen, ein jeder Ketten aus Gold, Perlen, Muscheln oder Krokodilzähnen. Einzig der König des einst so mächtigen Reiches Abomey, das jahrhundertelang namensgebend für Dohomey gewesen war, zeigte nackte Haut, und zwar nicht gerade wenig. Seine Körperfülle demonstrierte ebenso wie die Textilmassen seiner »Kollegen« den Reichtum dieses Mannes.

Das ist der reinste Jahrmarkt der Eitelkeiten, dachte ich und fragte mich, wie es Djehami und ihrem Gemahl wohl gelänge, all diese Herrscher einem gemeinsamen Ziel unterzuordnen. Die Königin schaffte es mit einem unvergänglichen Lächeln und wahrer Allgegenwart, selbst für mich hatte Djehami eine freundliche Umarmung übrig.

»Es ist nicht einfach«, meinte sie mit einem nachsichtigen

Lächeln in Richtung der Versammelten. »Sie wollen alle untergebracht werden. Das Gipfeltreffen dauert drei Tage, und von manchen erfahre ich erst dann, dass sie kommen, wenn sie hier eintreffen.« Das allerdings kam mir bekannt vor von jenen Gästen aus Benin, die wir in Berlin bisher empfangen hatten. Glücklicherweise waren die jedoch nie, so wie hier, mit ihrer kompletten Schar Ehefrauen erschienen.

Djehami bat Maurice und mich in den Empfangsraum und reichte uns eine Liste, auf der alle Anwesenden verzeichnet waren. Ich erkannte rasch, dass Frau Außenministerin ganze Arbeit geleistet hatte. Neben den Königen von Benin, die sich nun schon zum fünften Mal trafen, waren unter anderem herausragende Persönlichkeiten aus Togo, Nigeria, Kamerun und der Elfenbeinküste anwesend. Zum Leidwesen der Königin glänzten die berühmten Könige aus Ghana jedoch mit Abwesenheit.

Odette beobachtete alles, was um uns herum geschah, ganz genau. »Ich finde«, raunte sie mir zu, nachdem die Königin entschwunden war, »dass Djehami sich zu sehr in den Mittelpunkt drängt. Das sollte die Frau eines Königs nicht tun.«

Ich war ziemlich verblüfft, dass ausgerechnet die selbstbewusste Odette so etwas sagte. Doch dann erinnerte ich mich daran, dass sie mir einmal – als sie mir die Hierarchie von Priestern und Priesterinnen erläuterte – gesagt hatte: »Eine *houssi* kann mehr Macht und mehr Fähigkeiten als ein hoher *houno* haben, aber sie wird niemals wie ein *houno* auftreten. In der Öffentlichkeit ist sie eher zurückhaltend.« Die Machtstrukturen des Voodoo sind nach außen kaum erkennbar, ausgenommen bei hohen Würdenträgern wie einem *dah* oder einem *dah dah*, also den obersten Königen, zu denen auch Kpodegbe zählt.

»Du wirst niemals eine Frau mit einem Befehlsstab in der Hand sehen«, hatte Odette mir damals erläutert. Was das anging, war meine Freundin eine wahre Traditionalistin, die es sich im Übrigen nicht hatte nehmen lassen, mich ebenfalls darauf hinzuweisen, dass ich meinen Mann in der Öffentlichkeit bitte nicht umarmen oder küssen möge.

Umso mehr überraschte es mich, als Maurice und ich gemeinsam mit Djehami um den Schreibtisch des Königs in dessen Büro saßen und dieser seiner Frau vor unseren Augen schmachtend zuhauchte: »Du Königin aller Königinnen.« Es folgte ein fast lüsternes Stöhnen, das sogar mir ein wenig peinlich war. Offenbar genossen wir das tiefe Vertrauen des Königs, wenn er in unserer Gegenwart so mit seiner Frau sprach. Als kurz darauf der Yoruba-König Onikoy das Büro betrat, war die Atmosphäre wieder streng formell und die Königin verließ mit einer Verbeugung vor ihrem Gatten den Raum.

Während wir uns unter den weltlichen Hoheiten umtaten und die Gelegenheit zu verschiedenen Gesprächen nutzten, suchte Odette die Nähe der reichlich vertretenen Priesterschaft. Als wir uns später wieder trafen, fiel mir auf, dass die Augen meiner Freundin stark gerötet waren. »Hast du geweint?«, fragte ich sie.

Unsere *táyinon* schüttelte den Kopf. »Ich habe mir etwas in die Augen geträufelt, um mehr zu sehen. Es ist gut, wachsam zu sein. Mit dem, was in meinen Augen ist, kann ich böse Kräfte erkennen«, meinte sie. Dazu benutzte sie einen Pflanzenextrakt, der bei mir allerdings völlig wirkungslos gewesen wäre, wie sie behauptete. »Nur ab einem bestimmten Einweihungsgrad ist das möglich, außerdem ist zuvor ein Ritual nötig«, umschrieb sie.

»Glaubst du denn wirklich, dass hier am Königshof schlechte Menschen zugegen sind?«, fragte ich.

Odette zog die Mundwinkel nach unten. »Dazu darf ich dir nichts sagen, Annette«, beschied sie mich.

Im Empfangsraum hielt inzwischen der Daagbo Hounon Hounan Hof. Alles, was Odette mir über die besondere geistige Vorbereitung zum Fest von Ouidah berichtet hatte, sollte sich nun bestätigen: Von der auf dem Festival zur Schau gestellten Wachsamkeit des Mannes war nicht die geringste Spur zu erkennen. Diesmal wirkte er verhältnismäßig entspannt, sein Blick war mild und er trug ein sanftes Dauerlächeln im Gesicht. In Allada wusste er sich wohl von wahren Freunden umgeben. Seine Liebe zu ausgefallenem Kopfschmuck bewies er diesmal mit einem breitkrempigen Humphrey-Bogart-Hut, den Verzierungen aus edlem Gold zur Voodoo-Krone adelten.

Er wurde von einem zehnköpfigen Gefolge begleitet, in dem sich auch drei in identische weiße Stoffe gekleidete Damen befanden. »Das sind die höchsten Priesterinnen von Benin«, flüsterte mir Maurice kaum hörbar zu, denn in dem kleinen Raum herrschte trotz der vielen Menschen absolute Stille.

Als ich eine Dame nach der anderen betrachtete, meinte ich, meinen Augen nicht zu trauen. Da saß doch tatsächlich Maman Poste, meine Lieblingsköchin, oder täuschte ich mich etwa? Sie musste mich doch auch erkennen. Doch ihr Blick, der irgendwo im Nichts zu ruhen schien, signalisierte keinerlei Vertrautheit. Ich schaute sie lange an, bis sich endlich unsere Blicke kreuzten. Sie verzog keine Miene. Ich flüsterte Maurice zu: »Sag mal, erkennt Maman Poste uns denn nicht?«

»Doch, bestimmt. Aber wir müssen sie erst offiziell begrüßen.«

Ich beobachtete genau, was mein Mann tat, und wunderte mich, als er in die Knie ging. Unsere Demutsgeste beantwortete die Frau, die ich als Garköchin von der Straße kennen gelernt hatte, mit einem freundlichen Lächeln. Während Maurice und die Priesterin einige Worte in Fon wechselten, dachte ich darüber nach, wie ich ihr wohl das nächste Mal an ihrem Essenstand begegnen sollte. Nun erinnerte ich mich daran, dass Odette und Maman Poste sich mit Verbeugungen begrüßt hatten. Sollte ich das künftig etwa auch machen, wenn ich einen Teller Grieß essen wollte?

Was für eine komplizierte Welt!, dachte ich. Leon, der Chef des Hotels, hatte sich als Oberpriester der Himmlischen Christen entpuppt und nun traf ich die Frau aus der Garküche, die ich als bodenständig und bescheiden kannte, als engste Vertraute des mächtigsten Voodoo-Priesters wieder. Ich fragte mich, wem ich sonst schon begegnet war ohne auch nur den Hauch einer Ahnung, mit welch spiritueller Größe ich es zu tun gehabt hatte ...

»Sie hat uns längst gesehen. Schon, als wir vorhin angekommen sind«, sagte Maurice zu mir und riss mich damit aus meinen Gedanken.

Ich beobachtete, dass Maman Poste mit dem Daagbo sprach. Sie lächelte, während sie eine Hand auf ihren Bauch legte, dann schauten beide zu mir herüber und nickten mir freundlich zu. Wundervoll, dachte ich, nun weiß auch der Daagbo, dass ich gern *eba* esse. Alltag und höchste Voodoo-Würden hatten sich für ein paar Sekunden die Hände gereicht oder war es mehr als das? Ließen sie einander etwa niemals los ...?

Maurice fasste meine Gedanken treffend zusammen. »Wer weiß, welche Geheimnisse hinter diesen Gesichtern verborgen sind«, raunte er mir zu.

Gleich darauf versanken beide wieder in unnahbares Schweigen, und ich wünschte mir nichts sehnlicher, als ihre Gedanken lesen zu können ...

Wenig später wies uns Königin Djehami unsere Sessel unter dem Baldachin zu. Ihrer ausgeklügelten Strategie folgend nahmen die Majestäten ihre Plätze ein, während zu ihren Füßen teilweise ihre Gemahlinnen oder ihre Söhne, die Prinzen, saßen. Mit Verwunderung blickte ich mich um, denn ich war offensichtlich in eine Märchenwelt geraten. Überall saßen Könige und Königinnen, Prinzen und Prinzessinnen – so weit das Auge reichte. Sie unterhielten sich zumindest in ihren jeweiligen Sprachen, aber das Französisch der Kolonialherren bildete im Zweifelsfall eine Brücke, ebenso wie ihr gemeinsamer Heimatkontinent Afrika; aber das sollte ich erst nach einer Reihe von Musikgruppen erkennen.

Zwei Reihen vor uns, jedoch ein paar Stühle weiter links, residierte Kpodegbe, diesmal in einem vergleichsweise bescheidenen blauen Gewand. Er wurde eingerahmt vom

König der Yoruba und dem wohlbeleibten Herrscher Abomeys, der als Einziger einen eigentümlichen silbernen Nasenschutz trug, was auf mich eher wie eine verrutschte, einäugige Sonnenbrille wirkte. Welch eine Eintracht: Yoruba, Abomey und Allada – drei einstmals mächtige Reiche, die alle dieselbe Wurzel hatten und sich endlich der jahrhunderte alten Vergangenheit erinnerten.

Gleich neben Maurice und mir ließ sich der Daagbo Hounon Hounan samt seines zehnköpfigen Gefolges nieder. Eine lebenslustig wirkende Frau meines Alters sprach mich völlig unkompliziert an und stellte sich als Nichte des Voodoo-Herrschers vor. Sie lebte in Paris und leitete dort eine Tanzgruppe, eine Information, die ich erst etwas später richtig einzuordnen verstand …

Königin Djehami hatte das Programm weit gefächert. Neben traditionellen Geschichtenerzählern, den *griots,* ließ sie einige bekannte Popgruppen auftreten, deren Musik auch ich im Autoradio in Berlin gern mitsang, wenn ich mich wieder einmal über einen Stau ärgerte. Natürlich folgten auch viele Reden, jedoch keine von Djehami, die das alles organisiert hatte, aber nun schweigend zu Füßen ihres Mannes auf einer Bastmatte hockte. Odette wäre mit dieser – verordneten? – Bescheidenheit sicher mehr als zufrieden gewesen. Die entscheidende Rede trug ein Geschichtsprofessor der Elfenbeinküste vor, es ging darin um den wahren Anlass dieses »Familientreffens« der Majestäten – die Identität Afrikas und das Wiederfinden eines einigenden Selbstbewusstseins. Professor Félicien A. Kagbanan betonte die Rolle der traditionellen Herrscher des afrikanischen Kontinents innerhalb der sozialen, ökonomischen und kulturellen Entwicklung Afrikas.

Er sprach über die Entwurzelung eines ganzen Erdteils durch Kolonialisierung, Sklavenhandel und zum Teil geschürter Bürgerkriege. Außerdem kritisierte er, dass heutzutage oft westliches Denken über gewachsene Traditionen gestülpt würde. »Afrika, nachdem es jahrhundertelang Sklavenlieferant gewesen war, ist noch heute für die westliche

Welt zugleich eine Versorgungsquelle mit Rohstoffen und eine Müllhalde für Abfälle aller Art wie alte Autos, abgelaufene Schuhe, abgetragene Kleidung sowie Atommüll«, lautete eine der Aussagen, die mich am meisten beeindruckten.

Schon während des Studiums war ich mit dem Satz konfrontiert worden: »Afrikas Armut ist die Quelle europäischen Reichtums.« Als wir vor Jahren mit den Zoll- und Einfuhrbestimmungen für unser gescheitertes Kaffeegeschäft haderten, hatte sich mir dieser Satz endlich voll und ganz erschlossen. Und wenn ich heute ab und an hier in Deutschland Motivationskurse für Arbeitslose gebe, versuche ich gerade ihnen zu erläutern, dass nicht die Ausländer aus der Dritten Welt den Deutschen die Arbeitsplätze wegnehmen, sondern dass es eher umgekehrt ist. Immerhin werden hier in Europa die Rohstoffe verarbeitet, die unter anderem Afrika und Lateinamerika zu Dumpingpreisen an uns verkaufen und dafür ihren Boden bis zur Nutzlosigkeit auslaugen.

Diese Gedanken über einen rücksichtsvollen Umgang mit der Dritten Welt schienen niemanden aus der Ersten Welt zu interessieren. Wie mir Djehami berichtete, hatte man weltweit alle Monarchen zu diesem Treffen eingeladen, doch die meisten außerhalb des afrikanischen Kontinents hatten es nicht einmal für nötig gehalten, zu antworten.

Für die Seelen der Monarchen und selbstbewussten Afrikaner war die kämpferische Rede des Geschichtsprofessors gewiss ein Labsal. Hart ging er mit den vielen gescheiterten Entwicklungsprojekten ins Gericht. Und nach einem Exkurs über die politischen Sünden des letzten halben Jahrhunderts lobte er König Kpodegbes Initiative als ein »Zeichen zu einem bewussten Erwachen und zu einem neuen Start«, bevor er einen feurigen Appell an die Könige richtete. »Sie sind diejenigen, denen die sichtbaren und unsichtbaren Kräfte gehorchen«, beendete er seinen Vortrag.

Damit hatte sich für mich der Kreis geschlossen, der Voodoo war also wieder im Spiel, und zwar als Beschleuniger eines afrikanischen Einigungsprozesses. Vor zwei-, dreihundert Jahren hatten die Ahnen dieser Könige dazu beigetragen, dass ihre Landsleute in andere Teile der Welt verscherbelt wurden, und nun sollte genau das Gegenteil stattfinden. Die Majestäten waren aufgefordert zu reparieren, was ihre Vorfahren kaputtgeschlagen hatten.

Ob das wohl gut geht?, fragte ich mich insgeheim. Wie wurden die sich fortschrittlich gebenden traditionellen Herrscher mit diesem Spagat fertig?

Und was war mit meinem eigenen Mann? War er nicht auch das Produkt einer suchenden Generation Afrikas? Der Sohn eines ehrgeizigen Vaters, der eine europäische Ausbildung für seine Kinder anstrebte, weil nur diese eine Zukunft versprach? Geblendet von einem Reichtum, der jenen der Tradition und Verwurzelung in den Schatten stellte. Wie angenehm war mir doch all die Jahre Maurice' europäisches Denken gewesen. Obgleich ich ihn immer wieder zurechtwies, die Mentalität seiner Landsleute zu respektieren, die mir oftmals gesünder als die europäische erschien, war ich doch immer wieder beruhigt, wenn er sich in meiner, der europäischen, zu Hause fühlte.

Ich richtete meine Aufmerksamkeit wieder auf das Rednerpult, denn jetzt war mein Mann selbst mit einer Ansprache an der Reihe. Die ganze vorangegangene Nacht hatten wir an seiner Rede getüftelt, die er nun vor dem erlauchten Auditorium hielt. Es ging zum einen um den Tourismus als Wirtschaftsfaktor und zum anderen darum, den Menschen aus Deutschland zu zeigen, dass man Afrika nicht nur in einem Atemzug mit Hunger, Krankheit und Katastrophen zu nennen hatte. Maurice versprach den Würdenträgern, auch in Europa seine ihm verliehene Funktion zu leben und über die Geheimnisse seiner Tradition öffentlich zu sprechen, soweit ihm dies erlaubt sei. Begeisterter Beifall ertönte, als er sich wieder auf seinen Platz setzte.

Königin Djehami hatte unter anderem auch einen meiner Beniner Lieblingssänger eingeladen und nun spielten Sagbohan Daniel und seine Musiker traditionelle Lieder und Rhythmen. Neben und hinter uns ruckelten die Stühle. Die

Priesterinnen, die den Daagbo begleiteten, unter ihnen auch Maman Poste, gingen nun nach vorn und tanzten. Ich war erstaunt, wie flink diese alten Frauen sich bewegen konnten, doch am meisten beeindruckte mich eine von ihnen, deren Körpergewicht ich auf mindestens 100 Kilogramm schätzte. Um ihren massigen Leib war so viel Stoff gewickelt, dass sie einem riesigen Tennisball nicht unähnlich war, doch auch sie tanzte mit einer Anmut und Beweglichkeit, als wäre sie federleicht.

Nun zupfte mich meine Nachbarin, die Nichte des Daagbo, am Arm und bat mich, mit ihr nach vorn zu gehen und ebenfalls zu tanzen. Ich erinnerte mich, dass sie mir von ihren Beniner Tänzern in Paris erzählt hatte, und wollte, um mich nicht zu blamieren, höflich ablehnen. Doch da nahm sie mich auch schon an der Hand und zerrte mich durch die Stuhlreihen.

Ehe ich mich versah, stand ich vorn und musterte all die Könige, Priester und Unmengen von Menschen vor mir, die ihre Augen neugierig auf mich richteten.

Gott sei Dank war es schon dunkel, und ich hoffte, das spärliche Licht, welches ein paar Neonröhren spendeten, die provisorisch aufgehängt worden waren, möge meine ungelenken Bemühungen gnädig vertuschen helfen. Hektisch zupfte ich mein Oberteil zurecht und flehte, dass es die tänzerischen Verrenkungen, die die Nichte des Voodoo-Fürsten mir vormachte, aushalten würde.

Da blendete mich plötzlich aufleuchtendes Scheinwerferlicht und ich sah nichts mehr, sondern hörte nur noch die Trommeln und ein tosendes Grölen und Klatschen. Jetzt konnte ich ohnehin nicht mehr zurück. Ich trat die Flucht nach vorn an und machte mir einfach einen Spaß daraus, mit der Nichte des Daagbo zu tanzen. Barfuß wirbelten wir durch den Sand und Sagbohan Daniel heizte seiner Trommel so richtig ein. Als er sein Spiel für unseren Tanz beendete, erlosch auch der Scheinwerfer wieder.

Erst jetzt erkannte ich die Quelle des grellen Lichts: Ein Kamerateam hatte alles gefilmt. Nachdem ich den Schock verdaut hatte, bemerkte ich, dass die vielen Menschen immer noch applaudierten. Mit feuchten Händen und klopfendem Herzen erreichte ich den Stuhl an der Seite meines Prinzen, als wildfremde Menschen auf mich zukamen und mir die Hand schüttelten. Manche klopften mir auch auf die Schulter oder riefen mir zu: »Gut getanzt, *djamma yovo*!«

Wenn ich mir heute die Fotos von jener Nacht anschaue, amüsiert mich ihr Urteil ein wenig. In meinem afrikanischen Outfit, das mich einer Kohlroulade ähnlicher als einer Prinzessin aussehen ließ, mache ich nicht gerade eine glückliche Figur, aber vielleicht kam es an jenem Abend darauf gar nicht an.

Später im Auto, auf der Rückfahrt nach Cotonou, erzählte mir Odette, was sie als Reaktion auf meinen Tanz alles an Bemerkungen aufgeschnappt hatte: »Die weiße Prinzessin tanzt für uns, unsere Königin dagegen ist zu stolz dazu.«

Das sind so die Feinheiten höfischen Lebens. Die einen wirken hinter den Kulissen und ernten kein einziges Wort offiziellen Lobes, die anderen tanzen hingegen fürs Volk und die Könige, und das reicht dann schon. Doch in Wahrheit hatte ich diese Anerkennung der Nichte des Daagbo zu verdanken, die mich zu diesem Tanz genötigt hatte. Ausgerechnet der Verwandten jenes Mannes, den ich ein paar Tage zuvor beinahe angehimmelt hatte.

War dies etwa die subtile Art des Voodoo-Fürsten, mir seinen Dank auszudrücken?

Prinzenwürde und Hexenparfüm

Die Krönung, das Voodoo-Fest, das Königstreffen, die Freundschaft zu Djehami – die Eindrücke dieser Reise hatten mich optimistisch gestimmt und ich hatte zunehmend das Gefühl, in Benin eine wahre zweite Heimat gefunden zu haben. Einzig das Verhältnis meines Mannes zu seiner Familie beunruhigte mich nach wie vor. Da die Arbeiten an *maman*s Brunnen noch zu Ende gebracht werden mussten, fuhren wir noch einmal zu ihrem Haus nach Pahou. Ich hoffte inständig, dass uns der Anblick allgemeiner unwürdiger Unterwerfung diesmal erspart blieb. Als uns die fröhliche Tante bei unserer Ankunft nur mit einem tiefen Knicks empfing, atmete ich auf.

»Hol Oma Akouavi«, trug Maurice beim Aussteigen unserem Fahrer auf, der sich sofort auf den Weg machte.

Meine Schwiegermutter war glücklicherweise in ihrem Haus und beließ es in ihrem privaten Rahmen bei einem Knicks, während sie mich mit Wangenküssen belohnte. Die Anwesenden behandelten unseren Prinzen einigermaßen normal und alles sah nach einem unkomplizierten Besuch aus, in dessen Mittelpunkt der Brunnenbau stand.

Nach einer Weile kehrte der Fahrer zurück, allerdings ohne Oma.

»Was ist denn los?«, fragte ich. »Hast du sie nicht angetroffen?«

Der Mann gab mir keine klare Antwort und in dem allgemeinen Trubel vergaß ich den Vorfall rasch wieder – leider. Denn mir war nicht klar, dass die Abwesenheit eines alten Menschen unter Umständen genauso viel bedeuten kann wie seine Anwesenheit. All das sind Gesten, Zeichen, man muss sie nur interpretieren können, doch dazu fehlte mir in jenem Moment das Wissen.

Im Gegensatz zu unseren sonstigen Besuchen erzählten wir Micheline diesmal, dass Maurice am nächsten Tag abreisen müsse. *Maman* sah mich groß an. »Und was ist mit Annette? Bleibt sie denn hier?«, ließ sie mich durch meinen Mann fragen.

»Ich muss zurück nach Deutschland«, antwortete Maurice. »Die Geschäfte in Berlin brauchen mich.« Inzwischen liefen elf Wagen auf uns, mit insgesamt 20 Fahrern. »Annette wird noch zehn Tage bleiben«, erklärte Maurice. »Sie wird eine Rundreise durch Togo machen. Wir suchen nämlich noch Hotelpartner, mit denen wir Reisen gestalten können.« Ich versprach, vor meiner endgültigen Abreise noch einmal bei *maman* vorbeizukommen.

Anschließend quartierte ich mich in einem bescheidenen Zimmer im *Hôtel de la Plage* ein. Acht Jahre waren vergangen, seitdem ich mit meinem Mann an diesem Ort durch ein wahres Tal der Tränen gekrochen war, und dennoch tat mir der morbide Charme des alten Gemäuers gut. Denn es war auch eine Zeit des Lachens und der erfüllten Liebe gewesen und die Zeit einer Unbeschwertheit, die nach überstandenen Leiden regelrecht befreiend gewirkt hatte. Maurice' Rolle als Prinz hatte ihn um seine frühere Leichtigkeit gebracht, das merkte ich umso mehr, als Odette am Abend mit mir ausging. Ich erzählte ihr von meiner bevorstehenden Togo-Reise und sie war erwartungsgemäß begeistert. Spontan regte sie an, mich zu begleiten, was sich dann leider zerschlug, da ihr jüngster Sohn plötzlich erkrankte.

Wir schlenderten zu Maman Postes kleinem Straßenimbiss, wo Odette und die alte Meisterköchin sich wie gewohnt mit Verbeugungen begrüßten. Ich musste keinesfalls wie befürchtet niederknien, um ein Essen zu bekommen, sondern hielt einen Teller mit einer riesigen Portion *eba* in der Hand, bevor ich auch nur einen Wunsch zu äußern brauchte. Die alte Frau servierte das Essen mit einem stolzen Lächeln und sah mich an wie eine Großmutter ihre Enkelin. Und dann nannte sie mich *nan*.

»Das heißt ›Frau eines Königs‹«, erklärte Odette mit einem hintergründigen Lächeln.

Wir schwatzten vergnügt Englisch miteinander, und zumindest mir war nicht bewusst, dass ich die einzige *yovo* weit und breit war. Ganz im Gegensatz zu den Männern an den übrigen Tischen, die sich lautstark über mich amüsierten.

»Soll ich denen sagen, dass du eine Prinzessin von Allada bist?«, meinte Odette ausgelassen.

»Von der Rolle habe ich gerade Urlaub genommen«, gab ich zurück. Sie erklärte den Männern dennoch etwas, woraufhin die mich verblüfft anblickten. »Du hast es denen doch nicht wirklich gesagt?«, fragte ich.

Odette schüttete sich aus vor Lachen. »Nein. Ich habe dich als meine Schwester vorgestellt!«, kicherte sie.

»Danke, Schwester«, sagte ich und wir prosteten den Männern mit *Béninoise*-Bier zu. Odette berichtete mir, dass sie sich mit dem Gedanken trage, in Cotonou ein Café zu eröffnen.

»Ich möchte etwas Eigenes erschaffen«, sagte sie. »Denn der Job meines Mannes ist nicht sehr sicher. Wir brauchen dringend ein zweites Standbein und ein Café nach europäischem Vorbild wäre doch eine gute Sache in dieser Stadt.«

»So etwas aufzubauen, kostet aber viel Geld«, gab ich zu bedenken.

»Ja, ich weiß«, räumte sie ein. »Hier kann ich das nicht verdienen. Ich überlege, ob ich nicht wieder nach Belgien gehen soll. Dort kenne ich mich aus und könnte in relativ kurzer Zeit das Startkapital erwirtschaften.«

»Und deine Kinder?«, fragte ich.

»Oma Akouavi wird sie versorgen«, antwortete sie. »Bei ihr fühlen sie sich zu Hause.«

Für ihre Kinder tat mir Odettes Plan Leid, für mich hingegen bedeutete es, dass meine Vertraute damit wieder in meiner Nähe wäre.

Die Reise durch Togo verlief bis auf eine Machtprobe mit meinem Chauffeur, den ich im Gegensatz zu Maurice viel zu sanft behandelte, reibungslos. Nach meiner Rückkehr schaute ich zuerst bei meiner Schwiegermutter vorbei, um sie zu beruhigen, dass mir nichts zugestoßen war. Mein Mitbringsel für sie bestand aus einer Ladung Maniokwurzeln, woraufhin *maman* einen regelrechten Freudentanz aufführte und mich vor lauter Dankbarkeit über dieses kostbare Geschenk abküsste.

Ich wollte Benin nicht verlassen, ohne vorher noch einmal Oma Akouavi zu besuchen. Sie war inzwischen ebenfalls nach Pahou übergesiedelt, wo auch meine Schwiegermutter wohnte, allerdings waren Maurice und ich kein einziges Mal bei ihr gewesen. Möglicherweise lag das daran, dass sie ausgerechnet in jenem Ortsteil lebte, aus dem mein Mann ein paar Jahre zuvor regelrecht geflohen war. Wahrscheinlich hatte er seine Ängste doch noch nicht so gut im Griff, wie wir alle annahmen.

Omas Freude kannte keine Grenzen, als sie mich sah. Die stämmige Frau hob mich hoch und drehte sich mit mir im Kreise, nur selten hatte ich sie bisher so ausgelassen erlebt. Sie freute sich wie ein junges Mädchen, scherzte mit Odette und nannte mich ebenso wie Maman Poste eine *nan*. Ich war mir jedoch nicht ganz sicher, ob sie das ernst meinte, aber sie tat es so liebevoll, dass ich meine Bedenken beiseite schob. Sie hatte Maurice' neue Würde im Grunde kaum zur Kenntnis genommen, doch mich respektierte sie und verabschiedete mich nach den üblichen Gläsern selbst gebrannten Schnapses mit einem Gruß an meinen Mann. »Pass gut auf deinen *dah* auf«, fügte sie noch hinzu.

Wieder einmal spürte ich deutlich, dass Maurice und ich uns auf dünnem Eis bewegten. Oma kritisierte ihren Enkel nicht offen, denn auch dafür gab es wohl ein paar Spielregeln, die ich noch nicht kannte. Aber zwischen den Worten hörte ich durchaus heraus, dass sie nicht wirklich gut auf ihn zu sprechen war. Der Abschied war diesmal melancholisch und Oma, die ich noch nie hatte weinen sehen, hatte Tränen in den Augen.

Im Auto erklärte mir Odette, dass Oma ganz bewusst nicht zu *maman* gekommen war, als Maurice das letzte Mal den Fahrer zu ihr geschickt hatte.

»Maurice hätte zu ihr gehen müssen. So gehört sich das«, sagte unsere *táyinon*. »Dabei spielt es keine Rolle, ob er ein *dah* ist oder nicht. Sie ist die Ältere.« Mit meinem Besuch hatte ich den Schnitzer meines Mannes wenigstens teilweise wieder gutgemacht.

Bei einer anderen Gelegenheit, von der Odette mir erzählte, reagierte Oma Akouavis gewiss hundertjährige Schwester wesentlich rigoroser. Sie nahm Maurice den Befehlsstab aus der Hand und klopfte ihm damit sanft aufs Prinzenhaupt. Mein Mann hatte den Fehler begangen, seine steinalte Tante »segnen« zu wollen, doch die hatte ihm schnell zu verstehen gegeben, dass nicht der Befehlsstab die Würde ausmache, sondern der jeweilige Träger.

Prinz zu sein, ist keine leichte Sache, und Prinzessin zu sein erst recht nicht. Das erfuhr ich allerdings nicht in Benin, sondern erst, nachdem ich wieder zurück war in Berlin.

Entspanntes Afrika, gehetztes Deutschland – der Umschwung hätte mich kaum härter treffen können. Dabei war der Stress im Grunde selbst gemacht. Maurice und ich richteten unser kleines Reisebüro mit Eifer auf unsere neuen Partner in Westafrika aus. Um sie anlässlich der folgenden Tourismusbörse angemessen repräsentieren zu können, mussten zunächst einmal neue Prospekte her, und dafür waren wiederum Verhandlungen mit mehreren Fluggesellschaften nötig. Danach mussten Druckereien gefunden und Grafiker angewiesen werden, wie sie alles zu gestalten hatten. Ich entwickelte mich zu Prinzessin Überall, kein Wunder, dass meine Träume entsprechend hektisch waren, und immerzu läutete darin das Telefon.

Ich schrak hoch, diesmal klingelte es tatsächlich. Ich warf einen Blick auf den Nachttischwecker: Es war drei Uhr nachts. Afrika?, dachte ich noch leicht benommen. Oder einer unserer Taxifahrer, der einen Unfall hatte? Verschlafen hob ich ab.

»Ich muss dringend zum Voodoo-Fest«, jammerte mir eine weibliche Stimme aus dem Hörer entgegen.

»Doch nicht um diese Zeit«, stöhnte ich fassungslos. Für die Kunden tut man ja alles, schließlich sind sie Könige – während ich nur eine Prinzessin bin. Also schob ich verbindlich nach: »Das nächste findet ohnehin erst in zehn Monaten statt. Kommen Sie bitte morgen in unser Büro, das reicht völlig aus.«

»Nein, nein, ich brauche Hilfe. Ihr Mann, er muss mich retten!«, flehte die Dame. »Ich stehe schon vor Ihrem Büro.«

Ich blickte zu Maurice hinüber, der gerade nicht nach einem Retter aussah. Er schlief nämlich wie ein Stein. Gleichzeitig bekniete mich die Anruferin erneut, dass sie dringend Hilfe brauche. Sie redete wie Maurice während seiner Anfälle und wiederholte ständig dieselben Formulierungen, es schien wirklich ernst zu sein. Also weckte ich meinen Mann, der tatsächlich klaglos in Hemd, Anzug und Krawatte schlüpfte und zum Büro fuhr. Ich legte mich inzwischen wieder hin.

So wie in dieser Nacht ging das seit meiner Rückkehr aus Benin am laufenden Band. Mein Prinz war über Nacht eine Berühmtheit geworden, denn über die Kanäle der modernen Informationsgesellschaft hatte sich die Nachricht seiner Krönung schnell verbreitet. Ständig stürmten wildfremde Menschen in unser Büro und erhofften sich von ihm Hilfe – unglaublich, wie viele Verhexte und Besessene es auf dieser Welt gab. Maurice kümmerte sich um jeden Einzelnen, so wie in dieser Nacht.

Stunden später kehrte er zurück. »Ich habe ihr helfen können«, sagte er. Er war ja selbst durch die Hölle gegangen, um schließlich erlöst zu werden, daher sah ich das auch ein. Doch inzwischen wollten unzählige Voodoo-Fanatiker Instanthilfe. Vor Ort, nach Benin, reiste hingegen kaum jemand und das bedeutete keinen Umsatz. Auch damit hätte ich noch zurechtkommen können.

Allmählich bestätigten sich jedoch meine Sorgen, die ich vom ersten Augenblick an gehabt hatte, als Odette mir sein *fa* enthüllt hatte: Der charmante Prinz wurde zum verführbaren Mann und den Kuss des Voodoo umwehte der süße Duft ständig wechselnder Frauenparfüms. Wahrsagerinnen und selbst ernannte Hexen verdrehten ihm ebenso den Kopf wie Trophäenjägerinnen, in deren Sammlung ein Prinz aus Afrika wohl noch gefehlt hatte.

Dem Verwirrspiel um tatsächliche und angebliche Geliebte setzte eine Frau die Krone auf, die behauptete, in einem früheren Leben mit Maurice verheiratet gewesen zu sein und mit ihm Benin regiert zu haben. Zunächst reagierte ich amüsiert, doch als sie mich nachts anrief und mir erzählte, von meinem Mann schwanger zu sein, fühlte ich, wie der Boden unter meinen Füßen zu schwanken begann. Wie ein Echo hallten Maurice' Worte in meinen Ohren: »In Benin hat ein König mehrere Frauen …«

Zwar entpuppten sich die Behauptungen der wiedergeborenen Königin als wichtigtuerische Lügen, aber die Affären zerrütteten nach und nach unser Ehefundament. Eingezwängt in die Arbeit fehlten mir die Möglichkeiten zu jenen Abwehrmaßnahmen, die ich als Ehefrau gerne hätte ergreifen mögen. Stattdessen erlebte ich, wie sich mein Mann immer tiefer in das Gespinst seiner neuen Erfüllung verstrickte. Jeder Morgen begann mit Ritualen, während derer er das Schlafzimmer in Weihrauchduft hüllte. Ich blieb ausgeschlossen, während er Stärke sammelte. Außerdem schien ich davon nichts zu verstehen und erlebte einen Mann, den ich so nicht kannte.

Dann musste Maurice im Herbst zu einer Geschäftsreise nach Russland und ich brachte ihn zum Flughafen. Er schlüpfte in seinen Mantel, griff gewohnheitsmäßig in die Taschen und zog einen schmierigen, dicken Briefumschlag heraus.

»Was ist denn das?«, fragte er angewidert.

»Keine Ahnung. Mach ihn auf und sieh nach, was drin ist«, antwortete ich.

Eine Wolke aufdringlich billigen Parfüms verbreitete sich in unserem Flur, und zum Vorschein kam eine kleine Stoffpuppe, die mit drei großen rostigen Nägeln durchstochen war.

»So also stellen sich deine Verehrerinnen Voodoo vor«, sagte ich und konnte mich kaum halten vor Lachen. »Sieh nur, wie fleißig da jemand gebastelt und genäht hat, um dir eine Freude zu machen«, lästerte ich.

Maurice hingegen war gar nicht zum Lachen zumute. Nervös griff er nach seiner Aktentasche. »Wirf das Ding gleich draußen in den Müllcontainer«, bat er mich beim Hinausgehen.

»Du nimmst diesen Schwachsinn doch nicht etwa ernst?«, fragte ich.

»Quatsch, natürlich nicht!«, wies er meine Vermutung energisch von sich.

Dennoch spürte ich, wie ihn dieses kleine Ereignis verunsicherte. Fahrig wühlte er in seinen Jacken- und Manteltaschen herum, um die Vollständigkeit seiner Papiere zu prüfen. Vorsichtshalber bat ich einen Mitarbeiter, der meinen Mann begleitete, mich anzurufen, falls ihm etwas Ungewöhnliches an Maurice auffallen sollte. In dem Moment erst wurde mir bewusst, dass ich Angst hatte, ihm könne vielleicht doch wieder irgendetwas Merkwürdiges passieren. Zum Glück geschah jedoch nichts, und als Maurice zurückkam, verloren wir kein Wort mehr über diese Puppe.

Ich hatte die Warnung dennoch verstanden. Mit Voodoo darf man in unserem Land ebenso wenig spielen wie in Benin. Denn Glaube ist nicht nur eine Himmelsmacht und der Grat zwischen Gut und Böse ist verteufelt schmal.

Allerdings nützte mir diese Erkenntnis wenig, denn mein Mann kanzelte mich immer öfter in unseren eigenen vier Wänden ab. Das ging sogar so weit, dass er mir eines Tages aus heiterem Himmel eröffnete, er werde am nächsten Morgen nach Italien reisen.

»Warum hast du mir denn nichts gesagt?«, fragte ich.

»Ich bin ein Prinz«, lautete seine Antwort, die allem bisher Dagewesenen die Krone aufsetzte.

Normalerweise bin ich nie um eine Antwort verlegen, aber diesmal war ich sprachlos, zumal unter solchen Umständen ohnehin jedes Gespräch sinnlos war.

Maurice ließ sich von einem unserer Taxifahrer zum Flugplatz bringen und verabschiedete sich zuvor von mir mit den Worten: »Ich wünsche keinen Anruf von dir. Ich werde ohnehin mein Handy abschalten. Einer der Fahrer wird mich auch vom Flugplatz abholen.«

Es gab kein Auf Wiedersehen, und ich verkroch mich heulend, nachdem Maurice gegangen war. Was war nur mit diesem Mann geschehen? Ich wagte es kaum zu denken, aber das erinnerte mich auf entsetzliche Weise an jene grauenhaften Tage in Cotonou, als er besessen gewesen war. In Berlin kann so etwas nicht passieren, beruhigte ich mich.

Oder etwa doch? Welcher Teufel ritt diesen Mann, dass er auf meinen Gefühlen wie auf einem Wischlappen herumtrampelte?

In meiner Verzweiflung fiel mir nur noch ein Name ein – Odette. Sie lebte inzwischen tatsächlich in Belgien und verdiente als Haushälterin gutes Geld.

Ich rief sie an und erzählte weinend, was sich bei uns zu Hause abspielte.

Spontan meinte sie: »Er ist verhext.«

Hat diese Voodoo-Puppe etwas damit zu tun?, überlegte ich. Trieb da etwa jemand ein übles Spiel mit uns, dessen Ziel es war, uns beide auseinander zu bringen? Hatte mich nicht in Benin schon mal jemand gewarnt, dass das geschehen könnte? Nach wie vor war ich Maurice' große Stütze. Vergraulte er mich, hätte er gewiss größere Probleme, als ihm bewusst war. Blödsinn!, rief ich mich schließlich zur Ordnung, ich glaube nicht an diese Dinge.

Ich teilte Odette meine Überlegungen mit, und gemeinsam kamen wir zu der Erkenntnis, dass etwas anderes viel wahrscheinlicher war. Der böse Zauber wurde nicht von außen an uns herangetragen, sondern er kam aus Maurice selbst, und er hieß Eitelkeit.

Meine Beniner Freundin gab mir Recht. Sie meinte: »Seine Aufgabe fordert Demut und Liebe, nicht Hochmut. Er sollte wissen, dass alles, was er tut, irgendwann zu ihm zurückkommt. Er wird seine Erfahrungen machen.«

»Du meinst, ich soll ihn seine Rolle weiterspielen lassen und er wird schon selbst feststellen, dass er sich damit verrennt?«, fragte ich.

»Genau so wird es kommen«, bestätigte sie und wiederholte ihren alten Rat: »Gib ihm Zeit.« Sie selbst versprach, möglichst bald von Belgien aus zu Besuch zu kommen.

Kurz vor seiner geplanten Rückkehr rief Maurice an und bat: »Hol mich bitte vom Flughafen ab.« Selbstverständlich war ich bereit, auf ihn zuzugehen, und wurde von seinen drei Begrüßungsworten fast aus den Schuhen gehauen. Sie lauteten: »Bitte verzeih mir!«

Es kam mir vor, als wäre ich endlich aus einem Alptraum erwacht. Den Mädchen tat es ebenfalls gut, zu sehen, wie ihre Eltern wieder Frieden geschlossen hatten und an einem Strang zogen. Dass sie Prinzessinnen waren, interessierte sie im Übrigen herzlich wenig. Ihren Vater erlebten sie wie zuvor als gestressten Geschäftsmann und nicht als Prinzen, aber er nahm sich damals auch nicht die Zeit, Anna und Ina die Bedeutung seiner neuen Rolle zu erklären.

Kurz darauf setzte Odette ihr Versprechen in die Tat um und besuchte uns. Gleich am ersten Abend nahm sie sich unseren Prinzen zur Brust und wusch ihm lange den Kopf. Als ich einmal kurz zur Tür hineinblickte, sah ich, wie er schweigend zuhörte, während sie sprach. Ein klein wenig erinnerte mich dieser Anblick an eine Szene vor dem *Hôtel de la Plage* in Cotonou. Damals hatte Maurice gesprochen und seine Mutter schweigend zugehört. Ich hoffte inständig, dass mein Mann nicht zu hundert Prozent der Sohn seiner Mutter war ...

Bevor Odette uns nach einigen herrlich ausgelassenen Tagen wieder verließ, um ihre Arbeit in Belgien fortzusetzen, sagte Odette zu mir: »Ihr solltet bald wieder nach Benin fliegen. Es gibt so viele Dinge, die Maurice nur dort lernen kann.«

Als hätte sie es geahnt, unsere kluge und Orakel-bewanderte *táyinon*, kam wenig später eine E-Mail von Königin Djehami. Sie lud uns zu einem Fest am Hofe von Allada ein, das einen Tag vor dem großen Voodoo-Festival stattfinden sollte.

»Ich zähle auf dich, Annette«, mailte die Königin, »ihr habt oft sehr gute Ideen. Bitte helft dem Königshaus, sie umzusetzen.«

Wenig später flog mein Mann mit einer Gruppe deutscher Touristen voraus, während ich noch die Geschäfte in Berlin weiterführte. Von Cotonou aus rief er mich an und sagte: »Die Königin wird dich gemeinsam mit mir am Flughafen abholen. Du wirst mit allen Ehren empfangen werden.« Er machte eine Pause. »Annette, da wäre noch etwas. Für das Zeremoniell solltest du bitte afrikanische Stoffe tragen, und du darfst mich nicht umarmen, wenn du ankommst. Ich werde dir meinen Befehlsstab hinhalten, den du dann berührst. Normalerweise müsstest du dich vor mir verneigen, aber wir respektieren deine Kultur.«

Ich grinste in mich hinein. Maurice wusste genau, dass ich mich niemals vor ihm verneigen würde. Ich war zwar bereit, fast alles zu tun, was er von mir als Prinzessin verlangte, doch es gab Grenzen. Ehrlich gestand ich mir ein, dass mir solche Hierarchiespiele lieber waren als der glücklicherweise verflogene Hochmut meines Prinzen.

Mysteriöse Zeichen

Schon als sich die Flugzeugtür öffnete, hörte ich den Klang der Trommeln und Glocken. Auf dem Rollfeld vor dem Flughafengebäude tanzte eine Gruppe in sonnengelbe Stoffe gekleideter Frauen, daneben schlugen sich junge Männer rhythmisch gegen die Oberkörper, während sie fröhlich und laut ein Lied sangen. Vom Ankunftsgebäude her näherte sich mit würdevoller Langsamkeit mein Mann, Pardon, mein Prinz, den Befehlsstab geschultert, in weiten, traumhaft schönen Gewändern und mit stolzem Blick. Ihn begleitete die mit Ketten behangene Königin Djehami und eine sehr junge, in helle Stoffe gekleidete Frau, die ich noch nie gesehen hatte.

Wie eine Prinzessin mit allen Ehren empfangen ... Maurice hatte Wort gehalten. Auf der Flugzeugtoilette hatte ich den Reise-Schlabberlook gegen ein dreiteiliges Kostüm getauscht, das Tante Bärbel mir aus den afrikanischen Stoffen gefertigt hatte.

Ich freute mich sehr, meinen staatsmännisch wirkenden Maurice zu sehen, doch die Kehrseite der Würde ist die Distanz. Kein »Hallo, Annette, wie war der Flug?«, sondern nur ein hölzerner *kpoguè* mit einem Elefanten darauf, vom Prinzgemahl zum Gruß dargeboten. Enttäuscht umfasste ich das edle Stück, wie Maurice es mir vor seiner Abreise aufgetragen hatte. Wenigstens Djehami empfing mich mit Wangenküssen, doch sie erschien mir verändert, wirkte viel ernster als sonst. Für irgendwelche Fragen war jetzt nicht die rechte Gelegenheit, denn das Empfangszeremoniell nahm seinen Lauf und forderte unsere Aufmerksamkeit.

Da Odette in Belgien arbeitete, übernahm ihre Schwester Melanie die Rolle unserer *tàyinon*. Zum Zeichen ihrer speziellen Reinigung für ihre Aufgabe als Empfangsdame hatte sie sich die Schultern weiß gekalkt. Nun überreichte sie mir in einer breiten Kalebasse vier große Yamswurzeln. Die bleischwere, landestypische Begrüßung sollte den Wunsch zum Ausdruck bringen, dass ich immer genug zu essen haben möge. Diese Portion wird wohl für den Anfang genügen, dachte ich und war froh, als mir jemand das Gastgeschenk rasch wieder abnahm. Nun wurde magisch aufgeladenes Wasser auf den Boden gegossen, und ich hatte mich in die kleine Pfütze zu stellen, damit mich auf allen meinen Wegen Frieden begleiten möge.

Für Prinzessin Annette gab es weder Pass- noch Zollkontrolle, sondern einen Empfang im Hotel. Ein Staatsgast hätte wohl kaum mehr Aufmerksamkeit bekommen. »Was für eine großartige Begrüßung! Vielen Dank!«, flüsterte ich Maurice zu.

»Ganz wie es einer Prinzessin gebührt«, lautete seine Antwort.

Wieder fiel mir auf, dass sich Königin Djehami ziemlich verändert hatte. Nicht nur, dass sie an Leibesfülle zugelegt hatte, sie wirkte irgendwie bedrückt. Statt ihrer lebensfrohen bunten Stoffe trug sie Schwarz und sie verbarg ihre Augen fast ständig hinter einer modischen Sonnenbrille. Ihre Reserviertheit weckte zusehends mein Interesse, und ich nahm an, dass mal wieder irgendetwas hinter den Kulissen ablief.

»Sie hat ein paar Probleme«, meinte Maurice. »Ihre Position am Hof ist wohl nicht mehr die beste.«

»Was heißt das?«, fragte ich.

»Ihr Haus in Allada-Togoudo ist ausgeraubt worden«, ergänzte mein Mann.

»Was hat das mit dem Hof zu tun?«

»Es geht um Djehamis gesamte Rolle«, deutete mein Prinz an. »Die Traditionalisten sehen es äußerst ungern, dass die Königin nicht nur im Palast wohnt, sondern auch ein eigenes Haus außerhalb hat. Sie meinen, dass sich das nicht gehöre.« Vertiefen wollte er dies Thema aber nicht, wahrscheinlich, um nicht selbst Partei ergreifen zu müssen.

Ich erinnerte mich lebhaft an das Haus der Königin, das sie mir im Vorjahr voller Stolz gezeigt hatte, während der König mit Maurice die Krönung besprochen hatte. Das gemauerte, mit Wellblech bedeckte Haus war durch und durch europäisch eingerichtet gewesen. Ich dachte an die Spitzendeckchen auf Tischen und Betten, an das Gästezimmer, das Bad mit der Toilette und an die für Afrika so untypischen Gardinen. Maurice' kurze Andeutung machte mir nun deutlich, was ich instinktiv empfunden hatte, nämlich dass die Königin sich eine Eigenständigkeit hatte bewahren wollen, die den Hütern der Tradition ein Dorn im Auge gewesen sein musste. Wenn der König seine Gemahlin besuchen wollte, musste er den heiligen Hof der Tradition verlassen ...

Als der Morgen des 9. Januar anbrach, konnten wir auf ein Jahr unseres Lebens als Prinz und Prinzessin zurückblicken. Es war stets sehr hektisch gewesen, aber wir hatten während dieser Zeit auch viel dazugelernt. Ganz praktisch bedeutete das für den bevorstehenden Tag, dass wir nicht eher zum Königsempfang fuhren, bevor wir nicht ausgiebig gefrühstückt hatten. Auch die so wichtige Kleiderfrage hatte ich inzwischen für mich geklärt – natürlich mit Odettes Hilfe.

Ursprünglich wollte ich all die hübschen Stoffe, die ich zur Krönung erhalten hatte, von Tante Bärbel zu einem Kostüm umschneidern lassen, doch Odette hatte mir davon abgeraten.

»Gewöhne dich daran, dich wenigstens zu Festen, bei denen der König anwesend ist, oder bei traditionellen Feiern als *nan* zu kleiden. Du siehst wunderschön damit aus, und die Leute sehen, dass du deine Rolle annimmst«, hatte sie bei ihrem Besuch in Berlin gemahnt. »Die Leute in Allada betrachten dich wie eine von ihnen, und es wäre gut, wenn das auch so bliebe.«

Zu Hause hatte ich dann unter ihrer Anleitung ausgiebig das Binden und Befestigen der Stoffe geübt und mich auch allmählich an meinen skurrilen Anblick gewöhnt. Vorsichtshalber hatte ich mir einen BH ohne Träger gekauft, damit ich nicht völlig entblößt dastand, falls wirklich einmal etwas verrutschen sollte.

Als wir bei Maurice' Mutter und der Verwandtschaft in Pahou eintrafen, herrschte Hochstimmung. Schwiegermama strebte dem Höhepunkt ihres Lebens entgegen – dem Tanz vor dem verehrten König von Allada. Doch bevor die lachende und schwatzende Versammlung sich in den eigens angemieteten Kleinbus quetschte, musste Maurice alle mit seinem Befehlsstab segnen. Er hatte gut zu tun ...

Im Vorjahr war mir das Fest von Allada, das alljährlich am Vortag des Voodoo-Festivals begangen wird, bescheidener vorgekommen und tatsächlich beehrte diesmal sogar der Daagbo Hounon Hounan die Zusammenkunft mit seiner Anwesenheit. Aus dem fernen Indien war ein Vertreter des Dalai Lama angereist und auch die von unserem Reiseleiter und Geschäftsführer Gaston betreute Gästegruppe trug ein Stück zum internationalen Flair bei.

Kpodegbes Entourage erschien mir größer zu sein als letztes Jahr, da ihn wesentlich mehr Frauen umgaben. Die Königin nahm ich erst auf den zweiten Blick in der Menge wahr und auch das Aussehen des Voodoo-Fürsten überraschte mich. In den vergangenen zwölf Monaten schien der große alte Mann um mehrere Jahre gealtert zu sein. Sein stolzes Gesicht wirkte müde, seine straffe Körperhaltung leicht gebeugt. Erst später erfuhr ich, dass er gerade erst von einem Schlaganfall genesen war.

Zu den zahlreichen Rednern des Tages gehörte auch Maurice und er hatte in der Tat Bedeutsames zu verkünden. Er berichtete von der Gründung des Hilfsfonds, einer Aktion, die wir uns gemeinsam mit dem Königspaar ausgedacht hatten. Es kam die für Beniner Verhältnisse unvorstellbar hohe Summe von anderthalb Millionen CFA-Francs zusammen, nach heutigem Wert rund 2300 Euro. Das war natürlich angesichts des durchschnittlichen Monatslohns eines Beniners von 40 bis 50 Euro ein enormes Kapital. Geld ist die eine Währung, nach der das Ansehen eines Menschen gemessen wird, Ehre die zweite.

Nun trat ein Sprecher Kpodegbes ans Mikrofon und verkündete: »Die Familie Bokpê wird nun für den König von Allada tanzen.« Das war der große Moment, für den *maman* mit ihrer Truppe so fleißig geübt hatte. Die Männer führten Kunststücke vor, die Damen tanzten mit anmutiger Beweglichkeit und verbeugten sich zum Abschluss tief vor dem Monarchen, der sie segnete. »*Amie*«, antworteten sie im Chor.

Schwiegermama wurde gemeinsam mit dem König fotografiert, und fast schon nebenbei erfuhr ich, dass sie am Königshof eine Bleibe bekommen sollte, in der sie später zeitweilig wohnte.

Ich warf meinem Mann einen Blick zu. Nein, es war kein Stolz, der auf seinem Gesicht lag, sondern die schlichte Freude des ältesten Sohnes, der etwas in seinem Leben vollbracht hatte und seiner Familie nun von dem Glanz abgab, der auf ihn gefallen war. Meine Empörung über die Unterwerfungsszene nach der Krönung war in der Tat fehl am Platze gewesen, all das gehörte eben zusammen. Dies waren die Spielregeln, nach denen eine völlig anders strukturierte Gesellschaft funktionierte, und es war sinnlos, sie nach unseren Maßstäben beurteilen zu wollen.

Das Fest von Allada war wohl unser schönster gemeinsamer Erfolg geworden. Der König belegte uns, die Vorzeigegäste aus *djamma*, ständig mit Beschlag und lobte bei jeder Gelegenheit unseren Einsatz. Die enorme Aufmerksamkeit, die er uns widmete, fand ihren Höhepunkt, als er uns zum Daagbo führte. Wir hatten vor ihm niederzuknien und er segnete uns. Diesmal übersetzte nicht Maurice seine auf Fon gesprochenen Worte, sondern der König selbst. Ich musste an seine Sätze später noch öfter denken: »Wir wünschen dem Prinzen Bokpê und seiner Gemahlin, dass sie immer glücklich vereint sein mögen. Denn die Größe ihrer Liebe schenkt nicht nur ihnen, sondern auch unserem Haus Kraft.«

Maurice und ich waren an diesem Tag so glücklich, dass wir die Worte der beiden hohen Würdenträger für einen der üblichen Segenssprüche hielten. Ja, wir lächelten sogar darüber. Alle Krisen des vergangenen Jahres waren in jenem Moment vergessen, nichts schien uns trennen zu können. Wir lebten für den Augenblick, machten uns jedoch nicht bewusst, dass wir nur gemeinsam bis zu diesem Punkt gekommen waren. Wir waren ein Paar, ein jeder die Stütze des anderen. Ich ahnte damals nicht, wie viel Prophetisches in den klugen Worten des Wissenden lag.

Am nächsten Morgen fuhren Königin Djehami und ich in unserer alten Berliner Taxe zum Voodoo-Fest nach Ouidah. Auch diesmal kaufte die Königin sich mit Kaurischnecken den Weg durch den Heiligen Wald von den Geistern frei. Die alte *táyinon* saß wieder vorn, schien aber noch verschlossener als sonst. Auf den ersten Blick hatte sich nicht sonderlich viel verändert und doch war alles anders geworden für Königin Djehami.

Mit meiner Vermutung hatte ich richtig gelegen. Der Überfall auf ihr Haus war tatsächlich mehr gewesen als ein normaler Diebstahl. »Die Diebe haben alles aus meinem Haus geholt, was ich dort besaß. Mir blieb nur noch, was ich auf dem Körper getragen und im Palast aufbewahrt hatte«, berichtete sie.

»Sind die Räuber denn gefasst worden?«, fragte ich.

Die Königin gab mir keine direkte Antwort, sondern umschrieb nur die Vorgänge. »Kurz vor dem Überfall hat am Hof eine große Zeremonie stattgefunden. Eine der *táyinons* sagte, dass es nicht den Traditionen entspreche, wenn die Frau eines Königs außerhalb des Palastes in einer

Villa lebe. Sie meinte, ich solle besser in einer Hütte im Palast wohnen.«

Nach diesem Treffen war Djehami zurück in ihr Haus gekehrt und hatte entdeckt, dass jemand die Forderung der *táyinon* auf seine Weise ausgelegt hatte.

Kpodegbe hielt zu seiner Frau und veranlasste umgehend eine Suchaktion nach den Übeltätern, außerdem befragten verschiedene *bokonon* unabhängig voneinander das Orakel. Es nannte stets dieselbe Person, ein Mitglied der königlichen Familie – eine unsagbare Schande.

Doch die Traditionalisten waren in ihrer Abneigung gegen alles Neue sogar noch weiter gegangen. Sie hatten auch Djehamis Arbeit zerstört, und zwar das Computerschulungszentrum für die Jugend Alladas, das ihre wirkliche Mission gewesen war.

»Sie meinen, ich würde das Geld des Königs für diese Sachen zum Fenster hinauswerfen«, meinte Djehami betrübt. Sie sagte nicht, was ich ohnehin schon wusste, dass ihr vermögender, in Paris lebender Bruder sowohl für ihr Privathaus als auch für das Zentrum aufgekommen war.

Doch was zählen letzten Endes materielle Werte, wenn es um das Glück eines Menschen geht? Auch in diesem Punkt hatten sich die Alten gegen die Jungen durchgesetzt.

»Inzwischen hat mein Mann auch einige der Frauen, die den Hof verlassen hatten, als ich kam, zurückgeholt«, fuhr Djehami nach einer Weile fort. Ich spürte, wie weh ihr das tat, obgleich sie einmal gesagt hatte, dass es für einen König normal sei, mehrere Frauen zu haben. So, wie ich Kpodegbe erlebt hatte, glaubte ich stets, er sei in dieser monogamen Ehe sehr zufrieden. Nach allem, was ich mir nun zusammenreimte, hatten ihn seine Priester wohl dazu gedrängt, die alten Sitten zu respektieren und sich wieder mehrere Frauen zu nehmen. Der Leopard war offensichtlich nicht mehr Herr seiner freien Entscheidungen, sondern zum Gefangenen der Tradition geworden, der er seine Würde verdankte.

Djehami setzte ihre Sonnenbrille auf und blickte aus dem

Autofenster. Schließlich sagte sie: »Ich wünsche mir so sehr ein Kind. Sogar das bleibt mir versagt.«

Diese Äußerung konnte ich damals nicht einordnen, denn ein unerfüllter Kinderwunsch ist nicht unbedingt anderen anzulasten. Doch ich schätzte in dieser Sache die speziellen Beniner Verhältnisse in ihrer ganzen Tragweite nicht richtig ein. Erst Odette erklärte mir bei einem Besuch in Berlin später: »Wenn die obersten Priester es für richtig hielten, dann bekäme die Königin sicherlich ein Kind. Dafür kennen sie Mittel und Wege, von denen sich Nicht-Eingeweihte kein Bild machen können.«

»Und warum sind sie dagegen?«, hatte ich Odette naiv gefragt.

Sie hatte mich nachsichtig angesehen. »Nun, wenn Djehami ein Kind bekommt – und vielleicht sogar einen Sohn –, dann gewinnt ihre Position innerhalb der Palasthierarchie an Gewicht. Da sie aber nicht unumstritten ist, kann das nicht im Interesse der alten Priesterschaft sein.«

Auch ohne dieses Hintergrundwissen tat mir die Königin damals auf unserer Fahrt nach Ouidah sehr Leid. Sie hatte gehofft, dass die Liebe des Königs zu ihr gleichzeitig seinen Wunsch nach Veränderung des ganzen Königreichs zum Ausdruck brachte. Hatte sie sich getäuscht? Oder musste sie erst noch lernen, was ich nach den leidvollen Erfahrungen an der Seite von Maurice schon zu verstehen begann? Es braucht viel Geduld, wenn man einen Mann aus Benin liebt, und ein hohes Pensum an Leidensfähigkeit.

Das Voodoo-Fest erlebte ich diesmal ausschließlich aus der Sicht einer wahren Prinzessin, die sich nicht von ihrem Platz rühren darf, und ich beging nicht einen einzigen Fauxpas – so schwer es mir auch fiel. Unsere würdevolle Aufgabe endete auch nicht, als wir die Tribüne verlassen durften, wo wir die ganze Zeit über an der Seite des Königs und des Daagbo festgenagelt gewesen waren. Gemeinsam mit den hohen Herren nahmen wir an einem Empfang des Beniner Kultusministers in dessen Villa in Ouidah teil, womit sich das Versprechen Kpodegbes, das er auf dem Königstreffen gegeben hatte, erfüllte. Politik, Tradition und Voodoo hatten tatsächlich zu einem engen Bund gefunden.

Als unser Aufenthalt zu Ende ging, war ich voller Zuversicht und Pläne. Es sah alles nach einer strahlenden Zukunft für Maurice und mich aus. Wir hatten in Cotonou ein Grundstück gekauft, wollten dort ein Haus errichten und nahmen uns vor, regelmäßig und vor allem viel öfter als bisher mit den Kindern nach Benin zu fliegen. Die Rundreise unserer großen Touristengruppe war ein voller Erfolg geworden, wir hatten die Urlauber an die Höfe einiger Könige geführt und als Prinzenpaar sogar an einem Empfang des togolesischen Präsidenten Eyadema teilgenommen. Meine Schwiegermutter hatte begonnen, eine zwar bescheidene, aber auf lange Sicht durchaus viel versprechende Plantage von Citronelle-Tee zu bewirtschaften, die sie irgendwann von unseren Zuwendungen unabhängig betreiben könnte. Maurice' Brüder wollten sich als Handwerker selbstständig machen und Léandre, den Ältesten, hatten wir in unser Reiseunternehmen aufgenommen.

Während ich kurz vor unserer Abreise Oma Akouavi besuchte, fand etwas fast Unglaubliches statt. Maurice suchte den Kontakt mit seinem Onkel Théodore, jenem Mann, der ihn vor inzwischen 13 Jahren verflucht hatte.

»Ich bin einfach zu ihm gegangen und habe ihm gesagt: ›Ich verzeihe dir‹«, erzählte Maurice mir.

»Wie hat er reagiert?«, fragte ich, erfreut über seine menschliche Größe.

»Ich habe ihn mit meinem *kpoguè* gesegnet«, antwortete mein Prinz schlicht und hinter diesen Worten verbarg sich nichts anderes als die Unterwerfung des neidischen Onkels. Der hatte sich nämlich zu diesem Zweck niederknien müssen, um auf diese Weise Maurice als *dah*, als Oberhaupt aller Bokpês, anzuerkennen.

Mir selbst tat das Treffen mit Akouavi, meiner lebensklugen Ratgeberin, gut. Wir verständigten uns ohne jeden Übersetzer mit Händen und Füßen, denn es waren unsere Seelen und Herzen, die miteinander kommunizierten. Nur

Maurice' Verhältnis zu der alten Dame, die seine Würde immer noch nicht so recht anerkannte, war noch etwas angespannt. Sie war eine Dassi und gehörte somit einer anderen Familienlinie an, die mit Stolz auf hohe Würdenträger in den eigenen Reihen zurückblicken konnte. Die Autorität meines Prinzen war hingegen gerade mal ein Jahr alt – was war das schon, gemessen an Omas 90 Lebensjahren …

Oma Akouavi nahm mich mit einer solchen Herzlichkeit in die Arme, dass mir fast die Luft wegblieb. Es war jedoch kein Abschied, denn so etwas kannten wir in Benin nicht. Wir gingen und kamen irgendwann wieder. Diesmal jedoch kehrte keine von uns beiden jemals zur anderen zurück, nur wusste ich das damals noch nicht. Und Oma? Die Antwort werde ich niemals erfahren.

In den folgenden drei Jahren musste ich oft an ihre Mahnung denken, dass ich gut auf meinen *dah* aufpassen solle, und das war alles andere als einfach. Denn mit unserer Rückkehr nach Berlin vollzog sich mit meinem Mann abermals eine Wandlung, die ich nicht verstand, und diesmal kam alles viel schlimmer als zuvor. Maurice betrachtete mich nur noch als Dienstmagd – zu Hause für Essen und Wäsche, im Büro für die zunehmende Arbeit. Sprach er mit mir, so glaubte ich, er schwinge seinen Befehlsstab, derart ruppig war sein Ton. Anna und Ina bekamen ihren Vater kaum noch zu Gesicht.

Maurice suchte sein Glück anderswo. Oft musste ich an Königin Djehami denken, die von ihrem Mann zurückgestuft worden war und daran unsagbar litt. Ihr Schicksal wollte ich nicht teilen, doch man konnte unsere Situationen nicht ganz vergleichen. Als sie Kpodegbe heiratete, hatte er bereits mehrere Frauen, sie kannte also die Spielregeln der Polygamie. Für mich galt das nicht, denn ich heiratete Maurice unter anderen Voraussetzungen. Deshalb stellte ich ihn eines Tages zur Rede, seine Antwort versetzte mir einen Schlag.

»Ich brauche viele Frauen, aber du wirst mir immer die liebste sein«, erklärte er mir.

Damit war wenigstens klar, woran ich war. Es fiel jetzt

kein böses Wort mehr, stattdessen zogen wir einen sauberen Schlussstrich. Maurice versprach, sich eine eigene Wohnung zu suchen, was auch aus organisatorischen Gründen besser war. Seine vielen Rituale erforderten einen separaten Raum, den unsere vier Wände nicht boten.

Ich dachte, wir hätten uns, wie es so schön heißt, arrangiert und eine Lösung gefunden, unter der auch Anna und Ina nicht leiden mussten. Immerhin vertrugen sich ihre Eltern und das war mir sehr wichtig. Doch dann stand ich eines Abends vor dem Badezimmerspiegel und wunderte mich über einen seltsamen Abdruck genau über meinem Herzen. Hatte den ein Blusenknopf hinterlassen? Als er am nächsten Morgen immer noch dort war, untersuchte ich die infrage kommenden Kleidungsstücke: Fehlanzeige.

Ich betrachtete den vermeintlichen Knopfabdruck eingehender, es war ein kleiner Kreis innerhalb eines größeren, klar gezeichnet, dazu zwei Striche. Das ganze Ding, das an einen kleinen Rettungsring erinnerte, war über Nacht deutlicher geworden, das Rot intensiver. Bildete ich mir etwas ein? Nein, die Kinder bemerkten die Stelle ebenfalls. Schließlich fragte ich eine Bekannte, die in der Karibik mit Voodoo konfrontiert worden war.

Sie warf einen Blick auf das Zeichen und sagte: »Das sieht aus wie schwarze Magie.«

Den ganzen Tag über hatte ich diesen Verdacht gehegt, nun aber liefen die vielen Jahre mit Maurice vor mir ab wie ein langer Film: seine Besessenheit und Errettung, die Treffen mit dem König und dem Daagbo. Hatten die beiden Wissenden nicht gesagt, dass Maurice und ich uns nicht trennen dürften? Zum Wohle Benins gewissermaßen?

Unter meine Überlegungen begann sich Angst zu mischen, obwohl ich mich gegenüber Voodoo-Attacken bisher stets für unangreifbar gehalten hatte. War dies eine solche Attacke, so war ich dem Voodoo ebenso schutzlos ausgeliefert wie seinerzeit Maurice ... Und nicht etwa in Benin, sondern in meinen eigenen vier Wänden.

Beherzt rief ich meinen Mann an und bat ihn, mir zu helfen. Als er fragte, ob ich schon mit jemandem darüber gesprochen hätte, log ich und verneinte.

»Sprich auch mit keinem darüber!«, sagte er daraufhin eindringlich, und in dem Moment war mir klar, es kam von ihm. Doch was wollte er bezwecken?

Nachdem ich Odette nicht erreichen konnte, telefonierte ich mit meiner besten Freundin Petra. »Nimm diesen Einfluss einfach gar nicht an«, riet sie mir. »Durch deine Angst fließt nur noch mehr Energie in eine Richtung, wo sie letztlich gegen dich benutzt wird.«

Ich dachte darüber nach und gab ihr Recht. Diese Strategie funktionierte dann auch und das mysteriöse Zeichen verschwand.

Bei anderer Gelegenheit kamen Maurice und ich auf Königin Djehami und den Überfall auf sie zu sprechen. Als mein Mann lapidar sagte: »Dies ist der Preis, den die Königin für die Nichteinhaltung gewisser Regeln zu zahlen hatte«, brauchte ich keine weiteren Signale.

Wenig später zog Maurice aus. Monate danach gestand er mir, dass tatsächlich er mir den Bindungszauber geschickt hatte.

Ob ich ihn dafür verurteile? Nach so vielen gemeinsamen Jahren sehe ich in seinem geheimen Zeichen etwas anderes: Er wollte mir damit zeigen, dass er mich nicht verlieren mochte. Ich weiß nicht, ob Maurice mein Schicksal ist, aber er ist zumindest ein sehr großes Stück davon.

Denn wenn ich von Voodoo etwas gelernt habe, dann ist es das Verzeihen. Aber dafür brauche ich keine Magie. Ich nenne es Liebe.

Oma erwartet uns

Omas *sodabi*-Flasche ist noch immer fast voll. Wir fliegen morgen wieder nach Benin, um Akouavi auf ihrem letzten Weg zu begleiten. Ich trinke ein zweites Glas auf sie und lasse die letzten drei Jahre an mir vorüberziehen. Nicht die schlechten, sondern die wundervollen Höhepunkte.

Am wichtigsten ist mir bis heute der Besuch von König Kpodegbe und Königin Djehami im August 2001 in Deutschland, den ich gemeinsam mit Maurice vorbereitete. Es war nicht nur eine offizielle Visite, sondern sie hatte rührende Momente der Intimität: das Königspaar in der Wohnstube meiner Eltern in Tabarz, die gedeckte Kaffee- und Kuchentafel meiner Mama. Das Leuchten in Annas und Inas Augen, als sich die Kinder zum Gruppenfoto mit den Majestäten in unserem Hof aufstellten. Djehamis glücklicher Blick, als wir unsere gemeinsame Initiative »Brillen für Benin« starteten. Aber auch die wirtschaftlichen Highlights, als die Geschäftsführer bedeutender deutscher Unternehmen versprachen, in Benin zu investieren.

Ich war bei all diesen Aktivitäten stets an der Seite meines Mannes, als seine Frau. Nach Beniner Sitte in identische Stoffe gekleidet, besuchten wir offizielle Empfänge bedeutender deutscher Politiker und Investoren, und für sie alle spielte es keine Rolle, was sich hinter unserer Fassade abspielte. Wir traten stets als Paar auf und kämpften mit aller Kraft für ein gemeinsames Anliegen. Es ist größer als wir beide, denn die Menschen in Benin brauchen uns – und nicht nur uns. Ihr Land ist mehr als nur »die Wiege des Voodoo«, es ist die Heimat wunderbarer Menschen.

Oma Akouavi erwartet uns. Nicht ihr Körper, sondern ihr Geist. Ich hoffe, mein Mann versteht die Zeichen.

Nachwort

von Prinz Alain-Maurice Kodjo Bokpê

Das vorliegende Buch beschreibt einen Weg von der Illusion zur Realität. Außerdem zeigt es, wie das Bewusstsein von seiner Macht Gebrauch machen kann, um dem Körper zu seiner Bestimmung zu verhelfen. Es zeigt auch, wie sehr unsere eigene Entwicklung von uns selbst abhängig ist.

»Die Wahrheiten des eigenen Lebens anzunehmen, hilft dabei sehr, auch wenn es nicht immer angenehm ist. Die so gewonnenen Erkenntnisse sollten stets zum Wohle aller genutzt werden. Geduld ist stets das oberste Gebot, die Voodoo-Götter freuen sich darüber.« Das waren die Worte des hohen Priesters bei meiner letzten Initiation.

Vom Voodoo habe ich gelernt, dass selbst ein Verlust ein Gewinn sein kann, und zwar ein Zugewinn an Wissen und an Erfahrung für das Künftige. Entsprechendes gilt für die vermeintlichen Umwege, die jeder irgendwann geht.

Meine Frau hat Ihnen mit diesem Buch offenbart, was ich selbst anderen nicht direkt erzählen werde. Nun ist es aber geschehen und ich habe es angenommen. Meine Aufgabe ist jedoch eine völlig andere: vom wahren Wesen des Voodoo zu reden und darüber aufzuklären.

Voodoo ist Leben, Voodoo ist Liebe. Voodoo ist Religion, sozusagen eine Lebensweise. Voodoo ist Kultur und Kunst. Voodoo umfasst alles hier auf Erden, auch das, was wir mit unseren Sinnen nicht erfassen können. Mit Hilfe von Voodoo wird die Intelligenz geformt und damit die Fähigkeit, Gegensätze zu harmonisieren.

Voodoo ist auch die Schule des wahren Lebens. Wenn wir zur Schule gehen, müssen wir lernen. Mithilfe des Voodoo lernen wir verschiedene Techniken für das Leben – solche für die richtige Richtung, solche für das Göttliche, aber auch solche für das, was uns behindert und einschränkt.

Um mit Voodoo in die richtige Richtung zu gehen, müssen wir bemüht sein, die Natur zu verstehen und sie zu unserem eigenen Wohl und damit zum Wohl der Menschheit zu nutzen.

Die Voodoo-Götter sind unsichtbare Kräfte, sie fungieren als Mittler zwischen *Mahou*, dem Schöpfer alles Existierenden, und den Menschen. Diese Kräfte sind überall in der Natur vorhanden – in den Pflanzen, die zu uns gehören, den Steinen, dem Sand, dem Wasser, den Tieren. Voodoo lehrt uns, sie zu verstehen, um sie nutzen zu können. Wir erfahren von ihnen zum Beispiel Glück auf materieller wie spiritueller Ebene, Liebe und Harmonie, besonders Fruchtbarkeit – aber auch Krieg und Unglück.

Es kommt einzig und allein darauf an, wie wir das Wissen um diese Zusammenhänge nutzen. Das Wissen selbst ist nämlich neutral.

Der eingeweihte Mittler auf Erden verfügt über das umfassende Wissen und gibt es mündlich weiter, Aufzeichnungen existieren nicht. Leider finden sich deshalb oft Scharlatane, die gegen viel Geld im Namen des Voodoo falsche Rituale zelebrieren. Sehr oft werden nun gerade dieses falsche Wissen und Handeln für den wahren Ausdruck und das Wesen des Voodoo gehalten.

Ich möchte mich kurz fassen, um zu demonstrieren, dass das, was in Afrika vorhanden ist, gebraucht wird, um in Europa weiterzukommen, und umgekehrt, und zwar zum Wohle aller auf der Erde.

Mir fällt da das Beispiel Otto Lilienthal ein. Er hat sehr lange die Bewegung der Vögel beobachtet und danach sein erstes Flugzeug gebaut. Lilienthal hat seine innere Führung genutzt, um dem Beobachteten gemeinsam mit seiner inneren Vorstellung eine Form zu verleihen. Heute fliegen wir.

Deshalb möchte ich daran erinnern, dass viele Mystiker früher gleichzeitig Wissenschaftler (Platon, Demokrit) waren.

Die Ärzte von heute reisen nach Afrika, um das alte Wissen um die Zusammenhänge der Natur zu erforschen. Immer mehr Mediziner erkennen, dass Krankheiten ihren Ursprung im gesellschaftlichen Umfeld haben, und manche von ihnen hören aufmerksam zu, wenn die alten Medizinmänner sprechen.

Also ist Voodoo auch Technik, Chemie, Biologie, Philosophie, Mathematik, Ökologie … Natur-Wissenschaft. Vor allem aber ist Voodoo Mystik.

Das Wissen aller Kontinente sollte von deren führenden Kräften zum Wohle der Menschheit ehrenhaft, demütig und uneigennützig gebündelt und genutzt werden, doch dies kann nur im gegenseitigen Respekt geschehen.

Ich fordere daher die Menschen auf allen Kontinenten dieser Erde auf, innezuhalten und darüber nachzudenken, was jeder Einzelne für die Gesamtheit geben kann (materiell und geistig). Unsere Erde kann für uns nur schöner werden, wenn wir jeden Tag einen Gedanken, mindestens einen, in diese Richtung aussenden.

Ich wünsche allen, die dieses Buch gelesen haben, erkenntnisreiche Schlussfolgerungen. Mögen Sie jeden Tag Ihres Lebens erfolgreich nutzen.

Meiner Frau danke ich für die hervorragenden Leistungen, die sie erbracht hat, und dafür, dass sie mich trotz großer kultureller Unterschiede stets geliebt und akzeptiert hat.

Nach meiner persönlichen Erfahrung liegt eine tatsächliche menschliche Entwicklung genau dann vor, wenn man das Gelernte wirklich angewendet hat und es zum Teil des eigenen Selbst geworden ist.

Ich freue mich über die Entwicklung von Annette.

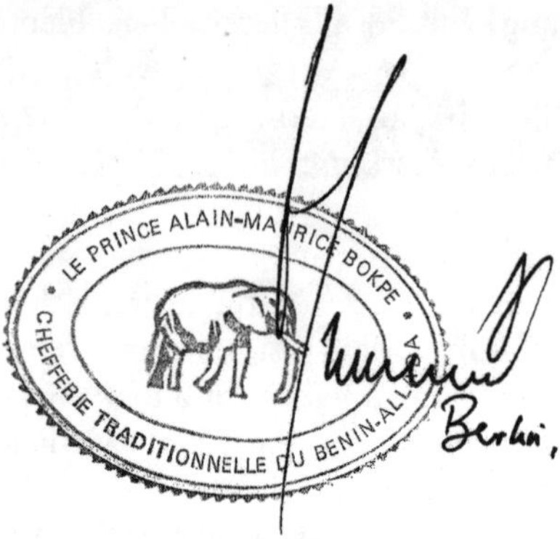

Berlin, 15.07.02

Anhang

Die im Buch erwähnten Verwandten und Freunde von Prinzessin Annette und Prinz Alain-Maurice Kodjo Bokpê sind:

Alain-Maurice Kodjo Bokpê, * 1962 in Cotonou, seit 1998 Prinz von Allada und *dah* seiner weit verzweigten Sippe; von Beruf Diplom-Ingenieur für Verkehrswesen, unterhält in Berlin ein Reisebüro sowie ein Taxiunternehmen, seit Mai 2002 Honorarkonsul von Benin

Annette Bokpê, * 1959 in Gotha, geborene Kraus; von Beruf zunächst Finanzkauffrau, später Theaterdramaturgin, baute ab 1989 gemeinsam mit Maurice die diversen Unternehmen des Paares auf

Anna-Micheline Bokpê, * 1988, beider älteste Tochter

Ina-Josephine Bokpê, * 1989, beider zweitälteste Tochter

Dossa Joseph Bokpê, Maurice' Vater, gestorben 1978

Ablawa Micheline Bokpê, geborene Dassi, Maurice' Mutter

Akouavi Dassi, Maurice' Großmutter mütterlicherseits, gestorben 2002

Codjo Dassi, Akouavis verstorbener Ehemann, hoher Würdenträger des Voodoo

Odette Dassi, Maurice' Cousine und *houssi* eines Voodoo-Kults

Melanie Dassi, Odettes jüngere Schwester

Théodore Bokpê, Maurice' Onkel, der seinen Neffen zeitweise mit einem Fluch belegte

Léandre, Didier, Georges Bokpê, drei von Maurice' sieben Brüdern

Anni und Adolf Kraus, Annettes Eltern, wohnhaft in Tabarz/Thüringen

Anna Reinhard, Annettes Großmutter, gestorben 1998

König Kpodegbe Toyi Djigla, seit 1992 über 600 000 Einwohner gebietendes 16. Oberhaupt des Königreichs Allada in der Republik Benin, gleichzeitig Vorsitzender des Rats der Afrikanischen Könige; er kann seine Ahnen bis ins Jahr 1596 zurückverfolgen; sein Herrschersymbol ist der Leopard. Bis zu seiner Inthronisation war Majestät Lehrer für Ökonomie

Königin Djehami, seit 1995 seine Gattin; Ministerin für Auswärtiges des Königreichs Allada, außerdem für die königlichen Finanzen zuständig; sie entstammt einem Königshaus in Kamerun und war bis zu ihrer Heirat bei einer Fluglinie beschäftigt

Maman Poste, Inhaberin einer Garküche und Voodoo-Priesterin

Antoine*, Direktor des *Hôtel de la Plage* in Cotonou

Jacques*, Koch des deutschen Botschafters in Benin

Robert*, Maurice' Freund, Besitzer des *Gbena*-Hotels in Ouidah und einstiger Zollchef von Cotonou

Vincent*, Mitarbeiter des Verkehrsministeriums

Leon*, Chef des Hotels *Aledjo* in Cotonou und hoher Priester der Kirche *Christianisme Celeste*

Gaston, Geschäftsführer diverser Unternehmen des Paares Bokpê in Benin

(*)= Pseudonym

Worterklärungen

Abomey – Königsstadt in Benin, 135 Kilometer nördlich von Cotonou

Allada – Ausgangspunkt vieler heute existierender Beniner Königshäuser, circa 55 Kilometer nordöstlich von Cotonou. Der Sage nach im 13. Jahrhundert gegründet von Adjahouto, dem Sohn des Königs von Tado, und der Leopardin Gbe Kpoye, die sich in eine Frau verwandeln konnte. Im Jahr 1660 erstmals von katholischen Mönchen erwähnt.

Benin – bis 1975 Dahomey, Staat in Westafrika zwischen Nigeria und Togo am Golf von Benin. Ragt 800 Kilometer in den afrikanischen Kontinent hinein. Im Süden Äquatorialklima mit zwei Regenzeiten, im Norden tropisches Klima mit einer Regenzeit. Im Norden dünn, im Süden extrem dicht besiedelt, insgesamt circa 6,2 Millionen Einwohner. Größe des Landes circa 112 622 Quadratkilometer. Obwohl in den letzten Jahren wirtschaftlich stabil mit circa drei Prozent Wirtschaftswachstum, zählt es zu den ärmsten Ländern der Erde: Es gibt dort kaum Rohstoffe, aber eine Vielfalt an landwirtschaftlichen Produkten.

Béninoise – eine populäre Biermarke

bokonon – Priester des Voodoo, befragt und liest Orakel

cadeau – Geschenk (frz.)

CFA – Währung in Benin. Heute an Wechselkurs des Euro gekoppelt, früher an jenen des französischen Franc

Christianisme Celeste (CC) – etwa: Himmlische Christen. Glaubensgemeinschaft, deren Anhänger sich in Weiß kleiden und stets barfuß gehen. Benutzt dem Voodoo ähnliche Rituale, um Besessene zu erlösen, und ist in ganz Westafrika unter diversen Namen verbreitet.

Cotonou – größte Stadt Benins am Golf von Benin, circa 900 000 Einwohner

courage – Mut (frz.)

Daagbo Hounon Hounan – Oberpriester des Voodoo in Benin

dah – König (Fon). Bezeichnung für das Oberhaupt einer weit verzweigten Sippe tausender von Menschen. In der Verstärkung *dah dah* Adelstitel eines obersten Königs. Sowohl *dah* als auch *dah dah* sprechen im traditionellen Sinne Recht und streben in der Staatsstruktur die Aufgabe eines Mittlers zwischen Volk und Staatsgewalt an. Der *dah* ist für alles verantwortlich, was innerhalb seines Clans geschieht, auch für die Religion. Deshalb werden *dah* die Hüter der Tradition genannt.

dan – Schlange (Fon)

djamma – Deutschland (Fon)

eba – geröstete und pulverisierte Kassavawurzel, ergibt mit kochendem Wasser aufgerührt einen festen Brei, der zu Bällchen geformt und mit der Hand gegessen wird.

fa – Gott/Gottheit (Fon). Im übertragenen Sinn gebräuchlich als Synonym für die Orakelbefragung des Schicksals, kurz: das Schicksal.

Fetisch – zu beopfernder Kultgegenstand des Voodoo (das Wort stammt aus dem Portugiesischen und ist im Sprachgefühl der Afrikaner negativ besetzt).

Fon – circa drei Millionen Menschen umfassende Ethnie im heutigen Südbenin und früheren Dahomey

ganlo – schützende Armbänder aus verschiedenen Materialien (je nach Status des *dah*). Umhüllen die gesamten Unterarme von Königen.

Ganvie – im Nokoué-See erbautes Pfahldorf (»Venedig Westafrikas«), das den ursprünglichen Bewohnern als Zuflucht vor den Sklavenhändlern diente; circa 20 Kilometer nördlich von Cotonou.

gola – Kopfbedeckung eines Königs, zumeist verziert mit seinem Kraft- oder Wappentier

griot – Geschichtenerzähler »des alten Wissens«; tritt bei traditionellen Festen auf und erzählt aus dem Leben Anwesender oder der Ahnen. In der Fon-Kultur, in der das geschriebene Wort fast unbekannt ist, ersetzen ihre Erzählungen Bücher.

gris-gris – Fetisch, Mittel der Magie. Wird sowohl positiv als auch negativ angewendet (entspricht dem im englischsprachigen Afrika gebräuchlichen *juju*)

Gun – neben Fon eine der gebräuchlichsten alten Sprachen im Süden Benins

houno – Ritualpriester, dem für das Orakel zuständigen *bokonon* in der Hierarchie gleichgestellt. Ihre Arbeit baut aufeinander auf; in der Regel vom König eingesetzt

houssi – Priesterin mit sehr hohem Einweihungsgrad

hunkpáme – Kloster (Fon), wörtlich »hinter dem Schleier des Blutes«. Umzäuntes Gelände, in dem Initiationen stattfinden.

Initiation – Einweihung in geheime Rituale, um höheres Wissen nutzen zu können

Kérékou – Général Mathieu Kérékou, von 1972 bis 1989 Präsident einer sozialistischen Regierung. Im März 1996 erneut gewählt als Chef einer demokratischen Regierung.

Ketou – Königsstadt in Benin 135 Kilometer nördlich von Cotonou

kpèlêkpelê – Ausruf, wenn der König erscheint oder geht; Bedeutung etwa: Achtung! (Fon)

kpoguè – Bezeichnung sowohl für den Befehlsstock als auch den Ritualstab eines *dah*

kwabo – Willkommen! (Fon)

ma – Blatt (Fon). Warmes Gericht aus Blattgemüse verschiedenster Art, Tomaten, Zwiebeln, Huhn, Trockenfisch, scharfem Paprika, Sesam, zubereitet in rotem Palmöl

maman – Mutter (frz.)

migan – Titel des Premierministers des Königs von Allada

moyo – würziger, in einer speziellen Tonschüssel mit einem Holzmörser geriebener Brei aus Tomaten, scharfen Paprikaschoten, Zwiebeln und Salz, dem Zitronensaft hinzugefügt wird. Kalte, sehr scharfe Beilage zu vielen Speisen

nan – (gesprochen: *nah*) Gemahlin eines *dah*

Nikki – Königsstadt in Benin, berühmt für ihre Reiter; 530 Kilometer nördlich von Cotonou

Orakel – in Benin sind drei Formen verbreitet: durch vier Kolanüsse; durch Werfen der Opele-Kette; durch einen Strichcode, der in Pulver/Sand gezeichnet wird (zum Beispiel *fa*)

Ouidah – Stadt am Golf von Benin, in der jedes Jahr am 10. Januar das berühmte Voodoo-Festival stattfindet (zum ersten Mal 1993 unter dem Patronat der UNESCO). Das einst bedeutende Königreich war zwischen dem 17. und 19. Jahrhundert einer der wichtigsten Umschlagplätze für Sklaven (»das schwarze Elfenbein«), woran das Denkmal *porte de non-retour* (Tor ohne Wiederkehr) am Strand. erinnert; 40 Kilometer westlich von Cotonou

Palais Royal – Königspalast (frz.)

Parakou – Königsstadt in Benin; 420 Kilometer nördlich von Cotonou

Porto-Novo – Hauptstadt von Benin; 30 Kilometer östlich von Cotonou

semidjan – Motorradtaxi

sodabi – Palmweinschnaps, meist selbst gebrannt. Bestandteil der meisten Voodoo-Rituale. Ersetzt den Palmwein, weil länger haltbar, und soll die Götter besänftigen. Der Fama nach schlief jener Gott, der den Palmwein entdeckte, nach seinem Genuss ein

táyinon – innerhalb einer Familie eine Art Protokollchefin

tchakatu – eine unsichtbare, magische Waffe, die eine sehr schmerzhafte Erkrankung des Muskelgewebes verursacht tchan – kleiner Stab, den Initiierte mit sich führen, um sich unter den Schutz der Ahnen zu stellen

vodoosi – Frau, die nach ihrer Initiation einem bestimmten Gott/Geist dient (männlich: voodoono)

Voodoo – auch: *vodún* oder *vodu*. Synonym für: beschützender Gott/Geist (Fon). Der Interpretation des König Kpodegbe von Allada zufolge bedeutet *vobodu* sinngemäß übersetzt: »Lehn dich zurück und nutze die Kraft der Natur, um deine Seele zu Gott zu erheben.« Es kursieren jedoch auch diverse andere Deutungen (zum Beispiel *vodou* als »der Ahne von woanders«). Die 4000 Jahre alte Naturreligion stammt aus dem heutigen Nigeria und weist viele Parallelen mit der dortigen Religion Ifa auf. Beide Glaubensrichtungen kennen 401 Gottheiten (die bei Ifa *orisha* heißen) und lehren, dass alle Wesen miteinander verbunden sind. In Benin glauben 70 Prozent der Bevölkerung an Voodoo; seit 1996 als offizielle Beniner Religion neben Christentum und Islam anerkannt. Das Land bezeichnet sich als »Wiege des Voodoo«. Schätzungsweise 50 Millionen Menschen glauben weltweit an Voodoo. Zwischen dem 17. und 19. Jahrhundert gelangte Voodoo durch Sklavenhandel nach Lateinamerika (darunter Haiti, Kuba, Brasilien), wo es als *santería* und *candomblé* bekannt ist.

yovo – Weiße (Fon)

Nachbemerkung:

Da Fon sich als rein orale Sprache – ohne Schrift – entwickelt hat, gibt es keine festen Rechtschreibregeln. Auf die inzwischen für viele Worte des Fon verwendeten Schriftzeichen aus der international gültigen Lautschrift wurde bewusst verzichtet.

Einige Götter des Voodoo

Ava – Gott für eheliche Treue

Dangbé – Schlangengott; steht für Reichtum, Wohlergehen und Gesundheit; einer der höchsten *vodu*

Djagli – Gott der Stärke; seine Verehrer bleiben auch gegen schlimmste Schmerzen unempfindlich; seine Anhänger verfolgen und bestrafen »Hexen«

Egungun – Gott der Ahnen

Gun – Gott des Eisens und somit Gott der Metallarbeiter; in neuerer Zeit Beschützer der Arbeit im Allgemeinen

Hevioso – Gott des Himmels, Blitzes und Donners; wer vom Blitz erschlagen wird, gilt als ertappter Dieb

Hou – Gott des Meeres

Legba – Gott der Fruchtbarkeit und des Wissens; in dieser Funktion ist ein kleiner Erdhügel sein Symbol; einer der wenigen Götter, denen auf keinen Fall Alkohol geopfert werden darf

Mahou – der oberste Gott, der im Gegensatz zu den anderen Gottheiten, die ihm als Mittler dienen, nicht als Person, sondern als Kraftquelle gedacht wird; das Praktizieren von Voodoo wird als Mittel eingesetzt, diese Ur-Energie zu erreichen; weder gibt es ein Bild von Mahou, noch wird ihm an Altären geopfert

Mammi Wata – Göttin des Reichtums, der von außen

kommt; wird mit dem Meer assoziiert, das einen langen Weg symbolisiert

Sakpata – gefürchteter Pockengott; ahndet Diebstahl mit Krankheit; wird bei Disharmonie angerufen, um Harmonie wieder herzustellen

Zangbeto – die »Voodoo-Polizei«; gleich wirbelnden Strohhaufen rasen die Mitglieder dieser Geheimgesellschaft durch die Straßen, um Diebe zu fangen

Danksagung

Meine Kindheit in Tabarz weist einige Parallelen zum Erwachsenwerden in Afrika auf: Wir kannten uns alle und unterstützten uns gegenseitig. Diese Wärme hat mir für mein ganzes Leben Kraft gegeben. Stellvertretend für alle, die dort an meiner Seite standen, erwähne ich hier meine Großeltern Anna und Karl Reinhardt, meine Eltern Anni und Adolf Kraus, meinen Bruder Hans sowie meine Freunde Christiane Seifferth, Astrid Rösler und Hans-Georg Kellner.

Mein Denken haben vor allem die Lehrer an der Humboldt-Universität Berlin aus dem Bereich Theaterwissenschaft geprägt: die Professoren R. Münz, J. Fiebach, E. Schumacher sowie die Dozenten H. Braulich, Chr. Hasche, E.G. Kautz, A. Kotte, E. Ertel und H. Schramm, um nur einige zu nennen. Nicht zu vergessen Irene Gysi vom Internationalen Theaterinstitut, deren Souveränität, Geradlinigkeit und kosmopolitische Einstellung mir Vorbild waren.

Ich danke meinen Freunden, die ohne Fragen für mich da sind: Prof. Eckhard Binas, Helga Feld-Diallo, Reinhard Göber, Ina Grimke, Elke Hamsch, Heidrun Knigge, Mamadou Mbaye, Petra Moesner, Sahbi Noumi, Kerstin Petermann, Mary Rinder, Karsten Sander, Uwe Scheddin, Gudrun Schier, Karin Schütze, Dr. Carmen Schurt, Anna Simon, Felicitas Thierfelder, Bea Thoma und Yvonna Wedziskowski. Mein Dank gilt auch Konsul Dr. Eckhard Stegenwallner und seiner Frau Antje sowie Hans-Peter Gaul.

In Benin haben mir in mancher Krise beigestanden: Gaston Domingo, Clement Lokossou und Richard Zoumenou. Meine Freundin Odette Dassi ist auf wundersame Weise immer an dem Ort, an dem ich sie brauche. Danke, liebe Schwester.

Ein Gruß an Maurice: Freuen wir uns über unsere guten Tage. Und ein Glas *sodabi* auf Oma Akouavi …

Zwei Menschen wurden mir zu wertvollen Freunden: Ilona Maria Hilliges hat diesem Buch die Tür geöffnet, getreu ihrem Motto »Wissen ist wie Wasser, das von einer Frau an die andere weitergereicht wird«. Ohne Peter Hilliges wäre es mir nicht gelungen, 16 wechselvolle Jahre meines Lebens auf knapp 320 Seiten zu verdichten und mir dabei Rechenschaft über meinen eigenen Weg abzulegen.

Barbara Laugwitz danke ich für ihre verständnisvolle Lektoratsarbeit.

Ich schließe mit einem Gedicht meiner Freundin Petra Schulze, deren Leben viel zu kurz war:

Liebe heute und vergib heute.
Das ist alles, was du zu tun brauchst
– immer nur einen Tag auf einmal,
jeden Tag aufs Neue.

Malika Oufkir
Michèle Fitoussi
Die Gefangene
Ein Leben in Marokko
Ullstein